森信三

修身教授録

"A man can
live but once" Your real
life begins when you take this
truth to heart.

【現代に甦る人間学の要諦】

致知出版社

推薦の言葉

七十代のはじめに、この書物で心を洗われた幸せを思う。生きるための原理原則を考え直し、晩年にそなえるために、これ以上の出合いはなかった。

奥深い真理が、実に平明に、ていねいに語られていて、おのずと心にしみてくる。よほど愛と謙虚さと使命感と責任感がなければ出来ないことだ。

「『慎独』とは結局、天が相手だ」

「志と野望はちがう」

「その人の生前における真実の深さに比例して、その人の精神は死後にも残る」

こういう言葉は、もはや学生でなく、さまざまな職業の、三十代、四十代、五十代、六十代、七十代と、それぞれの年齢に応じて重く響くものがあるだろう。特に組織のなかに埋没しがちなサラリーマンにすすめたい。

小島直記

自序

『修身教授録』というような、まるで骨董品みたいな書物が生まれたのは、全く偶然とも言えぬほどの偶然のしからしめた結果であって、これこそまさに天意という外あるまい。

これは私が、京都大学の哲学科を出た年で遅ればせながら全国の師範学校に、やっと専攻科が設けられて、大阪の天王寺師範の講師となったのである。

ところが約束の十五時間だけでは、一時間授業時間が余るから、週に一時間本科生にも何か話をしてほしい、ということであった。事情がそういう事なら、せずばなるまいが、しかしこれは、大問題で下手をすると僅か一時間でも専門の「哲学倫理」よりも骨が折れそうだと思われたのである。第一に話しっ放しではいけない、何となれば一言一句が「実践」につながらねばならない。そこで私は書写力の一番遅い生徒を最前列の窓辺にかけさせ、相手の書く速度を見ながら話すことにしたのである。

これで授業の基本体制はきまったが、最後の問題は、年に一度くらいこられるかどうか分からない文部省の督学官がこられた際にどうするかであった。だがそうした際にも結局私は、退職を覚悟して貫く外あるまい。以上によって私の肚は決まった。かくして生まれたものが、この「記録」となったわけである。

その後数年たったところで、試みにその一部を謄写したものを親しかった芦田恵之助先生にお目にかけたところ、大へん驚かれて、「これは息子がやっている同志同行社から出させて戴きましょう。そして私がリュックに入れて全国教壇行脚の旅に、持ち歩いて、直接同志の人々に説き奨めることに致しましょう」とのことで、これは戦中で物資特に紙の不足がどん底の時代であった。

一九八九年三月

森　信三

修身教授録——目次

第1部――修身教授録〈I〉

第2部——修身教授録〈II〉

装幀／川上成夫
装画／門坂流
編集協力／清山良一

第1部　修身教授録〈I〉

（昭和12年4月から昭和13年3月までの講義録）

第1講——学年始めの挨拶

今日からいよいよ先生の講義が始まるというので、極度に緊張して待っていた。すると先生は、鐘が鳴ってしばらくすると、静かにドアを開け、後ろを向いてドアを閉められた後、おもむろに教壇に上って、ていねいにわれわれに礼をされた。そして時計と万年筆とを教卓の上に置かれて、ゆっくりと出席簿の名前を呼ばれたが、すべてが実に静かである。

さて今年はご縁があって、諸君たちの組の修身を受け持つことになりましたが、すべてわれわれが教えたり教えられる間柄になるということは、考えてみれば実に深い因縁と言ってよいでしょう。

と申しますのも、この地球上には二十何億(当時)近い人間が住んでいると言いますが、それはしばらく措くとしても、同じく血液を分け合っている日本人だけを考えても、八、九千万人もあるわけですが、そのうちわれわれが一生の間に知り合う人間の数はきわめてわずかでしょう。いわんや一生の間に、その面影を忘れない程度に知り合う間柄となると、いかにそれが少ないかということは、諸君らが過去十数年の生活を反省してみられたら、自ずと明らかなことだと思います。

それらいろいろの人と人との関係においても、とくに師弟関係というものは、一種独特の関係であって、そこには何ら利害の打算というものがないわけです。実際世に師弟の関係ほどある意味で純粋な間柄はないとも言えましょう。

仮に叱ったり叱られたりした場合でも、それは全然利害打算の観念を離れたものです。否、利害打算の観念を離れていればこそ、叱るべき時にはよく叱ることができ、また褒めるにも心から褒めることができるわけです。また叱られる方としても、それをもっともとして受け取ることができ、また褒められたとしても、心からこれをうれしく感じるわけであります。

ところがわれわれはここに、縁あってこれから一年間を共に学ぶことになったわけですが、これはもちろん諸君らの希望によることでもなければ、また私の方から申し出たことでもなく、すべては学校という一つの大きな組織の上から決まった事柄であります。

ですから、これを裏から言えば、学校全体の上から見て、こうなるのが、一番つごうがよいというので、かくは決められたわけです。すなわちこれを一言にして「現実の必然」によるものと言ってよいでしょう。

かくして今後一年間、諸君の修身科を受け持つことになったということは、私の側からも、まったく個人的な好悪を超えた問題なのであります。

ところが私の考えによりますと、われわれ人間というものは、すべて自分に対して必然的に与えられた事柄については、そこに好悪の感情を交えないで、素直にこれを受け入れるところに、心の根本態度が確立すると思うのであります。否、われわれは、かく自己に対して必然的に与えられた事柄については、ひとり好悪の感情をもって対しないのみか、さらに一歩をすすめて、これを「天命」として謹んでお受けをするということが大切だと思うのです。同時に、かくして初めてわれわれは、真に絶対的態度に立つことができると思うのです。

ですからわれわれも、ここにこうして一年間を共に学ぶことになったことは、天の命として謹んでこれをお受けし、ひとり好悪を言わないのみか、これこそ真に自己を生かすゆえんとして、その最善を尽くすべきだと思うのであります。

ところで今私の申したことは、ひとり学科の担任というようなことのみならず、広くは人生におけるわれわれの態度の上にも言い得ることであって、われわれはこの世において、わが身の上に起こる一切の事柄に対して、すべてこのような態度をもって臨むべきだと思うわけです。

ですからたとえば親が病気になったとか、あるいは家が破産して願望の上級学校へ行けなくなったとか、あるいはまた親が亡くなって、本校を終えることさえ困難になったとか、その外いかなる場合においても、大よそわが身に降りかかる事柄は、すべてこれを天の命として慎んでお受けをするということが、われわれにとっては最善の人生態度と思うわけです。ですからこの根本の一点に心の腰のすわらない間は、人間も真に確立したとは言えないと思うわけです。したがってここにわれわれの修養の根本目標があると共に、また真の人間生活は、ここからして出発すると考えているのです。

さて以上申した事柄は、これを他の言葉で申せば、われわれはすべてわが身に連なるもろもろの因縁を辱《かたじけな》く思って、これをおろそかにしてはならぬということです。したがって諸君らが本校の生徒として、ここに五年の星霜を過ごすということは、それが一生のうちで最も思い出の深い学生時代だという点からしても、まことに意義深いことだと思うわけです。

しかもこのことたるや、決して諸君らの単なる個人的なはからいによることではないでしょう。というのも、たとえ諸君が今数百円という大金をもって新聞に広告を出して、今後五ヵ年間、自分と一緒に学ぶ人はないかと募集してみたところで、おそらくただの一人も集まりはしないでしょう。このことはまた私とても同様であって、この一年間自分の話を聞いてくれる人はないかと求めてみたところで、これまた容易に得がたいことでしょう。それどころか、私がこの学校に職を奉じていなかったとしたら、ひとり諸君らを教えないばかりか、お互いに日本人でありながら、おそらくはこの地上に、諸君らというような人がいることさえ、知らずに過ごしたことでしょう。

また諸君たちにしても、よかれあしかれこの一年間を、私と共に学ぶということは、諸君という織物の中に、一筋の横糸を加えることになるとも言えましょう。もっともそれがいかなる色合いの糸であるかは、またそれがスフ糸であるか、それとも木綿糸であるか、さらには絹糸であるかは、この一年間を過ごしてみないことには、お互いに分からぬことであります。それというのも、ふつうの織物の場合でしたら、糸は始めから分かっていますが、教育という織物の場合には、教える方と学ぶ方と、この双方の気持ちがピッタリと合わなければ、とうてい立派な織物はできないからであります。

かくして私が、この一年間、諸君たちの修身科を受け持つことになったということは、考えれば考えるほど不思議な縁でありまして、それはたとえ私が本校にいましても、もし諸君たちが本校に入学していなかったら、諸君らと識り合うはずはないわけです。否、それどころか私も本校に職を奉じており、諸君らも本校に入学していたとしても、私が本校で受け持つのは、主として専攻科ですから、本科生の方はごく少ないのです。現に私が現在本科で受け持っているのは、諸君らの組だけなんです。

ですからこう考えて来ますと、この深い因縁を辱く思ってお互いに自分を投げ出し合って、共にこの一年間を学ばねばならぬと思うのであります。ではここに学年始めに当たり、諸君の組を受け持つことになったご縁を感謝しつつ、以上のことを申しのべて、ご挨拶の言葉とするしだいです。

先生の話が終わるとS君が起ち上がって「先生質問がありますが、お尋ねしてもよいですか」と言うと先生は、「ハアよいですとも。サア何ですか」と言われる。するとS君は「先生は僕らの組を受け持つことは、天の命だと思うと言われましたが、僕にはどうもそういうふうには信じられませんが」と言った。すると先生はニコリとせられて「それはそうでしょうよ。諸君らは若くてまだ人生の苦労というものをしていないんですからネ。私があゝ言ったのは、主として私自身の気持ちを申したのですから、若い諸君たちにそう信じられなくたってかまわんですよ。ただネ、そう信じられる人と、信じられない人との人生の生き方が、将来どう違ってくるかということだけは考えてみて下さい」と言われて、先生微笑のまま礼をして、静かに教室から出ていかれた。

第2講――人間と生まれて

今日も先生静かに入って来られて、ていねいに礼をされる。こんなにていねいに礼をされる先生は初めてなので、みんなが不思議な感じを受ける。やがて題目を黒板の右端近くに書かれたのち、われわれの方に向かって静かに講義を始められる。

さて諸君らの大部分の人は、大体今年十八歳（数え年）前後とみてよいでしょうね。してみると諸君らは、この地上に人間としての生をうけてから、大体十六、七年の歳月を過ごしたわけであります。

ところが、それに対して諸君は、一体いかなる力によって、かくは人間として生をうけることができたかという問題について、今日まで考えてみたことがありますか。私の推察にして誤りなくんば、おそらく諸君たちは、この大問題に対して、深く考えた人は少なかろうと思うのです。

かように、諸君らにお尋ねもしないで断定的なことを言うというのは、一面からははなはだ礼を失したことと思いますが、しかし私は自分自身の過去を顧みても、大体そうではないかと思うのです。と申しますのも私自身が、諸君らくらいの年頃には、一向このような大問題に対して、深く考えたことはなかったからであります。

そして、今や四十歳という人生の峠を越えかけた昨今に至って、ようやくこのような人生の大問題が、自分の魂の問題となりかけたわけです。ですから、たとえ諸君らの年頃に、かような人生の根本問題について教えられたとしても、たぶんうわの空で聞き過ごしたんじゃないかと思うのです。したがって、私が今諸君に対して、このような人生の根本問題についてお話してみても、おそらく諸君らの十分な共鳴は得られないだろうと思うのです。同時にそれは、たとえそうだとしても、自分自身の過去を顧みて、まったく無理のないことだと思うのです。

かく言う私自身が、諸君らの年頃には、こうした人生の根本問題については、ボンヤリと、うかうか過ごして来たからです。だが、それにもかかわらず私は、今ここに諸君らと相見えて、互いに研修の第一歩を踏み出すに当たっては、諸君たちが受け入れられると否とにかかわらず、どうしてもまずこの根本問題から出発せずにはいられないのです。少なくとも現在の私としては、この問題から出発する以外に、真の出発点は見出しがたいのです。

というのも、われわれ人間にとって、人生の根本目標は、結局は人として生をこの世にうけたことの真の意義を自覚して、これを実現する以外にないと考えるからです。そしてお互いに、真に生き甲斐があり生まれ甲斐がある日々を送ること以外にはないと思うからです。

ところがそのためには、われわれは何よりもまず、この自分自身というものについて深く知らなければならぬと思います。言い換えれば、そもそもいかなる力によってわれわれは、かく人間としてその生をうけることができたのであるか。私達はまずこの根本問題に対して、改めて深く思いを致さなければならぬと思うのです。

ところが現在多くの人々は、自分がここに人間として、生をこの世にうけることができたということに対して、かくべつありがたいとも思わずにいるんじゃないでしょうか。現にかく言う私自身も、お恥ずかしいことながら、この六、七年前までは、やはりそのような一人だったのです。おそらく諸君らにしても、大部分の人がそうではないかと思うのです。

しかしながら翻って考えるに、そもそもわれわれのうち、果たして何人が自分は人間として生まれるのが当然だと言い得るような、特別な権利や資格を持っているものがあるでしょうか。もちろんわれわれは、この地上へ生まれ出る前に、人間として生まれることを希望し、あるいはそうした決意をして生まれて来たわけではありません。いわんや、人間として生まれるに値いするような努力や功績を積んだために、今日ここに人間としての生命をうけ得たわけではありません。

このようにわれわれがこの世に生をうけたのは、自分の努力などとは全然関わりのない事柄であって、まったく自己を超えた大いなる力に催されてのことであります。

否、それだけではないのです。われわれはこの世に生をうけた後といえども、そうとう永い間、自分が人間としてこの世へ生まれ出たことに対して、何ら気付くことなく過ごして来たのでありますす。それどころかわれわれ人間は、厳密には何人も自分の生年月日も、その生誕の場所も知らないわけです。

こういうと諸君らは、定めし私のこれらの言葉を怪しまれることでしょう。しかしながら、諸君らが知っていると考えている自分の生年月日は、実はご両親から教えられ聞かされた結果であって、われわれは直接に自分の生年月日や生誕の場所を知るものではないのです。そればかりか、諸君らは自分のお尻におむつのつけられていたことさえ記憶している人はないでしょう。ということは、われわれ人間は、ひとり自己の生年月日や、生まれた場所を知らないのみならず、おむつのとれる年頃までも、自分の存在については、ほとんど知る所がないのです。それ故私は、このことをもって、常にわれわれ人間の根本的な無知の一つの事例と考えているのであります。

こういう有様ですから、諸君らにしても、今日生後二十ヵ年になんなんとしながら、人間として生をうけたことに対して、しみじみとその辱けなさを感ずることができないわけであります。否、二十年どころか、うっかりすると私のように四十の声を聞くような年頃になるまで、ついに心の眼が開かれずにしまうのです。そしてわが子を持つような年頃になっても、なおかつ深くこうした人生の根本問題に想い至らぬという愚かさにもなるのです。

ところが私の考えでは、われわれ人間は自分がここに人間として生をうけたことに対して、多少なりとも感謝の念の起こらない間は、真に人生を生きるものと言いがたいと思うのです。それはちょうど、たとえ食券は貰ったとしても、それと引き換えにパンの貰えることを知っていなければ、食券も単なる一片の紙片と違わないでしょう。

またそうと知らなければ、人によってはそれを捨てるかも知れず、また仮に捨てないまでも、これを食券として生かすことはできないでしょう。同様に今われわれにしても、人生そのものの意義を知らなければ、人の形をして生まれて来たとはいえ、人間として真に生き甲斐のある生き方はできないと思うのです。

しかも人生の意義を知るには、何よりもまずこのわが身自身が、今日ここに人間として生を与えられていることに対して、感謝の念が起こらねばならぬと思うのです。しかるにこのように人身をうけたことに対する感謝の念は、昔の人が言った「人身うけがたし」という深い感懐から初めて発して来るものと思うのです。

諸君、試みに夕食のあとなどに、寄宿舎の庭へ出て、諸君の周囲を飛び回っている昆虫はしばらく措くとしても、せめてその辺に見られる植物の数だけでもよいから数えてごらんなさい。おそらく諸君らは、正確にはその数を数え得ないでしょう。

というのも、それは諸君らの幾十百倍あるか知れないからです。なるほど大木の数ともなれば、それは極めて少ないでしょう。だがもし雑草の一々を数えるとしたら、全校庭の植物の総数は、おそらく本校生徒の数を超えるかも知れません。いわんや動物をも勘定に入れるとして、その辺にいるくも、みみず、あぶ、はえ、地虫らまで数えたとしたら、実に際限のないことでしょう。

ところがお互いにわれわれは、それらの動植物のどの一つにもならないで、ここに人間の一人として「生」を与えられたのであって、これに対してどこにその資格があると言えるでしょうか。実際牛馬や犬猫、さらには蛇や蛙やうじ虫などに生まれなかったことに対して、何か当然の理由や資格があると言えるでしょうか。

実際この地上の生物の数は、人間のそれと比べていかに多いか、実に測りがたいことでありま す。しかもお互いにそれらのいずれでもなくて、ここに人間としての「生」を与えられたわけですが、しかしそれは、何らわが力によらないことに思い及べば、何人もうけがたい人身をうけたことに対して、しみじみと感謝の心が湧き出るはずであります。

しかるに現代の人々は、自分が人身を与えられたことに対して、深い感謝の念を持つ人ははなはだ少ないようであります。仏教には「人身うけがたし」というような言葉が昔から行われているのです。つまり昔の人たちは、自分が人間として生をこの世にうけたことに対して、衷心から感謝したものであります。

事実それは、この「人身うけがたし」という言葉のもつ響きの中にこもっていると思うのです。しかるに、自分がこの世の中へ人間として生まれて来たことに対して、何ら感謝の念がないということは、つまり自らの生活に対する真剣さが薄らいで来た何よりの証拠とも言えましょう。というのもわれわれは、自分が自分に与えられている、この根本的な恩恵を当然と思っている間は、それを生かすことはできないからであります。これに反してそれを「辱い」と思い、「元来与えられる資格もないのに与えられた」と思うに至って、初めて真にその意義を生かすことができるでしょう。

自分は人間として生まれるべき何らの功徳も積んでいないのに、今、こうして牛馬や犬猫とならないで、ここに人身として生をうけ得たことの辱さよ！　という感慨があってこそ、初めて人生も真に厳粛となるのではないでしょうか。

ですからわれわれも、この「人身うけがたし」という言葉をもって、単にすぎ去った昔のことと思ってはならぬでしょう。われわれ現代人は、今日日々の生活に追われて、このように物事を根本的に考えることを怠っていますが、今われわれは改めて、この言葉のもつ深遠な意義に対し敬虔な態度にたち還って、人生の真の大道を歩み直さねばならぬと思うのです。

森先生のことについては、すでに上級生からいろいろとうわさを聞いていたが、今日で二回授業を受けて予想以上という感じがする。授業がすむと先生は黒板をキレイに拭き、ていねいにわれわれに礼をされた後、おもむろに教室から出ていかれた。

下学雑話（1）

▼安心立命とは、順逆によりて心を二にせず、順境なればとて調子に乗らず、逆境なればとて落胆せざるの謂なり。

▼直線は、いかに延長するも、ついに直線を出でず。それが円となるには、直線は自らの進路を遮断せられて、無限にその方向を転ずるの極ついに成る。

▼すべて人間の生活は、ある意味では皆みじめなり。自分のみと思うことなかれ。表を見、裏を見、愚に還ってひたすら己が仕事に専念すべし。

第3講——生をこの国土にうけて

例によって先生静かに教室に入られ、礼がすむと無言のまま黒板に向かい、今日の題目を書かれると共に、次の赤彦の歌を書いてから、われわれの方を向かれた。

高山の頂にして親と子の心相寄るはあはれなるかな　赤彦

「これは歌人赤彦が、わが子と一緒に日本アルプスに登った際、その頂上でおり悪しく雨に出合って、寒冷な高山の雨に濡れた身を、小舎の中へでも入って、親子がじかに体と体とが触れ合うことによって、初めてそこにこれまで感じなかった恩愛の情を、ほの温かい肉体の温かみを通して感じたその感じを詠んだものでしょう。

この歌はその格調から言っても、当然『太虚集』の中に収められるべきものと思うのですが、どうしたわけか入っていないのです。『島木赤彦全集』の「拾遺」の中から、私が第一に拾い上げた歌がこれなんです。なかなかよい歌でしょう」

さて前回には、お互いに今日ここに人間として生命をうけたことは、実に無上の喜びであるべきはずなのに、われわれはともすればこの点に気付かずいることについて話したわけですが、さらに一歩をすすめて言えば、われはひとり人間としてこの地上に生まれたばかりでなく、この日本の国土に生まれたということは、さらに大きな喜びでなくてはならぬと思うのです。

ではわれわれが、ここに日本人の一人として、生をこの国土にうけたことを喜ぶのは、そもそも何故でしょうか。もちろんそれらは、自分たちが、生まれ落ちるときからここに育ったということが、大きく働いていることは申すまでもないことでしょう。しかしながら、私達が今日本人として生まれたことを喜ぶのは、単にそれだけではないと思うのです。

ではそれは何故でしょうか。それについてまず考えられるのは、われわれのこの国土は、気候が穏やかで人々の気質も、それに応じて穏やかだと思うのです。なるほど歴史を見れば、色々と争乱がなかったわけではありません。しかしながら、それを他の国々と比べてみたならば、やはり穏やかな国と言ってよいでしょう。

わが国が、古来やまとの国と呼ばれ、そしてそれを書き表すのに「大和」という文字が当てられているのも、その表れと言ってよいでしょう。そして皇室が変わられなかったということなども、わが国の歴史が穏やかだったことの、何よりの証拠と言ってよいでしょう。

もちろんこれは、わが国の気候が温順なことの外にも、その国土が島国であったということが大きく働いていると言えましょう。すなわちそのために、他国と地続きの国々のように、外敵の侵略を受けなかったことが、大きくそこに作用していることを認めねばならぬと思います。

このようにわれわれは、生をこの国土にうけたことを、非常な幸せと言うべきにもかかわらず、われわれはその日々の生活においては、とかくこの点がおろそかになりがちで、ほとんどそれと気付かずに日を送っているわけです。それというのも、それはいわば空気のようなもので、われわれは一日として、否、一刻といえども、空気なしには生きられないにもかかわらず、空気のことを意識することは、ほとんどないというにも似ていましょう。

　あるいはまたそれは、食物に似ているとも言えましょう。というのも、われわれは平生日に三度の食事を欠くことは滅多にないために、食事をするごとに、自分はこの一粒の飯によって、わが生命を支えられているんだ、というような感謝の念は、容易に持ちにくいわけです。

　ところが何かのつごうで、仮に一食でも食事の欠けるような場合には、非常にひもじがり、さらには「こんなにしてこれで身体に障らねばよいが――」などと案じるのです。いわんや二度、三度と欠けるようなことでもあれば、それこそ「もうこれで自分も死ぬのではあるまいか」などと思うようにもなるのです。ところが、それ程でありながら、平生は、こんなことは夢にも考えないで、うまいのまずいのとぜいたくばかり並べているのです。

　このようにわれわれは、平素自分がうけている恩恵については、その程度の深いものほど、かえって容易に気付きがたいのが常であります。それはちょうどわが顔は、自分に最も近いにもかかわらず、あまりの近さの故に、かえって平生それと気付かずにいるのと同様だと言えましょう。実際この地上に、自分の顔を見た者はかつて一人もないのであって、自分の顔と思っているのは、いずれも鏡に写った影にすぎないわけです。

　こういうわけでわれわれは、平生は自分がこの国土に生まれたことを、かくべつありがたいとも思わないのですが、洋行などをした人の話を聞きますと、どんな人でも、やはり日本が懐かしくなってくるということです。そしてそれは、考えれば実に当然なことだと思います。

それというのも、生まれ落ちるや否やこの日本という国土の上に生まれて、その耳にするのはみな日本語であり、その眼に入るのは、両親を始めみな日本人であり、そしてその眼に入る山河大地もまた、この日本の国土だからであります。かくしてわれわれは、日本人の一人として頭の先から足の爪先に至るまで、その一切が日本人として生い立って来ているのであります。つまり私達のこの五体は、日本民族の一員として、そのすべてが、この国土から生い立った樹木のようだとも言えましょう。

ところで、このようにわれわれが、生をこの国土にうけて日本民族の一員となれたのは、そもそもいかなる因縁によるかというに、それはいうまでもなく、私達の父母が日本人だからであり、日本人としての両親の胎中に、一個の生命として宿ることができたからであります。

ということは、われわれの血液は、父母の血を受けたことを語るものであって、実際私の血の一滴も、これを父母より受けないものはないのであります。現に私が、今かように話をし、また諸君が私の話を聞きつつあるこの瞬間といえども、われわれの全身を回っている血液は、お互いにそれぞれの父母から受けた、日本人としての血液に外ならぬのであります。これ『孝経』に「わが身は父母の遺体」と言われているゆえんであります。

このようにわれわれが、今それぞれ日本民族の一員たり得たのは、実はわれわれの両親が日本人であったからであり、同時にわれわれの身体には、父母を通して遠い祖先の血が流れているからであります。したがってもし無限にさかのぼっていくとしたら、このわれわれの体の中には、民族の血液がそれぞれ渾融しているわけであります。したがってその意味からは、われわれ一人びとりは、それぞれ民族の血液を宿すと共に、さらに民族の歴史の中から生まれて来たわけであります。

すなわち、われわれ一人びとりの中に、歴史を貫いて流れて来た民族の血液が宿っているわけであります。したがってまた、こうしてここにいるわれわれの「血」も、祖先にまでさかのぼれば、無限に入り組み重なり合っていると言えましょう。

このように考えて来ますと、われわれが日本民族の一員として、この国土に生まれて来たということは、無量の因縁の重なり合った結果であって、それこそ民族の歴史に深い根ざしを持つわけであります。したがって私達がこの国を愛するということは、必ずしもこの日本という国が、優れた国だからということよりも、むしろ先にのべたように、われわれにとっては、まったく抜きさしのできないほどの深い因縁があるからだと言うべきでしょう。

すなわちいろいろの国々と比較して、日本がいい国だからというような、そんな水臭い考え方から言うのではなくて、まったく切っても切れない深い因縁が結びつき、重なり合っているからであります。同時に、ここに腰をすえるんでなければ、口先だけで「愛国々々」と言ってみても、それはわれわれの五体に根ざした、真の力を持つものではないと思います。

先生、例により、ていねいに礼をされて、静かに教室を出ていかれたが、後にはなお一脈の清々しい雰囲気が漂っていた。

第4講——生を教育に求めて

先生、今日は何故か、ニコニコされながら入ってこられた。そして礼がすむと「今日は一つ私の好きな歌を書きますよ」と言って次の二首の歌を板書せられた。

憶長塚節

白雲の出雲の国の鐘一つ恋ひてゆきけむ命をぞ思ふ　赤彦

手を当てて鐘は尊き冷たさに爪叩き聞くそのかそけさを　節

そして、二、三度朗々と詠まれながら、こうおっしゃった。

「どうですいい歌でしょう。この歌は、赤彦の先輩の長塚節が、喉頭結核という不治の病にかかって、最後の思い出にと、西日本に旅立ったのを憐れんで詠んだ歌です。それに対して長塚節の歌は、その旅で詠んだ歌の一つですが、赤彦の歌の元になった歌だけに、さらに一段と深くわれわれの心を打つものがありましょう。

ついでですが、短歌というものは、朗々と声を出して詠み、さらには暗誦できなくちゃだめなんです。ですから諸君らも寄宿舎で夕食の後など、校庭を散歩しながら、声を出して暗誦されるがよいでしょう」

さて、ここに相会しているお互いは、生涯を教育の道に生きようとするものであり、諸君らも、近くその第一歩を踏み出そうとしている人々です。すなわちお互いにこの二度とない人生を、教育の道に生きようとしている者の集いです。

もっとも私は、諸君たちがどのような自覚を持って、本校に入学されたかを知りませんが、しかし諸君らが今日たどりつつある道は、諸君らの自覚の浅深いかんにかかわらず、とにかく生涯を、国民教育のために生きる道であります。そしてそれは、たとえ諸君らの一人ひとりとしては、一生名もない小さな捨石として果てるとしても、とにかく国民教育という角度において、この国を支える一つの支持点となるわけであって、諸君らの人生の意義は、そこに果たされるわけであります。

それにしても教育が、民族の運命に対していかなる意味を持つかという問題については、今さら喋々《ちょうちょう》するまでもなく明らかなことであり、また諸君ら自身としても、この点については一応よく分かっていることと思います。すなわち教育は、次の時代にわれわれに代わって、この国家をその双肩に担って、民族の使命を実現してくれるような、力強い国民を創り出すことの外ないのです。

つまり現在はまだ、頑是ないいたいけな子供たちではあるが、しかしこれを教え育てることによって、やがては民族の重大使命を果たすに堪え得るような、大国民たらしめようとする国家的な大事業であります。したがってこのように考えて来れば、あらゆる職業の中で教育という仕事ほど、その意義の重かつ大なるものはないとも言えましょう。

しかしながら私達は、このような「教育は国家的な大業であり、次の時代の国家の運命を支配する努力だ」という言葉によって、容易に思い上がってはならぬと思うのです。何となれば、その仕事の有する意義が尊厳であればあるほど、それに従事するものの資格もまた、卓越していることを要求せられるからであります。

もしそうでなかったとしたら、なまじいにその仕事の意義が尊厳なだけに、かえってそれだけ不都合となるわけであります。同時にかく考えるとき、省みて諸君、果たしてこのような重大な使命を担うだけの資格が、あると思われますか。

なるほど、一面からは、職業に貴賤はないとも言えましょう。しかしながらそれは、職業を国家組織の全体の上からみる見方であって、一たび差別の上から見たならば、教育に従事することと、カフェーとかダンスホールなどを営むこととは、そこに重大なひらきがあると言えましょう。

しかるに諸君らは、幸にしてこの二度とない人生を、このように国家の運命を左右するハンドルを握るとも言うべき、国民教育の道に投じたわけであります。が同時にこのことは、諸君らの今後の研修の上に、容易ならざる重荷のかけられていることを意味するわけでもあります。

というのも、世間の状態を見ますと、もしこれが普通の職業に従事していたなら、さまで咎められないような事柄でも、一たび教師がそれをやったということになりますと、世間はこれを容赦しないのであります。

試みに卑近な一例を申してみれば、ある店の主人が、何かのはずみで、店員をなぐったとしましょうか。その時問題はどうなるかというに、その場合もし相手がなぐられて怪我でもしたら、

そして主人は法によって処罰せられましょう。

しかしなぐっても相手が怪我をしなかったら、相手は怒ってその店をやめるとしても、主人は別に取りあげて問題にせられるというようなことは、まずないと言ってよいでしょう。しかるにそれがもし学校の教師だったらいかがでしょう。もし教師が怒りの情を抑制しかねて、生徒をなぐったとしたら、それは問題であって、父兄の出方のいかんによっては、たとえ怪我はしなくても、一つの問題となることでしょう。

このようにわれわれ教師の一言一行は、時にはずいぶんきびしい批判の的となるわけです。そこで若い教師の中には、これをもって、社会が教師を遇することが酷だと考える人もあるようですが、しかしこれは、教育者の責務がいかに重大かを解し得ない人と言えましょう。

とくに教師が、その教え子をなぐるなどというに至っては、いかなる意味においても、弁解はできないと言わねばならぬでしょう。それというのも、そもそも人をなぐるということは、一種の暴力行為であって、いかなる人も慎まねばならぬことだからです。

もっともこのように申しますと、中にはわれわれ教師に対する世間の見方がきびしすぎるのに対して、その経済的な待遇のよくないことを問題にする人もありましょう。そしてこの点については、一面たしかにもっともとも言えますが、同時にまた物的待遇は経済上の問題であって、これは国家社会全体の非常に複雑な関係から決まってくることであって、物的待遇をもって直ちにその人の社会的尊敬の度と同視するわけにはいくまいと思うのです。

このことはたとえば、徳川時代の下級武士の収入は、富裕な商人の幾十分の一にも達せず、名主や庄屋の如きもその収入は、貧乏士族の十数倍否、数十倍もあったにもかかわらず、社会上の上下の別は、厳として侵すべからざるものがあったのであります。

同時にこれはひとり昔のことのみでなく、この現代においても知事の年俸は大体五千円程度ですが、この程度の収入は商人としては名もなき小商人さえ得ている人が少なくないのであり、また大臣の年俸が一万円だと言ってみても、これを商人の年収と比べてみれば、微々言うに足りない額だと言えましょう。

だがそれ故に知事や大臣の責めが軽いとは言えないでしょう。かくしてその人の物的待遇のいかんは、必ずしもその人の国家社会における、責務の軽重と比例するものではないのであって、諸君はまずこのような点から現実を見る眼を開かねばならぬと思うのです。

このように、教育者に対する物的待遇は比較的に薄いのですが、しかも社会が精神的に教育者に期待するもののいかに大きいかということを私は、最近大阪における教育疑獄に関しても痛感したのです。

諸君もご承知のように、最近大阪の教育疑獄に関しては、新聞は一切これを載せなかったのであります。しかもこれは法的に禁止せられたのではなく、その社会に及ぼす影響、とくに青少年に及ぼす影響を考えて、自発的に掲載を控えたのだそうであります。すなわち法律的には、記事のさし止めはできないにもかかわらず、すべての新聞がこれを掲載しなかったということは偏に司法当局が、その社会に及ぼす影響の甚大なことを恐れて、各新聞社に対して掲載の中止方を懇請し、各新聞社もまたこれを諒として、ついに自発的に中止するに至ったということです。

一国の大臣の疑獄事件すら、麗々しく掲げられていることを思う時、一地方の教育疑獄が法の差し止めによることなく、自発的に記事の掲載が差し控えられたゆえんについては、とくに深く諸君らに考えて戴きたいと思うのです。

「生を教育に求めて」――。これは私が師範生活を終えようとする頃、桜井祐男というある私立学校の先生が、自分の著書に名付けた書名であったかと思います。私は現在その人が、教師としてどのような道を歩んでいられるか否かを知りませんが、しかしそのいかんにかかわらず、私もまた諸君らと共に、生を教育に求めつつある一人であります。すなわちこの二度とない人生において、自己の魂の道を、教育の世界に求めつつある人間であります。このことを深省する時、私はどうしても、この教育という一道において、真に安心立命のできる境涯に達しなければならぬと思うのです。

少なくとも現在の私は、わが生涯をかけて、この一境に到達したいと考えているのであります。ところで諸君自身は、現在この道に踏み入ったことに対して、果たしていかなる感慨を抱いていられるでしょうか。想えば私自身が、諸君らくらいの年配から、今日までたどってきた道は、畢竟するにこの一筋の路以外になかったわけであります。ですから私には、現在こうして諸君らの姿を見ていますと、二十余年前の若かりし日の自分の姿が想い出されて、そぞろに感慨に堪えないものがあるわけです。

先生、一礼の後、感慨ふかく沈痛な面もちで、静かに教室を出ていかれた。

第5講——教育者の道

先生例により一礼せられた後、おもむろに出席簿を記される。そしてN君の欠席を知られて、「だれかN君の近くの人はありませんか。どうかしたんですかナ」と言われる。するとK君が起って、「N君はゆうべから風邪で熱を出して臥ていますす」と答えると、先生は「サア寝冷えしたんではありませんか。冬と違って今時の風邪は、なかなか治りにくいから、みんな気をつけんといけませんね」と言われる。

さてこの前にはわれわれは、ひとり人間としてこの世に生まれたというのみでなく、さらに生をこの国にうけたことについて深く考えるところまでいかない限り、人生の真意義は得られないということについて、お話したつもりです。しかしながら、さらに一歩をすすめれば、この二度とない人生を、国民教育の道に生きようとしている諸君らとしては、その自覚はさらに国民教育者としての自覚にまで、深められねばならぬと思うのです。同時に国民教育というものは、民族の運命に対していかなる意味を有するものでしょうか。

今諸君が真にこの問題について深省せられるとしたら、諸君はこの一点からしても、この二度とくり返し得ない人生を、いかに生きたらよいかということが分かることでしょう。同時にそこには無限の重責を感じると共に、他面また自分の道を誤らなかったことに対して、衷心からの喜びを禁じ得ないことだろうと思います。

そこで次には、では教育者としての道はいかなるものであるか、ということが問題となるわけですが、それについては、まず人を教えるということは、実は教えるもの自身が、常に学ぶことを予想するわけであります。すなわち教師自身が、常に自ら求め学びつつあるでなければ、真に教えることはできないのであります。

しかしこれは、必ずしも容易なことではありません。なるほどこれは、何人もよく口にすることではありますが、しかしそれだけにかえって耳に馴れて、その意味する所が、いかに深くかつきびしいかということが、ともすれば見逃されがちだと思うのです。

それというのも、お互いに常に耳馴れている言葉というものは、実は曲者であって、耳馴れた言葉が、常に新鮮な響きをもってわが心に響くということは、よほど優れた人で、常に進んで息《や》まない人でなければ、容易に至り得ない境涯と言ってもよいでしょう。ですからわれわれの多くは、このような境涯には至り得ないで、単に耳馴れ聞き古したこととして、深くは心にもとめないのが、常だと言えましょう。したがってそこに新たなる響きを聞き、その深さに驚くことを忘れがちであります。

私が先に「教えるはすなわち学ぶことである」と言っても、諸君らの多くは、小さな小学校の子どもたちを教えるのに、それほど深く学ぶ必要はあるまいと思うことでしょう。ところが実際に当たってみますと、単に教科書の表面に現れている程度の事柄を教えるだけでも、相当に深い学識を必要とするのであって、このことはやがて諸君らが、教生として教壇に立たれれば、すぐに分かることであります。大の男が、わずか一時間の授業をするのに、三時間、四時間もその準備をしていって、なおかつ授業がしどろもどろになって、汗だくになることによっても分かりましょう。

このように、単に教科の内容を教えることだけでも、実に容易ならざる準備と研究とを要するわけですが、さらに眼を転じて、教育の眼目である相手の魂に火をつけて、その全人格を導くということになれば、私達は教師の道が、実に果てしないことに思い至らしめられるのであります。というのも、一人の人間の魂を目覚めさすということは、実に至難中の至難事だからであります。実際われわれ如きものにあっては、一応知識内容を授けることだけでさえ、必ずしも容易とは言えないのです。いわんや相手の魂に火をつけ、一箇の目覚めた魂として、この二度とない人生の道を歩むようにネジを巻くということは、ほとんど自信が持てないわけであります。

「一寸の虫にも五分の魂」という諺もあるように、仮に学識や年齢の上では相当の距離があるとしても、眠っている相手の魂が動き出して、他日相手が「先生に教えを受けたればこそ今日の私があります」と、かつての日の教え子から言われるほどの教師になるということは、決して容易なことではないでしょう。

とくに小学校では、何分にも生徒がまだ幼いですから、なるほど一面からは、子どもたちはよく先生になつくとも言えましょう。が、同時にまた相手が幼少なために、その自覚は不十分ですから、小学教育が真に徹底するためには、教師が直接子どもたちから親しまれるだけでなくて、さらに父兄たちからも心から信頼を受けるようでなければ、教育の真の効果は期しがたいとも言えましょう。

同時にこの一点に思い至るならば、何人といえども、小学教師たることのいかに容易でないかを思い知らされることでしょう。それというのも、父兄たちの社会的階層は千差万別であって、それらの人々から安んじてわが子の教育を託するに足る人物だ、と信頼されるということが、いかに容易なことでないかはお分かりでしょう。

父兄の信頼の情は、植物の種子にも喩えられる子どもたちの魂の発芽する温床にも似て、実に小学教育の地盤をなすべきものなのです。ところがその年齢からしても、はたまたその人格や学識において、さらにはその社会的地位からしても、高下様々なすべての父兄の信頼を受けるということは、実に至難のことと言わねばなりません。いわんや諸君らのようにまだ年齢が若くて、父兄の尊信を受けるなどということは、自惚れて心の眼の眩まぬ以上、自信の持てるはずはないわけです。

そこで、ではわれわれとして、それに対して一体どうしたらよいか、ということが問題でしょうが、私としては、それに対処し得る道はただ一つあるのみであって、それは何かと言うと、人を教えようとするよりも、まず自ら学ばねばならぬということであります。

かくしてここに人を教える道は、一転して、自ら学ぶ果てしのない一道となるわけであります。

すなわち外見上からは、諸君は近く四十人、五十人という大ぜいの児童を教え導く重責につくわけですが、しかもそれは内面から言えば、諸君がそのように教職につくということ自体が、実は改めて深く切実に自ら学び、自ら求めざるを得ない責任の位置につくことであります。

しかるに、もし諸君らにしてこの根本の一点に気付かず、もう自分たちは学校を卒業したんだから、もはや学ぶ必要なんかなくて、ただ教えていればそれですむとでも考えたとしたら、お気の毒ながら諸君は卒業と同時に、すでに教育者たるの資格を失うわけであります。

否、それは、必ずしも卒業して始まることではないとも言えましょう。すなわちもし諸君にして今日深くこの点に目覚めなかったとしたら、諸君らは学窓にある間、常に卒業をもってその最終目標と心得、ただ卒業の期の来るのを待つだけとなりましょう。それでは生徒としても、すでにその中身はからっぽになっているわけです。

どうも師範学校の卒業生は、大体卒業後五年くらいたつとすでに下り坂になると言われていますが、以上私の申したことが分からぬ人は、厳密には、卒業と同時にすでに下り坂になるどころか、さらに突きつめて言えば、在学中の今日すでに、内面的には下り坂にある人もないとは言えないでしょう。すなわち単に卒業だけを目当てにして、形式的な勉強だけで十分と考え、自己を人間的に成長させることを考えない限り、内面的には現在すでに下り坂にあると言ってもよいでしょう。

かくしてわれわれは、幼い子どもたちを教えて、その魂を目覚ますという重責につく以上、何よりも大切なことは、生涯を貫いてひたすら道を求めて、そこに人生の意義を見出すのでなければばならぬでしょう。そしてこのように、生涯を貫いて学び通すという心の腰の決まった時、すなわちこの根本態度が確立した時、そこに初めて諸君の人生の一歩が始まると共に、また真実の教育者としての第一歩が始まると言えましょう。

どうも一部生は気をつけないと、人間が早く固まってしまう危険があるようです。三十歳くらいになると、まるで素焼のカメのように、コツンと叩くとね、カラッとこわれてしまう。つまり外見は固そうでも、中身は脆いですね。これはひとり本校の一部生のみでなく、全国の師範学校を通じて、一部生のともすれば陥りやすい欠点と言ってよいでしょう。

そこで諸君も今から気をつけて、弾力のある人間にならなければ駄目です。ところで弾力のある人間になる最初の着手点は、何といってもまず読書でしょう。ですから、若いうちから努めて良書を読むことです。また若いうちは、文学や詩歌など大いに読むがよいでしょう。また短歌や俳句などに趣味を持つことも大切です。

第6講——人生の始終

先生、例によっててぃねぃに礼をすまされ、そしてわれわれの方を向かれて、

「諸君たちは知らないでしょうが、職員室には新しい白墨の入った箱が二つと、使ったのを捨てる箱が二つありますが、私はこの学校へ来て以来、いつも屑の方の入っている箱の中から、比較的ましと思われるのを使うことにしていて、まだ新しいのを使ったことはないのです。まだ二人分くらいはあろうと思いますが、しかしこれだけは、他の方におすすめするというわけにもいきませんですからネ」

と言って微笑されながら、手にした短い白墨をわれわれに示された。一同シーンとなる。

諸君たちは、今や人生の門出に立っている人々です。したがって諸君たちは、この人生という旅路について、あらかじめある程度の見通しを持っていることが大切だと思うのです。ところが一口に人生と言っても、人によっていろいろと考え方があるようです。そこで旅行に際してもいろいろと準備が必要なように、諸君らも人生に対する種々の考え方を知ることによって、あらかじめ心の用意をすることが大切だと思うのです。

そこで、かような人生に対する色々な見方のうち、その一つを申してみれば、人生というものは、大体四十歳をもって半ばと考えてほぼ誤りがないということです。現に孔子も、四十にして惑わずと言っているように、人間も四十くらいになりますと、一応の落ち着きに達すると見てよいようです。

もちろんわれわれ凡人には、たとえ四十になったからといって、孔子が四十にして到達したような深さに至り得ないことは、言うまでもありません。しかし人間も四十前後になりますと、その器の大小にかかわらず、一応の落ち着きには達するものであり、とくにそれまで心の歩みを怠らなかったら、人間としての道も、一応おぼろ気ながら分かりかけると言ってよいでしょう。

今仮に人生を山登りに喩えますと、四十歳はちょうど山の頂のようなもので、山の頂に立って見ますと、わが来し方も、初めてしみじみと振り返って見ることができると共に、また後半生をいかに生きたらよいかということも、仄《ほの》かながら見え始めて来るようであります。それはちょうど山登りにおいて山の頂に達すれば、わが来し方を遙かに見返すことができるとともに、また今後下り行くべき麓路も、大体の見当はつき始めるようなものです。

それ故人間も四十歳前後になったならば、自分の一生について、大体の見通しがつきかけねばならぬと思うのです。そうしてわが命の果てる地点についても、大よその見当がつき出さねばならぬと思うのです。

世間では四十二を厄年と言っているようですが、これは今も申すように、四十は人生の半ばであって、山登りで言えばまさに峠であって、今やおもむろに下り路に転じようとしつつあることを語るものとも言えましょう。現に私の如きも、諸君らはご存じないでしょうが、これですでに老眼が兆しつつあるのです。

さて以上は、人間は四十歳前後をもって、一応人生の二等分線とするという考え方ですが、これはまた裏返せば、人間も四十近くまでは、とかく迷いがちということでもあります。もちろん人間は、四十までは迷いがちだと言っても、それなら四十まではいくら迷っても差し支えない、というような意味ではありません。

だが同時にまた、よほどの人でない限り、四十近くまでは、お互いに迷いやすいということです。同時にまた人間も、四十の声を聞いて人生の秋風に身を曝《さら》しながら、人生の道について迷っているようでは困ると思うのです。

諸君！　これは決して他人事ではないのです。諸君らも今のうちから気をつけないと、四十の声を聞いて鬢髪霜をまじえ出す年頃になっても、なお迷いから抜け出せないというようなみじめさに、陥らないとは言えないでしょう。四十などと言えば、現在の諸君にとっては、遙かなる彼方のこととして、まるで雲か霞の中にとざされて、見れども見えずの感がすることでしょう。ですから私が今かようなお話をしても、何も今からじたばた慌てる必要はないと思われるでしょう。

また事実、まだ二十歳にもならない諸君らとしては、かく思われるのもまったく無理からぬことだと思うのです。しかし諸君らの現在日々の生活は、そのまま諸君らにとっては、人生の旅路の一歩々々の歩みです。否、諸君らの一日々々は、この四十という人生の峠路へ近付きつつある一歩々々の歩みです。それどころか、実は諸君らの一日々々の歩みは、その一歩々々が、諸君らが四十歳の関所をいかに越えるかを決定しつつあると言ってもよいのです。なるほど現在諸君らの眼からは、人生の峠路は遙かなる雲際に隠れて見えないでしょう。しかし諸君たちは、その欲すると欲せざるとにかかわらず一日一日、否、一刻々々、この人生の峠路に向かって歩みつつあるのであり、否、只今も申すように、実はその一歩々々が、諸君らの方向を決定しつつあるわけです。

思うに諸君たちが、将来社会に出て真に働くのは、まず四十代から五十代へかけてだと言ってよいでしょう。すなわち諸君らの活動が、諸君の周囲に波紋をえがいて、多少とも国家社会のお役に立つのは、どうしてもまず四十以後のことと言ってよいでしょう。

同時にまたこの事からして、われわれの心得ねばならぬ事柄は、それ故に人間は四十までは、もっぱら修業時代と心得ねばならぬということです。現に山登りでも、山頂まではすべてが登り道です。同様に人間も、四十歳まではいわゆる潜行密用であって、すなわち地に潜んで自己を磨くことに専念することが大切です。

ところが、この点を証拠だてる事柄が、中国の『礼記』という書物の中にあります。それはどういうことかと申しますと、『礼記』には『四十にして仕う』という言葉がありますが、これはちょうど、今私の申した事柄に当てはまると言えましょう。

つまり人間も四十までは修業の時代だというわけです。ですから仮にそれ以前に職についたとしても、本来はその資格がないと考えねばならぬというわけです。そこで諸君らも、もう二年もたてば卒業して奉職されるわけですが、しかし諸君！　決して正式にその資格があると考えないようにして戴きたいです。そして四十になるまでは、実質的には准教員と心得て、自分の研修に専心して戴きたいのです。

こうした意味からも、只今申した『礼記』の「四十にして仕う」という言葉は、実にいい言葉でしょう。私も三十一、二歳の頃この点に気付いて以来、ひそかにわが身を律してきた言葉でありますので、今心を込めてこれを諸君らに贈るしだいです。

そこで今人間の活動を大体六十歳頃までと考えますと、そのうち二十歳までは志を立てる時代と言ってよく、すなわち将来国家社会のために役立つ人間になろうという志は、十五歳頃から、遅くとも二十歳までには確立せねばならぬのです。

そしてそれから以後の二十年は、いわば準備期と言ってもよいでしょう。同時にこの二十歳から四十歳までの二十年間の準備のいかんが、その人の後半生の活動を左右すると言ってよいでしょう。それはいわば花火の玉を作るようなもので、どんな花火が出るかは、まったくその準備期中の努力のいかんによって決まることです。

かくして四十代と五十代という、人間の仕上げ期の活動は、それまでの前半生において準備したところを、国家社会に貢献すべき時期であり、したがって四十歳までの準備が手薄ですと、四十歳以後六十までの活動も、勢、薄弱とならざるを得ないわけです。

これはまことに正直な話で、道理としては一応何人にも分かることですが、しかし年若くしてこの道理に気付くということは、決して容易ではありません。とくに現在のような学校教育においてはそうです。もちろんこの真理は、人間も四十の声を聞く頃にもなれば、だれでも多少は気付き出す事柄であります。すなわち自分が社会的に活動する年頃になってみて、初めて自分が過去二十年間、その準備期を怠ってきたことに気付き始めるわけであります。

それ故人間も四十にもなって初めてこの真理に気付き出すというのは、畢竟それまでの歩みがおろそかだった証拠であって、つまりは、自己の前半生に対する一種の悔恨として気付くわけで、現にかく言う私自身もその一人であります。そこで、このような自己の過ちを深刻に自覚すると共に、せめて後に来る若い諸君たちに、自分と同様の過ちを、二度と再び繰り返させたくないとの念が湧くわけです。真の教育というものは、こうした一念から、その第一歩が始まると思うのです。

すべて物事というものは、これを準備するには、随分と永い時間を要するものですが、さて一たびそれを見るとか味わうとかいうことになりますと、それを準備するに要した時間の幾分の一にも足りない短時間に、否、時にはそれ以上ですんでしまうものであります。

たとえば食事の如きも、これを作るには少なくとも一時間半ないし二時間、時にはそれ以上の手間がかかるわけですが、いざそれを食べるという段になりますと、ものの十分か十五分ですんでしまうでしょう。それがさらに花火の如きに至っては、これをつくるに数日、否、時としては一週間、十日とかかるとのことですが、いざ揚げるとなれば僅々数秒の間の楽しみにすぎないのです。

同様に今人生においても、よほど早くからしっかりと考えて、長期間の準備をしておかないと、真に国家社会のお役に立つ人間にはなれないでしょう。それに人間というものは、お互いに自惚れ心の強いものですから、自分ではそうとうお役に立っているつもりでも、これを外から見ればまったく場所ふさぎにすぎないということにもなるのです。

かような次第ですから、現在生徒である諸君らには、卒業ということが大きな期待をもって待たれるということは、一応無理からぬことではありますが、しかし、真に人生の大観的立場から申せば、学校の卒業というようなことは、まあ旅立ちに当たって、草鞋をはいて足固めをするという程度のことでしかないのです。

すなわち人生の現実の歩みとしては、まだ一歩も踏出してはいないと言ってよいのです。ですから、諸君らの真の人生の旅は、まさに卒業と同時に始まるわけであり、そして諸君らの真の活動は、繰り返し申してきたように、二十年後の四十歳前後から、本舞台にかかると言ってよいでしょう。したがってそれまでは、長い準備期間という点からは、卒業などということは物の数にもならぬわけです。

しかるにこの道理が分からないで、早くから頭を上げて歩んでいるようでは、たいしたことのできようはずはありません。ですから諸君らの現在は、いわば今後二十年という永い潜水の飛込台の上に立って、まさに身を躍らして水中に飛び込もうとしている体勢と言ってもよいと思います。

まあとにかく諸君！　しっかりやるんですね。では今日はそこまで。

いつもは、実に静かな先生であるが、今日は教室を出ていかれる先生も、幾分興奮されたかの様子であった。

下学雑話（２）

▼書物は一巻を費やして初めて一円を描くに過ぎず。然るに談話は、一挙直ちに円心を衝く。これ易簡、直截、実行を重んずる東洋にて、古来語録の重視せられし所以なり。

▼学人はすべからく虚心坦懐なるべし。自己に一物を有する間は、未だ真に他より学ぶ能わず。

▼いやしくも教師たる以上、通り一遍の紋切型な授業ではなく、その日その日に、自己の感得した所を中心として、常に生命の溢れた授業を為さむと心掛くべきなり。

第7講——志　学

先生、礼がすむと、窓の方へ行かれて、外側のガラス戸の開け方が、少し片寄っているのを直された。しかし、われわれには何事も言われず、そのまま教壇に帰り、例のように黒板をキレイに拭いて後、今日の題目を書かれた。この間先生も無言、われわれもまた無言であった。

志学という言葉は、諸君らもすでにご存じのように、論語の中にある言葉です。すなわち「吾れ十有五にして学に志す」とあって、孔子がご自身の学問求道のプロセスをのべられた最初の一句であります。

これは言い換えますと、孔子の自覚的な生涯は、ここに始まったということであります。しかもこのことは、ひとり孔子のみに限らず、すべて人間の自覚的な生涯は、すなわちその人の真の人生は、この志学に始まると言ってよいのです。

諸君らはすでに十七、八歳に達しているんですから、孔子より遅れることまさに二、三年ではありますが、しかしまだ決して遅すぎはしないのです。これ私が、ここにこの題目を掲げて、改めて諸君の自覚を促したいと思うゆえんです。

そこで、今孔子のこの言葉の真意を考えるに当たり、われわれの注意を要する点は、ここで「学」と言われている言葉の真の内容が、いかなるものであるかを知ることでしょう。ここで孔子が「吾れ十有五にして学に志す」と言われたこの「学」というのは、普通にいわゆる勉強を始めたとか、ないしは書物を教わり出したなどという程度のことではないようです。それというのも、ここに「志学」と言われたのは、いわゆる大学の道に志されたということであって、孔子は十五歳にして、すでに大学の道に志されたのであります。

ではそのいわゆる大学の道とは、一体いかなるものを言うのでしょうか。これは、諸君らもすでに一応は心得ていられるように、わが身を修めることを中心としつつ、ついには天下国家をも治めるに至る人間の歩みについていうのです。してみると孔子はすでに十五歳のお若さで、ご自身の一生を見通して、修養の第一歩を踏み出されたわけであります。すなわち十五歳の若さをもって、すでに自分の生涯の道を「修己治人」の大道にありとせられたわけであります。

それは只今も申すように、自己を修めることを中心としつつ、ついには天下国家をも治めるところまでいかなくてはならぬというのであって、すでに一生の大願を立てられたわけであります。それ故今この志学という場合、「学」という文字をもって、単に書物を習い始めたとか、あるいは勉強を始めたという程度のことと考えていますと、「吾れ十有五にして学を志す」と言われても、「ハハン」とうなずく程度で、別にこれほどの感慨もなしに素通りするにすぎないでしょう。

つまり「蛙の頭に水」の程度でしかないわけです。しかるに今この学という言葉の内容が、実は大学の道であり、したがってここに志学というは、この自分という一箇の生命を、七十年の生涯をかけて練りにねり、磨きにみがいていって、ついには天下国家をも、道によって治めるところまでいかずんば已まぬという一大決心だと致しますと、これ実に容易に読み過ごせないこととなるわけです。

とくにそれを十五歳という年齢と対照して考える時、実に感慨なきを得ないのであります。実際十五と言えば、諸君らもすでに十五歳を越えること、まさに二、三歳のようですが、顧みて諸君果たしていかなる感がいたしますか。

この学校が工業学校でもなく、また農学校や商業学校でもなくて、まさに師範学校として国民教育者を養成するところである以上、本来から言えば、諸君らが本校に入学されたということは、そのこと自身がすでに、諸君らはその生涯の学問修養をもって、この日本国の基礎たる国民教育に貢献し、大にしては民族の前途に対して一つの寄与をするだけの決心がなくてはならぬはずですが、諸君果たしてこのような決心をお持ちですか。こう申しては失礼ですが、どうも諸君たちは、まだこの点に関して確たる信念を持たれないように見えるのです。

もちろん諸君らも、かような話を聞かされた場合にはそれに感激もし、またその場では一応決心もされるでしょう。しかし一旦その場を去れば、多くはたちまち忘れてしまって、その感激は永続しがたいだろうと思うのです。それというのも、人間というものは、単に受身の状態で生じた感激というものは、決して永続きのしないものだからであります。

ところが永続きしないものは決して真の力となるものではありません。このことは、たとえば電車や自動車などでも、運転の持続している間こそ、その用をなしますが、一たびその運転が止まれば、せっかくの自動車も飛行機も、一塊の金属の堆積と違わないわけです。否、なまじいに図体が大きいだけ、始末におえぬとも言えましょう。したがって人間の決心覚悟というものは、どうしても持続するものでないと本物ではなく、真に世のため人のためには、なり得ないのであります。

そこで今諸君らにしても、なるほど時には人の話によって感激して、自分も志を立てねばならぬと思うこともありましょう。しかしそのような、単に受身的にその場で受けた感激の程度では、じきに消え去るのであります。たとえば今この時間の講義にしても、仮に教場にいる間は多少感じるところがあったとしても、一たび授業がすんで食堂へでも急ぐとなると、もういつのまにやら忘れてしまう人が多かろうと思うのです。

もっともこれは、諸君らくらいの年齢では、一応無理からぬこととも言えましょう。だが同時にまた人間も、いつまでも左様なことをつづけていたんでは、どれほど長生きをしてみたところで、たいしたことはできないとも言えましょう。ですからいやしくも人間と生まれて、多少とも生き甲斐のあるような人生を送るには、自分が天からうけた力の一切を出し尽くして、たとえささやかなりとも、国家社会のために貢献するところがなくてはならぬでしょう。

人生の意義などと言っても、畢竟この外にはないのです。すなわち人生の意義とは、たとえて申せば、ここに一本のローソクがあるとして、そのローソクを燃やし尽くすことだとも言えましょう。つまり半分燃やしただけで、残りの燃えさしをそのままにしておいたんでは、ローソクを作った意味に叶わないわけです。つまりローソクは、すべてを燃やし尽くすことによって、初めてその作られた意味も果たせるというものです。

同様に私達も、自分が天からうけた力の一切を、生涯かけて出し切るところに、初めて、小は小なりに、大は大なりに、国家社会のお役にも立ち得るわけで、人生の意義といっても、結局この外にはないと言えましょう。

ところで、ここに一つ注意を要することは、今私は人間は各自、自分が天からうけた力を実現しなければならぬと申しましたが、しかしこの場合問題なのは、自分が天よりうけた力は、それが果たしてどの程度のものか、あらかじめ見通しがつかぬということでしょう。そこで一方からは、人間の力にはそれぞれ限度があるとも言えますが、同時にまた他面からは、際限がないとも言えるのです。

それはちょうど井戸水みたいなもので、なるほど一方には、水のよく出る井戸もあれば、また出のよくない井戸もあると言えましょう。しかし実際には、水をかい出して、もう出なくなったと思っても、しばらくすればまたちゃんと元のように溜っているのです。人間の力もまあそんなもので、もうこれ以上はやれないと思っても、その人にして真に精進の歩みを怠らなければ、次つぎと先が開けてくるものであります。

このように、一方では際限があるようでありながら、しかも実際には限りのないのが、人が天からうけた力というものですから、そこでとことんまで出し切るには、一体どうしたらよいかということが、問題になるわけです。

そのためには、一体いかなることから着手したらよいかというに、それには何と言ってもまず偉人の伝記を読むがよいでしょう。そして進んでは、その偉人をして、そのような一生をたどらせた、真の内面的動力はいかなるものであったかを、突き止めるということでしょう。

かくして偉人の書物を繰り返して読むということは、ちょうど井戸水を、繰り返し繰り返し、汲み上げるにも似ていると言えましょう。ところがどうも現在の学校教育では、学問の根本眼目が、力強く示されていない嫌いがあるのです。それ故幾年どころか、十幾年という永い間学校教育を受けても、人間に真の力強さが出て来ないのです。

すなわちわが身自身を修めることによって、多少なりとも国家社会のために、貢献するような人生を送らずにはおかぬという志を打ち立てて、それを生涯をかけて、必ず達成するというような人間をつくるという点が、どうも現在の学校教育には乏しいように思うのです。

しかしそれというのも、結局は今日、学校教師その人が、自ら真に志を懐《いだ》くことなく、したがって教育と言えば、ただ教科書を型通りに教える機械のようなものになっているところに、その根本原因があると言うべきでしょう。

それにしても、真に教育者の名に値するような人々は、超凡の大志を抱きながら、色々と世間的な事情によって、それを実現するによしない立場に立たされた人傑が、現実的にはそれを断念すると共に、どうしても自分の志を、門弟子を通して達成せしめずにはおかぬ、という一大願を起こすところに、初めて生まれるもののようであります。

孔子しかり、プラトンしかり、わが松陰先生またしかりです。しかるに現在学校教師と呼ばれている人々はどうでしょう。自分はみすぼらしい一書生のくせに、政治家とか実業家などと言えばこれを毛嫌いして、心中ひそかに軽蔑している程度の狭小な了見で、どうしてその教え子たちの中から、将来国家社会に貢献するような、大政治家などを生み出すことができましょうか。

とにかく諸君!! この人生は二度とないのです。ですから今にして真の志を立てない限り、諸君の生涯も碌々たるものとなる外ないでしょう。同時に諸君らにして、もし真に志を立てたならば、いかに微々たりとはいえ、その人が一生をかければ、多少は国家社会のために貢献し得るほどのことは、必ずできるはずであります。かくして人生の根本は、何よりもまず真の志を打ち立てるところに始まるわけであります。すなわちまた真の志学に始まると言ってよいでしょう。

先生は礼がすむと「今日は待っている人がありますので」と言って、やや足早に教室から出ていかれた。

第8講——学問・修養の目標

この前の時間には、「志学」と題して、諸君の将来への大きな見通しについてお話したのですが、今日は翻って、それに至る歩みとしての研修について、考えてみることにいたします。すなわちわれわれが、学問および修養をするということは、畢竟何のためであるかという問題について、改めて考え直して見る必要があると思うのです。

総じて物事というものは、その根本眼目を明らかにしない限り、いかに骨折ってみても、結局真の効果は挙がらないものであります。否、根本眼目を誤ると、ひとり効果がないばかりか、せっかくの努力もかえって自他を傷つける結果にもなるのです。それどころか、真の眼目を誤ると、努力がつづかないのであります。

それというのもわれわれの生活において、物事の持続が困難だというのは、結局は真の目標をはっきりとつかんでいないからであります。つまり最後の目標さえ真にはっきりつかんでいたならば、途中でやめようにもやめられぬはずであります。

たとえばマラソン競走などにしても、諸君らはその全体の距離なりコースなりを、あらかじめよく知っていればこそ、最後まで頑張りもきくのですが、もし決勝点も分からず、またそこへいく道行きも、果たしてどの道を行ってよいやら分からなかったとしたら、いかに走れと言われても、最後まで頑張り通すことはできないでしょう。

そこで今諸君らが、この二度とない人生の首途に当たって、学問修養をするということは、一体いかなる意味を持つのでしょうか。この点を明らかにしておかないと、諸君らの一生は結局うやむやの中にすぎてしまうと思うのです。またこの点を明確にしておかないと、一度学校を卒業してしまうと、もはや勉強はできなくなるのです。そして卒業と同時に、まるで大根にすの入るように、諸君という人間にもすが入り出すのです。

ではわれわれは、一体何のために学問修養をすることが必要かというに、これを一口で言えば、結局は「人となる道」、すなわち人間になる道を明らかにするためであり、さらに具体的に言えば、「日本国民としての道」を明らかに把握するためだとも言えましょう。またこれを自分という側から申せば、自分が天からうけた本性を、十分に実現する途を見出すためだとも言えましょう。井戸水も、これを釣瓶《つるべ》で汲み出さなければ、地上にもたらして、その用に充てることはできず、また鉱物や鉱石もそのまま地中に埋れていたんでは、物の用に立たないように、今諸君らにしても、たとえその素質や才能は豊かだとしても、諸君たちが真に学問修養によって自己を錬磨しようとしない限り、その才能も結局は朽ち果てる外ないでしょう。

ところでこの自己の天分を発揮するということですが、この天分の発揮ということは、実は単に自分のことだけを考えていたんでは、真実にはできないことであります。すなわち人間の天分というものは、単に自分本位の立場でこれを発揮しようとする程度では、十分なことはできないものであります。

ではどうしたらよいかというに、それには、自分というものを越えたある何物かに、自己をささげるという気持がなければ、できないことだと思うのです。

そこで今諸君らについて申せば、一体どうしたら自分は国民教育界のために、多少なりとも貢献し得るような人間になれるかと、常に考えるということでしょう。人生の意義については、かねがね申してきたように、自分の生涯の歩みが、自己の職責を通して、どこまで国家社会のお役に立ち得るかということでしょう。

そこで今諸君らの学問修養の眼目も、またその根本から言えば、結局は学問の光に照らされて自分を浄め、そしていかにささやかとはいえ、何らかの意味で国家社会に貢献することでなくてはならぬでしょう。しかし、単に国家社会と言ったんでは広すぎますから、われわれとしては、教育とくに国民教育という角度から、果たして何ものを貢献し得るかと考えることでしょう。

同時にこの点を明らかにするところに、おそらくわれわれとしての、学問修養の真の眼目があると言えましょう。かように申しますと、諸君らの中には、「そのようなことは、われわれ如き者のとうてい至り得る世界ではない」と言われる人があるかも知れません。しかしながら諸君らの一人びとりは、いずれもそれぞれ唯一無二の個性をうけて生まれて来たのです。すなわち諸君らと全然同じ人間は、九千万同胞の中にもただ一人もないわけです。してみれば、諸君たちが日本の国家社会に対して持つべき分担も、それぞれ唯一独自の受け持ちがあるはずであります。

たとえば諸君らが、近い将来において一学級の担任教師となった場合、諸君らの受け持つ学級は、諸君が受け持っている限り、天下何人もこれを受け持つことはできないのです。たとえ文部大臣といえども、文部大臣の地位にとどまる限り、断じて諸君の学級の担任者にはなれないのです。すなわち九千万の同胞のうち、諸君以外に諸君の学級を教える人はないのです。

かくの如く天下の何人にも侵されず、また何人にも委せられないものを、一学級の担任として各自が授けられているわけです。もちろんこれは、道理としては田畑をたがやす農夫も、また工場に働く職工もみな同様であります。すなわち万人いずれも唯一無二、何人にも委せられない唯一独自の任務に服しているわけですが、只それに対する十分な自覚がないために、生涯をかけてその一道に徹し、もって国家社会のお役にたつほどの貢献がしがたいのです。

たとえば今一人の農夫が、農業の道を通して真実に生きようと決心して、永年その研究を重ねていったならば、いつかは他の人々の参考になるような農事上の発見もできるでしょう。この点は近く国民教育についても、小(中)学校の教師の真実に歩んだ記録で、今日天下に行われているものは、きわめて少ないのであります。

しかしながら、仮に小学校の一年生を受け持っている先生が、真実に自分の道を歩まれ、そして日々の経験と反省とを、つぶさに記したものが、世に出たとしたら、全国の一年生担任の先生たちは、それによって教えられるところが少なくないはずであります。

そもそも人間界のことというものは、一人の人間が自己に与えられた職責に対して、真に深く徹していったならば、その足跡は必ずや全国各地の同じ道を歩んでいる幾多の人々の参考となり、その導きの光となるはずであります。そこで今諸君らにしても、現在この師範学校に入って、学問修養を始めるに当たっては、どうしてもまずこうした遠大な志を立てなければならぬと思うのです。第一それでなければ、諸君らの学問修養は、決して永続きもしなければ、またその効果も挙がらないでしょう。

諸君らもこの二度とない人生を、教育者として生きる運命の道に立った以上、何とぞして天下幾十万の国民教育者に対して、多少でも参考になり、お役に立つような道を、生涯かけて歩もうという一大決心を打ち立てられることこそ、私としては切望して已まないわけです。同時にかくして初めて諸君らとしても、人生の意義が果たされるわけであります。

さて以上のように、自分の生涯の歩みが、何らかの意味で同じ道を歩む人々の参考となり、それによって国民教育界の一隅に、たとえシャベル一杯ほどの土にもせよ、とにかくこれを盛り上げようとする時、その人の眼光は常に、わが国の全国民教育界の趨勢に対して向けられるようになるでしょう。

なるほどその人が直接に受け持っているのは、わずか四、五十人の幼童であるとはいえ、その眼は全国民教育界に向かって放たれ、常にそれを背景として、わが受け持ち学級が見えてくることでしょう。

否、諸君の眼光は、ひとり国民教育界を見ているだけでは、実はまだ足りないのであって、さらにこの日本国そのものの動きが、見えているのでなければならぬでしょう。否、それでも、ほんとうはまだ足りないのであって、諸君はさらに眼を上げてアジアの形勢を見、さらには世界の動向をも大観して放たず、かくして常に世界におけるわが国の位置を見、近くはアジアにおけるわが国の使命に想いを馳せつつ、常に国民教育者が国家の運命に対して、いかなる角度から貢献し得るかを深省せねばならぬでしょう。

かくしてわれわれ日本国民としては、その学問の修養の根本眼目は、畢竟どうしたら自分の歩みが、民族の歩みと切り結ぶかという、その一点に集中すべきだと思うのです。言い換えれば、諸君らとしてはまず民族の使命を考え、そしてそれが国民教育によって、いかにタネがまかれていくべきか、それに対して、ささやかではあるが、自分もまた一箇の捨石として、いかに生きたらよいか――こうした一点を外にして、諸君らの学問修養の目標はないでしょう。同時にもしこの目標が打ち立てられたならば諸君らは、永久にその生命の弾力を失わないでしょう。

先生の講義を聞いていると、その一言一句が、自分のからだの中へ打ち込まれるような力強さを持っているのに、時々われながら驚くことがある。今日も先生が静かに教室を出ていかれた後で、この感じを新たにした。

第9講——読　書

今日は先生、数冊の書物をかかえてこられた。礼がすむと例によって黒板をキレイに拭かれた後、今日の題目を「読書」と書かれた。

さてこの前は、われわれ教育者になるものの学問・修養の眼目についてお話しましたから、今日は引き続いて、読書の問題について話すことにいたしましょう。と申すのも、読書というものの人生における意味は非常に重大で、学問・修養と言っても、読書を抜きにしては、とうてい考えられないからです。

ところでこの読書が、われわれの人生に対する意義は、一口で言ったら結局、「心の食物」という言葉がもっともよく当たると思うのです。つまりわれわれは、この肉体を養うために、平生色々な養分を摂っていることは、今さら言うまでもないことです。実際われわれは、この肉体を養うためには、一日たりとも食物を欠かしたことはなく、否、一度の食事さえ、これを欠くのはなかなか辛いとも言えるほどです。

つまりよほどの病気でもない限り、一回の食事を欠くことさえ、滅多にないことです。否、実際には、かなりの病気でも、ただ食物の種類が変わるだけで、ぜんぜん食物を摂らないということは、ほとんどないわけです。ですから健康時には、わずか一時間、否、三十分でも食事が遅れると、諸君らのような若い人々はなかなか我慢し切れないでしょう。

　ところが、ひとたび「心の食物」ということになると、われわれは平生それに対して、果たしてどれほどの養分を与えていると言えるでしょうか。からだの養分と比べて、いかにおろそかにしているかということは、改めて言うまでもないでしょう。

　ところが「心の食物」という以上、それは深くわれわれの心に染み透って、力を与えてくれるものでなくてはならぬでしょう。ですから「心の食物」は、必ずしも読書に限られるわけではありません。いやしくもそれが、わが心を養い太らせてくれるものであれば、人生の色々な経験は、すべてこれ心の食物と言ってよいわけです。

　したがってその意味からは、人生における深刻な経験は、たしかに読書以上に優れた心の養分と言えましょう。だが同時にここで注意を要することは、われわれの日常生活の中に宿る意味の深さは、主として読書の光に照らして、初めてこれを見出すことができるのであって、もし読書をしなかったら、いかに切実な人生経験といえども、真の深さは容易に気付きがたいと言えましょう。

　否、気付かないだけですめばまだしもで、かような重大な意味を持つ深刻な人生経験というものは、もしその意味を見出してこれを生かすことができなければ、時には自他を傷つける結果にもなると言えましょう。

ちょうど劇薬は、これをうまく生かせば良薬となりますが、もしこれを生かす道を知らねば、かえって人々を損なうようなものです。同様に人生の深刻切実な経験も、もしこれを読書によって、教えの光に照らして見ない限り、いかに貴重な人生経験といえども、ひとりその意味がないばかりか、時には自他ともに傷つく結果ともなりましょう。

こういうしだいですから、読書はわれわれの生活中、最も重要なるものの一つであり、ある意味では、人間生活は読書がその半ばを占むべきだとさえ言えましょう。すなわちわれわれの人間生活は、その半ばはこれを読書に費やし、他の半分は、かくして知り得たところを実践して、それを現実の上に実現していくことだとも言えましょう。

もちろんここに「半ば」と言うのは、内面的な釣合の上から言うことであって、決して時間の上から言うことではありません。しかしこのように読書は、考えようによっては、われわれの生活の半ばを占めるほどの重要さを持つにもかかわらず、人々の多くはこの点に気付かないようであります。

というのも結局は、その人の生命力が真に強靭でないからでしょう。つまり言い換えれば、人間がお目出たくてお人好しで、たいした志も持たないからだと言えましょう。ですからその人にして、いやしくも真に大志を抱く限り、そしてそれを実現しようとする以上、何よりもまず偉人や先哲の歩まれた足跡と、そこにこもる思想信念のほどとを窺わざるを得ないでしょう。

すなわち自分の抱いている志を、一体どうしたら実現し得るかと、千々に思いをくだく結果、必然に偉大な先人たちの歩んだ足跡をたどって、その苦心の跡を探ってみること以外に、その道のないことを知るのが常であります。ですから真に志を抱く人は、昔から分陰を惜しんで書物をむさぼり読んだものであり、否、読まずにはおれなかったのであります。

試みに諸君らの知っている人の中から、そうした人を探すとしたら、差し当たり二宮尊徳とか吉田松陰というような名が、すぐに浮かんでくるでしょう。したがってかように考えて来ますと、読書などというものは、元来ひとから奨められるべき性質のものでないとも言えましょう。

つまり人から奨められねば読まぬという程度の人間は、奨めてみたとて、結局たいしたことはないからです。もっともかように考えて来ますと、私などのように、常に躍起になって読書を奨めているというのは、それ以上に人間がお目出たいかも知れません。いやこれは実際笑いごとではありません。

しかしまた人間界のことは、お互いに一足飛びにいくわけにはいきませんから、その方面から言えば、読書を奨めるということも、必ずしも無意味ではないとも言えましょう。否、さらには何を読むべきか、またいかに読むべきかということさえも、相手しだいではこれを示すことが親切だとも言えましょう。

かく考えればこそ、私などもかように読書についてのお話もするわけですが、しかし諸君らにして真に大志を抱くならば、人から読書を奨められているようではいけないと思うのです。すなわち人から言われるまでもなく、自らすすんで何を読んだらよいかを、先生にお尋ねすべきでしょう。

とにかく先にも申すように、読書はわれわれ人間にとっては心の養分ですから、一日読書を廃したら、それだけ真の自己はへたばるものと思わねばなりません。肉体の食物は一日はおろか、たとえ一食でもこれを欠いたら、ひもじい思いをするわけですが、心の養分としての読書となると、人々はさまで考えないでいるようですが、諸君らの実際はどうでしょうか。

これは諸君らが、今日自分は心の食物として、果たして何をとったかと反省してみれば、だれだってすぐに分かることです。口先ばかりで、心だの精神だのと言ってみても、その食物に思い至らぬようでは、単なる空語にしかすぎません。その無力なことも、むべなるかなと言うべきでしょう。

そこで諸君は、差し当たってまず「一日読まざれば一日衰える」と覚悟されるがよいでしょう。一般に小(中)学校の先生は、卒業後五、六年もたてば、もうすが入り出すと言われますが、教師にすが入りかけるのは、何も卒業後五、六年たって初めて始まることではなくて、その兆しは、すでに在校中に始まっていると言えましょう。

これは諸君らとしても、胸に手を当てて見られればよく分かるはずであります。すなわち、諸君らが今日忙しさに口実を求めて、何ら自発的な読書をしないということは、すでに諸君らの心にすが入りかけている何よりの証拠です。

しかしそれについて私は、諸君らに一つのことを話してみたいと思います。それは世間で篤農家とか、精農と言われるほどの人物は、ほとんど例外なく、非常な読書家だということです。これは二宮尊徳翁のごときは言うまでもありませんが、近くは明治の尊徳とも言われた、秋田の老農石川理紀之助翁のごときも、忙しい農業の暇をぬすんで、実に豊富な読書をされた人でありま す。

否、石川理紀之助翁のごときは、ひとり大なる読書家というのみでなく、いろいろの著述までもしていられるのであります。翁の起床は、大抵午前一時、二時であって、それから夜明けまでの数時間を、翁は読書と著述に専念せられたということです。

さらに尊徳翁に至っては、その生涯の著述は全集三十六巻を数える程であって、おそらく日本人の全集中、最大なるものと言えましょう。しかもそれがいわゆる学者と言われるような人でなくて、もっとも忙しい浮世の実務に没頭されながら、なおかつこれだけの力を蔵していられたということは、ただただ驚嘆の外ないのです。

そもそもわれわれは、真の確信なくしては、現実の処断を明確に断行することはできないのです。ところが真に明確な断案というものは、どうしても道理に通達することによって、初めて得られるものであります。そこで偉大な実践家というものは、一般に大なる読書家であり、さらには著述をもなし得るていの人が多いと言えるわけです。

ですから「偉大な実践家は、大なる読書家である」という言葉の意味の分からぬ程度の人間では、とうてい問題にはならないわけです。もちろん学者と実践家とでは、同じく書物を読むにしても、その読み方は違いましょう。学者は学者としての職責上、細部にわたる研究もしなければなりませんが、実践家の読書は、大観の見識を養うための活読、心読であって、その点、実践家の読書の方が自在だとも言えましょう。

そこで今諸君らが、将来ひとかどの人間になろうとしたら、単に学校の教科書だけ勉強していて、それで事すむような姑息低調な考えでいてはいけないと思うのです。もちろん学校の教科は、基礎的知識として、いわば土台固めのようなものですから、決してこれを軽んずることはできませんが、同時にまた単に教科書の勉強だけで事足ると考える程度では、ちょうど土台だけつくって、その上に家を建てることを知らないような愚かさだともいえましょう。

そもそも学校で教わる教科というものは、只今も申すように土台程度のものでしかないのです。もちろん土台は深くしてかつ堅固でなければならぬことは、言うまでもありませんが、同時にその人の特色というものは、むしろその人が自らすすんで積極的に研究したものによって、初めて出てくるものであります。それはちょうど建物の特色なども、単なる土台からは出ないで、地上の建築物によって分かるようなものであります。

この点諸君らは、今日から深く考えておかねばならぬと思うのです。諸君らのうちには、「今は学生時代で、学科におわれて読書などできないが、しかしそのうちに卒業でもしたら、読書もするつもりだ」などとのんきなことを考えている人もあるようですが、しかし現在学科におわれて読書のできないような人に、どうして卒業後読書などできるはずがありません。

何となれば、なるほど卒業すれば現在諸君らの受けているような教科はなくなりましょう。が、同時にそれに代わって、今度は生徒に教えねばならぬという新たな仕事が出て来ます。そこで現在学科におわれて読書をしないような人は、やがて卒業すれば、今度は日々の授業におわれて、結局いつまでたっても、自発的に読書する日はないでしょう。

このことは、私の知っている範囲では、一人の例外もないと言ってよいのです。そこで諸君らにして、将来真になすところあろうとするならば、なるほど色々忙しくはありましょうが、単なる教科の予習や復習だけで事がすむなどと考えないで、何とか工夫して、少しずつでもよいから、心の養いとなるような良書を読むことが大切でしょう。

ここで先生、講義に一段落をつけてから、『報徳記』『二宮翁夜話』『講孟余話』『学校教師論』(三浦修吾著)『国語教育易行道』(芦田恵之助著)『茶味』(奥田正造著)などの書物について、一々ていねいに説明して下さった後、左のような福島先生の愛読書のご紹介までして下さった。

福島政雄先生の愛読書目

1、万葉集　2、論語(伊藤仁斎の論語古義にて)　3、真宗聖典
4、マーカス、アウレリユウスの瞑想録(岩波文庫)
5、芭蕉絵詞伝附句集及文集(冨山房)　6、モンテーニュ随想録抄(白水社)
7、益軒十訓上下(有朋堂文庫)　8、玉勝間(岩波文庫)
9、ペスタロッチーの隠者の夕暮(岩波文庫)　10、プラトン饗宴(岩波文庫)
11、ルソーのエミイル(岩波文庫)

「これはこの間広島へ行って、久しぶりに福島先生にお目にかかった際お聞きしたものですが、自分ひとりだけに秘めておくには、あまりに惜しいような気が致しますので、ちょっと諸君らにも、おすそ分けするしだいです。必ずや他日大いなる参考になることでしょう」

第10講――尚　友

（始めに当たって、一同まことに深刻なご注意を承わる。ただし事柄の性質上、十分には記録せず）

諸君は先日二部一年生との間に紛争を起こしたようですが、今後は断じて再びかかる事件を引き起こさないように、くれぐれも注意して下さい。それには今日から諸君は、月に一冊の書物は、必ず読むようにして戴きたいのです。そして一人の人が読み終わったら、次には他の人にも貸して、互いに励まし合って、今後十五年を期して諸君たちは、それぞれ自分の教育理想の実現に邁進せられることを望みます。

さて今日お話しようとして掲げた、この「尚友」という言葉は、諸君らにとっては、あるいは耳新しい言葉かとも思いますが、これは友を尚《たっと》ぶという意味で、この言葉は読書と並べて、古来「読書、尚友」というふうに使われている言葉であります。

げんに松陰先生のごときも、「士規七則」の中に使われているのであります。ではこの尚友という言葉の意味するところは、いかなることでしょうか。私には友と親しむと言わないで、とくに友を尚ぶと言ったところに、深い味わいがあると思うのです。

　では何故われわれは、友を尚ぶ必要があるのでしょうか。一方から言えば、友人は自分の同輩であります。そうした友人を、何故とくに尚ぶと言うかというに、畢竟これは道の上から言うことであります。すなわちその友人が、道の上からは、自分より一歩ないし数歩をすすめており、したがって自分は、その友において大いに尊敬すべきものを認めるという時、初めて友を尚ぶとなるわけです。

　ところで、今尚友という言葉の意味を、このように考えますと、諸君らの中には、自分は現在同級生の中には、そんな尊敬するに足るような友人は見出せない、という人があるかも知れません。しかしそういう人は、何も同級生の間と限る必要はないでしょう。そうして上級生のうちに、尊敬すべき人を見出すがよいでしょう。友人は必ずしも同級生のみと限る必要はないからです。

　そしてわれわれ人間が、友人関係から与えられる影響は、実に大なるものがあると言ってよいのです。実際真の友人というものは、一面からは肉親の兄弟以上に深い理解と、親しみとを持つ場合さえ少なくないのです。したがって昔から、「その人を知らんと欲せば、まずその友を見よ」と言われているのも、大なる真理があると思うのです。

　ついでながら、人を知る標準としては、第一には、それがいかなる人を師匠としているか、ということであり、第二には、その人がいかなることをもって、自分の一生の目標としているかということであり、第三には、その人が今日までいかなる事をして来たかということ、すなわちその人の今日までの経歴であります。そして第四には、その人の愛読書がいかなるものかということであり、そして最後がその人の友人いかんということであります。

大よそ以上五つの点を調べたならば、その人がいかなる人間であり、将来いかなる方向に向かって進むかということも、大体の見当はつくと言えましょう。

しかしながら、翻って考えるに、今申したようなもろもろの点は、結局は一つの根本に帰するかと思うのです。たとえば、自分の一生の目標を何と立てるかということも、結局はその人が、師の人格に照らされて初めて見出されるものであって、人間は師をはなれては、生涯の真の目標も立たないと言ってよいでしょう。

またいかなる書物を愛読するかということも、結局は師の教えの光に照らされて、おのずから見えて来ることでしょう。またその人の過去の来歴というようなことも、その人が自分の師を発見しない間は、いろいろと彷徨して迂余曲折もありましょうが、一たび心の師が定まった以上は、迷いもおのずから少なくなり、また自分一人では決し得ないような大問題については、師の指図を仰いで身を処しますから、結局大したつまずきもなくなるわけです。

かくして今友人関係において、真に尊敬するに足る友人とは、結局は道の上の友ということでしょう。したがって道の上の友ということになると、結局は師を共にする場合が多いと言えましょう。つまり同門の友というわけです。

かの孔子が論語の始めに「朋遠方より来るあり。亦楽しからずや」と言っている朋というのは、実はこの「同門の友」ということだそうであります。同時にそう考えますと、また格別の味わいがありましょう。すなわちただ遠方から友人が訪ねて来たというだけではなくて、師を共にし、かつては師の許で起居を共にした同門の友が、その後国へ帰って、互いに遠く離れ住んでいる。それがはるばると訪ねて来たというわけです。かくして真の尚友とは、同門の友にして、初めて言うことができるとも言えましょう。

友情の最も深く感ぜられるのは、何と言っても道を同じくし、師を共にする同門の友との間柄でしょう。というのも、その時そこで語り合う問題は、決して単なる世間話ではなくて、常に人生の問題であり、道の問題だからであります。したがってまたそうした友人と会うことは、自分の生き方の上にも、常に新たなる刺激と力とを与えられるわけであります。

もちろん一口に友人と言っても、そこにはいろいろな種類があり、われわれとしては、それぞれ相手との関係にふさわしく交るべきであって、道を等しうする友人以外は、疎んじて交らぬなどということは、その人の人間の狭小さを語るにすぎません。が、同時にまたその中心となるものは、どうしても道の上での友人であるべきでしょう。

そもそも友人関係というものは、師弟の関係を仮に縦の関係とすれば、まさに横の関係とも言うべきであって、師から受けるのとは、またおのずから違った面を教えられるものであります。たとえば師弟の関係から絶対的なものを教わるとすれば、友人関係からは、人生の相対的方面を教えられるとも言えましょう。

ところが哲学においても、真の絶対は、相対の面を含んで初めて真の絶対であるといわれるように、この真理は、師弟朋友というような、人生における最も具体的な関係の上にも当てはまるかと思うのです。すなわち師弟の道は、それが絶対の道として、大切なことは申すまでもありませんが、しかし単なる師弟の道だけで、その上さらに友人の道が正しく履み行えないというのでは、その人の人柄の上に、まだどこか至らないところのあることを示すものとも言えましょう。これは実際、たしかに間違いないことだと思うのです。

かように考えて来ますと、友人関係というものは、ある意味では師弟の関係以上にむずかしいとも言えましょう。すなわち真の友人関係には、ある意味で師弟関係の仕上げとも言うべき面があるからです。

つまりこのことは、師を共にし、道を等しくする友人関係において、とくにこの趣があるわけです。もちろん先程も申したように、一口に友人と言っても色々あるわけで、昔馴染みの旧友もあれば、同級生という関係もあり、また家が比較的に近いところからして、おのずと親しみ合うという友人もありましょう。また同じく同級生といっても、そこには読書の友あり、運動の友ありといった調子で、実に千差万別とも言えましょう。これは諸君らが、他日世の中へ出ますと、さらに複雑になるわけです。

それ故一口に友人関係と言っても、実際には、それぞれ趣を異にするわけであって、われわれとしては、それぞれの正しきに従って交わるのが道というものでしょう。しかしながら今ここに特に尚友というのは、それら種々の交友関係のうちにあって、とくに道を同じうする友を言うのであり、さらには師を共にする同門の友を言うわけです。

もっとも現在では、師弟関係というものさえ形式的になりましたから、昔のような意味での真の同門の友というものは、容易に見出しがたいとも言えましょう。しかし諸君らにして、真に道を求めて已まなかったならば、やがては師とすべき人にもめぐり合うことでしょうし、そうなればまたそこに、同門の友とすべき人も得られるわけであります。それ故尚友ということも、結局は道を求め、師を求める問題に帰するということになりましょう。

今日も先生は講義が終わると、黒板をキレイに拭かれてから、ていねいに一礼、そして静かに教室から出ていかれたが、ほとんど出ていかれる歩数さえ狂わぬほどである。

第11講——人と禽獣と異なるゆえん

先生礼をせられてから、無言のまま「啓発録　橋本景岳」と板書される。そうして「諸君のうち橋本景岳という名を知っている人がありますか」と言われ、さらにＦ君に向かって「君知っていますか」と尋ねられる。Ｆ君が「漢文で出て来ました」とお答えする。すると先生は「そうですか。左内先生のことですね」と言われて話を続けられる。

「この方は十五歳の時すでにこの『啓発録』という書物を書かれて、ご自身の志をのべていられるのです。諸君より三つも年下の頃に書かれたわけです。諸君顧みていかがです。そして「去稚心」というのが、その最初の書き出しです。実際子供くさい心を除き去らなければ、真の学問を始めることはできないからです。これが「稚心を去る」ということの本意です。童心に帰るというのとは別です。

　ついでですが、諸君らも身内の者について人に話す場合には、敬称をつけないのです。たとえば諸君が自分のお父さんのことは、「私の父は」と言って「お父さんは——」とは言わないのです。つまりさん付けにしないのです。それから「君」とか「僕」という言葉は、同輩または目下のものに対する言葉で、自分より目上の人に対しては、使わないのが普通です。以上のことは、諸君らの修養の手始めとして、真先きに矯正しなくてはならない事柄です。そしてこれが「稚心を去る」工夫の第一歩と言ってもよいでしょう」

　さて以前に私は、「人間と生まれて」という題でお話した際に「人身うけがたし」という言葉についてお話したかと思いますが、このうけがたい人身をうけたということの真に喜ぶべきゆえんは、果たしてどこにあるのでしょうか。

　私はこの点を明らかにすることだけでも、われわれは人間として確立することができると思うのです。否、人間の真の自覚の根底には、どうしてもこの点に対する、明確な自覚が裏付けられていなければならぬと思うのです。

　それではかような立場に立って、人間と生まれたことの真の喜びは、果たしてどこにあるでしょうか。この点を明らかにするには、まず比較的われわれに近い、牛馬や犬猫のようなものと比較してみればすぐに分かることであります。実際お互いのうち誰一人、牛や馬になりたいと思う人はないでしょう。それはひとりここにいるお互い同士だけでなく、世界中誰一人として、牛馬や犬猫として生まれなかったことを残念がっている人はないでしょう。

　かようなことは、何も今さら事新しく言うまでもないことですが、しかしされぱと言って、これを単に自明のこととしてすましてしまうのでは、人生に対する真摯な態度とは言えないでしょう。というのも、この点を明らかにしない限り、人身をうけたことに対して、真に積極的な感謝の念は湧き起こらないからであります。

　われわれ人間というものは、すべて積極的にその根拠を把握しない限り、喜びと言い感謝と言っても、その真の深さには至り得ないのであります。すなわち、単に漠然とした喜びという程度では、ひとりその深さが足りないのみならず、その喜びの持続さえも期しがたいのであります。それにしても、自分が人として生まれてきたことを悔いる者は一人もなく、いわんやこれから、牛馬や犬猫になりたいなどというものは、一人だってないでしょう。そうしますとすべての人が、わが身が人身をうけたことを限りなく喜んでしかるべきにもかかわらず、広く世間を見ましても、この点に対して深く喜び、かつ感謝している人は案外少ないようであります。

一つには、人々が人間として生まれて来たことを当然のことと考えているのと、今一つは、人と禽獣とがいかに違っているかということを、明確に把握していないからでありましょう。なるほど、牛馬が酷使せられている実状を知っているわれわれは、何人も牛や馬になりたいなどと思うものはないわけですが、しかし単にそれだけにとどまる限り、未だ真に人と禽獣との相違を、突きとめているとは言えないでしょう。

たとえば鶯その他小鳥の中には、非常に愛玩せられて、時としては数百千金（幾十万円）の価を呼ばれているものさえ、決して珍しくないようですが、しかしだからといって、鶯になりたいと思う者はないでしょう。なるほど冗談としては、「こんなに毎日まずい物ばかり食わされているんなら、いっそのこと鶯にでもなった方がましだわい」などと言う人も、ないわけでもないようです。でもそこへ魔法使いでも現れて「では望み通りこれから鶯にしてやろう」とでも言おうものなら、たちまち逃げ出すことでしょう。

このように考えてきますと、われわれが人間として生まれたことを喜ぶ根本は、単に動物が虐待せられるからというような点にないことは明らかでしょう。

では、われわれ人間が禽獣と違う根本は、そもそもいかなる点にあるのでしょうか。つまりわれわれが、現在牛馬や鶏犬でなくて、ここに人身をうけていることの、真に辱けないゆえんは、果たしてどのような点にあるのでしょうか。

もちろん、この問題に関しても、いろいろと、見解がないわけではないでしょう。たとえば、ある種の人は、人と禽獣との差は、「言葉」の有無によって異なると見ています。なるほど一応はそうも言えましょう。しかしながら他の一面からは、なるほど鳥獣の言葉は、われわれ人間の言葉とは比較にならないほど幼稚にもせよ、とにかく彼ら同士の間には、ある程度の意思表示が行われているとも言えそうです。

かくして単なる言葉の有無は、いわば形の上の問題であって、それだけでは、未だ必ずしも人と禽獣とを区別する、真の根本的な根拠とは言えないでしょう。

次にまた、人と禽獣を分かつ標準として、道具を使うか否かという点を挙げる人もあります。すなわちわれわれ人間は、ひとり自分の手足を使うのみでなく、さらに手足の手足とも言うべき道具を使って器物をつくるが、禽獣には道具を使い得るものはないというわけです。

たしかにこの点も、人と禽獣とを分かつ一つの重要な徴表とは言えましょう。すなわちわれわれの衣食住を始めとして、生活内容の複雑豊富なことは、ある意味では、人が道具を使うことから起こったとも言えましょう。実際現在の物質文明は、これを外側から見るならば、確かに「道具による文明」とも言えましょう。ですから、人が道具を用いるところに、人と禽獣とを分かつ一つの重大な点があると言えるわけであります。

しかしこのような考え方も、畢竟するに人間生活を単なるその外面、すなわち衣食住の側より見たものであり、単に外形上より見たものにすぎないのであります。それ故、余りに複雑多端となった生活に飽いた人々のうちには、かえって単純生活に還ろうとする人もあるわけです。ですから道具を使うか否かによって、人と禽獣とを区別しようとするのは、未だ真に本質的とは言いがたいのであります。

最後に今一つの立場は、人と禽獣とを区別する標準として、理性の有無をもってしようとする立場であります。この立場は、これまでの見方とは違って、内面的本質的な区別と言えましょう。したがって私共は、一応これをもって、人と禽獣との本質的差異の基準とすることができるでありましょう。

しかも仔細に考えるとき、われわれはそこに若干の補正を必要とするものがあるかと思うのです。それというのも、この場合理性という言葉の意味する内容いかんの問題であります。もし理性という言葉をもって、単なる理智の作用を意味するとしたら、なるほどこれも確かに禽獣には見られないものではありますが、しかしこのような理智の働きは、要するに道具や機械を発明し、またはこれを使う程度の知識があって、未だこれを人間生活のために生かして、いかに善用すべきかを示すものではありません。

かように考えて来ますと、われわれ人間が禽獣と異なるゆえんの真の根本は、結局理智の奥底にあって、常に理智を照らして導くところの、真の人生の叡知でなくてはならぬでしょう。すなわちわれわれ人間に、真の正しい生き方を教える真の叡知でなくてはならぬのです。

もちろんこのような意味における叡智をも、これを理性と名付ける場合がないわけではありません。しかし理性という時、ともすれば、単なる理智の意味に解せられるおそれが少なくないのであって、これここにとくに叡知という名を持ち出したゆえんです。

思うにわれわれが、人間として真に正しい道を知る叡知は、ある意味では、人間界を打ち越えたところから照射して来るとも言えましょう。すなわちわれわれは自分の姿を、われとわが心にはっきりと映す鏡のような心にならない限り、真の正しい道は見えないのであります。

かくして真の叡知とは、自己を打ち越えた深みから射してくる光であって、私達はこの光に照らされない限り、自分の真の姿を知り得ないのであります。そうしてかような反省知、自覚知を深めていくことによってわれわれは、初めて万有の間における自己の真の位置を知り、そこに自らの踏みいくべき大道を見出すことができるのであります。

かくしてわれわれ人間が、この天地宇宙の間に生まれ出た一微小存在としての真の人間の道は、このように、天地を背景として初めて真に明らかとなるのであり、さらには天地の大道と合するに至って、初めて真の落ち着きを得るわけであります。

しかるにわれわれ人間は、自己に対する反省と自覚を欠く間は、この天地大宇宙の間にありながら、しかも天地人生の道を明らかにし得ないのであります。かくしてわれわれ人間は、自己がこの世に生まれ出た真の意義を知り、自らの使命を自覚して、いささかでもこれを実現しようとするところに、人と禽獣との真の本質的な違いがあると言うべきでしょう。

人間以外のものには、自分の使命を自覚するものが一つとしてあり得ないことは、今さら言うまでもないことです。さればそれら草木禽獣の類は、自らの自覚によって自己の本来の意義を実現するものではなくて、われわれ人間の助けを借りて、初めてその本質を発揮するところに、その根本的な宿命があるわけであります。

ですから、今われわれ人間にして、人生の意義の何たるかを知らず、したがってまた自己の生涯をいかに過ごすべきかに考え至らないとしたら、本質的には禽獣と、何ら異なるところのないものとも言えましょう。

第12講——捨欲即大欲

先生、今日は教室へ入られると、すぐに教壇へは立たれないで、スッと廊下ぞいに、教室の後ろの入口の辺まで行かれた。そしてそこの紙屑箱の外に落ちていた紙屑を拾って、箱の中へ入れた後、教壇に立って礼がすむと、そのまま黒板に向かって題目を書かれた。その間先生は、われわれに対しては、一言もおっしゃらなかった。

今日はこれまでとは少し違った題目でしょう。仏教などでは、よく「人間は欲を捨てなければならぬ」とか、あるいは「人間も欲を捨ててかからねば、本当の仕事はできない」などと言われますが、ではこの欲を捨てるということは、一体どういう意味でしょうか。

この点をはっきりしておかないと、道徳とか修養などと言っても、真の中身が分からないでしまうんではないかと思うのです。というのも、世間で道徳とか修養などと言うと、ともすれば、人間が意気地なしになることでもあるかのように、考える人が少なくないからです。

しかし私は、真の道徳修養とは、そういうものとは、大よそ根本的にその方向の違うものと思うのであります。それ故今諸君らにしても、道徳とか修養ということをもって、単に去勢せられた意気地なしになることででもあると考えたなら、それは実にゆゆしい誤解と言うべきでしょう。ところがどうも、かような誤解をしている人が、諸君らのうちにも案外多いんではないかと思うのです。もっとも諸君らが、かような誤解に陥りやすいということも、一方からは無理のない点もあるかと思うのです。

しかしとにかく、真の道徳修養というものは、意気地なしになるどころか、それとは正反対に、最もたくましい人間になることだと言ってもよいでしょう。すなわちいかなる艱難辛苦に遭おうとも、従容として人たる道を踏み外さないばかりか、この人生を、力強く生きぬいていけるような人間になることでしょう。

その意味からは真の道徳修養は、またこれを剛者の道、否、最剛者の道と言ってもよいでしょう。ですから、もしこの根本の一点をとり違えて、道徳修養とは、要するに去勢せられた、お人好しの人間になることだなどと考えたら、そういう誤った修養なら、むしろしない方が遙かにましだとも言えましょう。

ところで、この点に関して一つ問題となるのは、普通に宗教などでは、よく修養とは欲を捨てることだと言われているようですが、そうなると、ここにちょっと矛盾が感じられるとも言えましょう。それというのも、欲を捨てることが同時に剛者の道とならねばならぬからです。

どうも普通の考えでは、欲を捨ててしまったんでは、まるでふぬけのようになって、強者どころか、意気地なしの弱者になる外ないように考えられましょう。おそらく諸君らの大部分の人も、内心ひそかに、そう考えていたんではないかと思うのです。否、これはひとり諸君らのみならず、相当の年配に達している人でも、さように考えている人が多いのじゃないかと思います。

しかしながら、これは要するに、物事を単なる言葉によって考え、いわば外側から眺める態度に立っている人々であります。つまりそういう人たちは、自分の体を言葉にぶつけて、言葉の殻を打ちやぶり、その内面に突き入ろうとしないところからくる誤解であります。

そうじて言葉というものは、単に外側からながめている程度では、決してその真相の分かるものではありません。すなわち言葉の真相は、どうしても、自分の体をそれにぶつけてみないことには、真の意味というか味わいは分からないものなのです。

そこで今欲を捨てるということも、実際に、身をもってこれにぶち当ってみないことには、その真の意味は分からないのです。ですから、まず実地にこれをやってみるんです。

たとえば諸君が、少し遅れて食堂へ行ったために、ご飯が足りないとしましょう。三杯食べたが、もう一杯食べないことには、どうも腹の虫がおさまらないというような場合、いつものように担当者を呼んで、ちょっと文句を言おうとしたのを「イヤちょうどよい機会だから、一つ我慢してみよう」と決心して、我慢するんです。

ところが、人間の気分というものは妙なもので、一杯いや半杯のご飯でも、その足りないことを他人のせいにしている間は、なかなか我慢のしにくいものです。ところが心機一転して「どの程度こらえることができるか、一つ試してみよう」と、積極的にこれに対処するとなると、それ程でもないものです。

いわんやさらに一歩をすすめて、「世の中には、十分に食べられない人間も少なくないんだから、今日は自分も一椀ひかえることによって、その人たちの気持ちを察してみよう。事のない時に、自ら進んで食事を減らすほど自分も偉くはないが、幸か不幸か、今日は一杯足りないんだから、せめて今日は一椀だけでもこらえてみよう。そうして、腹一杯食べられない人たちの気持ちの一端なりとも察してみよう。よし!! もうこれきりで、誰にも言わず晩まで頑張ろう――」と、こう覚悟をきめた時、諸君果たしてこれが弱者の道と言えるでしょうか。これをしも果たして意気地なしの道と言うべきでしょうか。

わずかにこの一例によってもお分かりのように、人間が真に欲を捨てるということは、意気地なしになるどころか、それこそ真に自己が確立することであります。否、さらにそれによって、天下幾十万の人々の心の中までも窺い知ろうという、大欲に転ずることであります。

ですから人間は、自ら積極的に欲を捨てるということは、意気地なしになるどころか、わが一身の欲を打ち越えて、天下を相手とする大欲に転ずることとも言えるのです。しかるに世間多くの人々は、欲を捨てるということを、単に言葉だけで考えているために、捨欲の背後に大欲の出現しつつあることに気付かないのです。そしてこのような背後の大欲が見えないために、欲を捨てるとは、意気地なしになることくらいにしか考えられないのです。

ところが人間が真に欲を捨てるということは、実は自己を打ち越えた大欲の立場にたつということです。すなわち自分一身の欲を満足させるのではなくて、天下の人々の欲を思いやり、できることなら、その人々の欲をも満たしてやろうということであります。

さきほども申したように、諸君らといえども一椀のご飯をこらえることによって、天下幾万の腹の満ち足りない人々の心を思いやることができるのです。

かくして欲を捨てるということは、単に自分だけの自己満足でいい気になっている程度のお目出たさを蹴破って、自分の欲をこらえ我慢することによって、多くの人々の悩みを思いやることであり、さらにはこれを救わずにはおかぬという絶大な大欲に転じて、そこに一大勇猛心を奮い起こすことであります。

たとえば諸君たちは一部生ですから、ほとんどの人が、最初から教師を志望してこの学校へ入って来たと思いますが、もし現在諸君らのうちに「自分はどうしても上級学校へ行きたい。一生を小学教師で終わることはとてもやり切れない。しかるに家庭の事情はどうしてもこれを許さない」というような人があったとしたら、諸君らはすべからく次のように考えたらよいでしょう。「全国には百幾つもの師範学校があって、そこには自分と同じような悩みを抱いているものも、必ずや少なくないに相違ない。同時にまたこれは、ひとり現在そうなばかりでなく、師範学校の存在する限り将来といえども、無数にそういう人間は出るに相違ない。ではそれらの人々のために、人間は上級学校へいかずとも、その決心しだいでは、小学教師をしながらどこまで偉くなれるものか、一つ自分を実験台にのせて、いけるところまでやりぬいてみよう」と、このような一大決心の下に、いさぎよく上級学校へいくのを断念するのです。

かくして小欲は捨てたわけですが、しかしそのために単なるお人好しや、意気地なしになったのでは断じてないのです。すなわちただではひっこまないわけです。否、生命をかけての希望であっただけに、一たびそれを断念すると決心した以上、どうしてもそれに幾層倍するほどの結果を得なければならぬのです。

そこで、では上級学校に行くのと比べて、幾層倍する結果とは何かと考えるのです。そして自分一身の名誉心から高等師範へ行った連中には、逆立ちしてもできないような成果を築き上げるのです。すなわち単に師範学校を出ただけで、一生を小学校に踏みとどまりながら、人間として至り得る極致まで行きつくということです。

そしてそれがなし遂げられると、その時は、自分一人が救われるのみならず、やがてまた現在並びに将来にわたって、境遇に恵まれない幾多の人々を慰さめ激励することともなるわけです。

たとえ高等師範を出てみても、ぼんやりと小学校教師をしているのと、内面的には何らの相違もないわけです。違うと言えば、俸給に多少の違いのあることと、生徒の年齢に、多少のひらきがあるくらいのものです。

人間もかように考えて来ますと、高等師範へいけないからといって、必ずしも悲観するに足りないのです。なるほどこの覚悟ができるまでは、高師へいけないことを死ぬよりも辛く思い、ことに自分より成績も下で、その素質もたいしたことのない同級生などが、家庭の裕福なために高師へ行くのに、自分ひとり一生を小学校にくすぶらねばならぬかと思うと、いっそのこと自殺でもしようと考える人も、ないとは言えないでしょう。

しかしそういう人でも、もし以上のように、その心に一大転換ができたならば、生涯小学教師として生きることに、絶大な光明が射してくるはずです。そしてこれこそ、真に生き甲斐ある男子一生の本懐の道と言えましょう。

かくして人間は、自分一人の満足を求めるチッポケな欲を徹底的にかなぐり捨てる時、かつて見られなかった新たな希望が生まれ出るものです。これ果たして弱者の道でしょうか。諸君！　すべからく深省すべきではないでしょうか。

先生、礼をすまされてから「死後にその名が残るということは、その人の精神が残るということです。では一体どういう人が死後にもその名が残るかといいますと、生前国のために尽くす心が深くて、死んでも死に切れないという思いに、その一生を送った人でしょう。すなわち、その人の国をおもい世をおもうその思いの深さが、名という形をかぶって、死後にまで生きのびるわけです」と言われて、静かに教室から出ていかれた。

第13講——使命の道

今日は先生、礼をされて出席簿をとられてから、中庭に面した窓際へ行かれ外をながめながら、「若葉の色というものは、実にいいですナア。諸君らは、ちょうどあの若葉みたいなものです。ところが私などは、もう夏も半ばをすぎて、桜の葉でしたら、一枚二枚葉が散りかける頃です」と言って、一瞬感慨深げに語られた。

かつて私は、諸君らに「わが国の使命」という題でお話したことがありますが、しかしあの際は、主としてわが国の使命という立場からお話したのです。しかしこの問題も、そのように単に向こう側に眺めている間は、まだ現実の自分とは、真の関わりがないとも言えましょう。それ故わが国の使命という問題も、それがわれわれ自身の問題と結びついてくるのでなければ、未だ真に自己の問題となったとは言えないでしょう。

このことは、逆にまた自分の使命の問題も、それが根本において、何らかの意味でわが国の使命と結合し、たとえいかに微々たりとは言え、自分というこの一箇の魂の地上における六、七十年の生涯が、何らかの意味において、民族の使命に対して、一つの捨石的な意味を持つようでなければならぬと思うのです。そうでない限り、自分一人がいかに自己の使命だなどと言うてみたところで、畢竟するにこれ、自分一個のひとりよがりにすぎないとも言えましょう。あるいはさらに、自分の個人的な名利心による一種のあがきにすぎないとも言えましょう。ですから、われわれの個人としての使命は、必ずや何らかの意味において、民族の使命と結びつかねばならぬわけであります。

もちろんわれわれ人間の努力は、必ずしもそれが一々民族の使命を背景として、自覚的にそれと結びつかなくても、これをその結果の上から見れば、国家の大使命を達成する上での、極微な一要素となると言えないこともないでしょう。

たとえば農夫が田を耕し、職工が工場に働く場合、必ずしもその一々が、いかにして、またいかなる角度から、国家の大使命に貢献するかなどと考えなくても、一人の農夫の得るところの収穫は、それによって国民の一部の生命をつなぐに足り、また一人の職工は、必ずしも自分の働くところが、いかなる角度から、わが国家に貢献し得るかなどと考えなくても、その職工のつくる製品は、あるいは国民の日常生活の需要の一部となり、またこれを大にしては、国外に輸出して、わが国富を豊かならしめる一方便となるとも言えましょう。

ですからこの種の立場からは、必ずしも個人が自分の使命を、国家のそれと結合して考えなくても、結果的には、すなわち事実の上からは、国家の使命に貢献し得るとも言えるわけであります。

私とても、以上のような一面のあることを認めないわけではありません。が、同時に他の半面、われわれは単に以上のような見方のみに甘んじて、それでよいと言えるでしょうか。なるほど以上のような見方も、現実の一面を示すものではありましょう。そしてそれは確かに動かない現実の一面と言ってもよいでしょう。

しかしながら私共は、この国家多事なわが国の将来を思う時、単にこの種の考え方のみで、果たして十分と言えるでしょうか。私としては、どうも「イエス」とは言いかねるのであります。と申すのも、すべて物事というものは、真実には、その事柄の意義を自覚する以上には、その価値を実現することのできないものだからであります。

たとえば今卑近な例をあげるとして、仮にここに守口大根がつくられているとして、もしそれを粕漬として売り出せば、他にはない名古屋名物となりますが、それをそうしないで煮て食べたとしたら、それは普通の大根ほどの値打もないことになってしまいます。

このようにすべての物事は、そのものの意味を認めることの深さに応じて、その価値は実現せられるのであります。一個の物でさえそうです。いわんや一人の人間の生命に至っては、なるほどその寿命としては一応限度がないわけではありませんが、しかもその意義に至っては、実に無限と言ってもよいでしょう。

こういうわけで、人生の価値というものは、その意義を認めることの深さに応じて現れてくるものであります。したがって人間の生涯を通じて実現せられる価値は、その人が人生における自分の使命の意義を、いかほど深く自覚して生きるか否かに比例するとも言えましょう。

かように考えて来ますと、われわれ人間の価値は、その人がこの二度とない人生の意義をいかほどまで自覚するか、その自覚の深さに比例すると言ってもよいでしょう。ところで、そのように人生の意義に目覚めて、自分の生涯の生を確立することこそ、真の意味における「立志」というものでしょう。

したがって人生の意義は、少青年の時におけるその人の志の立て方のいかんに比例すると言ってもよいわけです。すなわち人間の価値は、その人がこの人生の無限なる意味を、どれだけ深く自覚し、またそれをどれほど早くから、気付くか否かによって定まるとも言えましょう。

これ古来わが国の教育において、「立志」の問題が最も重視せられたゆえんであって、極言すれば教育の意義は、この立志の一事に極まると言ってもよいほどです。故にまた真に志が立つならば、ある意味では、もはやしいて教え込む必要はないとさえ言えましょう。というのも真に志が立ったら、自分に必要な一切の知識は、自ら求めて止まないからであります。

このように考えて来ますと、一つの国家においても、その成員たる一人びとりの国民が、いかほど深く国家民族の使命を自覚しているか否かによって、その国家の運命に重大な相違が生ずると言えるわけであって、これは何人にも明らかな道理であります。

そしてそうした立場からは、一人の農夫、一人の職工に至るまでが、それぞれ民族の使命を自覚して、自分のなすところが、いかなる意味において、国家の大使命に貢献し得るかを自覚するに至ってその国家は、初めて真正な国家となると言えましょう。

すなわち国民の一人びとりが、深く自分の属する国家民族の使命を自覚して、自分の個人的な使命を、常に国家民族の大使命に対して、独自の角度からこれを分担することができたならば、その時個人も十分に生き、国家もまた真に生きる大道が開かれるわけであります。

したがって問題は、結局、個人としては国家民族の使命に対して、自分は「いかなる角度」からこれを分担するかを、自覚することに外ならぬと言えましょう。

ということは、すなわち自分が生涯をかけて果たすべきものが、国家民族の大使命に対して、一体いかなる位置を占め、いかなる方向からこれを分担するかという点に関して、常に明確な自覚を持つことが必要でありましょう。

したがってこのような自覚が明確であればあるほど、その人の生涯は、歴史という民族生命の大流に合流するわけであって、それはまた、大いなる織物における一つの緯のように、織り込まれることともなるわけです。

今や諸君たちは、その人生の首途にあって、教育者として船出しつつあるわけですが、それだけに諸君らとしては、自分の一生が将来国民教育者として、いかなる意味において国家民族の使命に対して、一個の捨石たり得るかという点について、深思する必要があると思うのです。

諸君は現在この点に対して、果たしていかほどの自覚を持っていられるでしょうか。

私思うんですが、この点は教育という仕事が、なまじいに国家的な仕事であるために、かえって深く考えられることなくして過ごされる危険があるとも言えましょう。という意味は、世上いわゆる学校教師と呼ばれている人々のうちには、自分が単に教育という仕事に従事していることをもって、ただちに国家に貢献しているかに考えている人も少なくないらしいということです。

しかしながら、単に平々凡々たる学校教師は、ある意味では、国家に対して平凡な農夫や職工ほどには、尽くすことのないものだとも言えましょう。それというのも教師という仕事は、農夫や職工などと違って、その生活が、公の費用をもって保障せられているからであります。

かくして私達は、ここに改めて、教育の持つ真の意義を深省すると共に、それに照らして、自分の生涯の道について深思する必要のあることを痛感するしだいです。

第14講――真実の生活

先生、今日も礼がすむと窓際へ行かれて、しばらく雲を眺めていられたが「諸君、雲を眺めるということは、実にいいですナア。これほど手軽で、これほど面白いことは外にないでしょう。ですから、諸君らも勉強に倦いたら、時々こうして雲を眺めるがよいですよ。そうすると気分がスッカリ違ってきますから」と親しそうに言われた。

そして今日の題目と共に、「詩集雲　山村暮鳥」と書かれて、「この暮鳥という人は、私の最も好きな詩人の一人ですが、この〝雲〟という詩集は、暮鳥の詩集の中でも、一番よいものです。この詩集を読むと、ちょうど雲を眺めている時のような気分になります」と言って、講義に入られた。

諸君！　人間の真実の生き方というものは、一体いかにあるべきでしょうか。この問題については、人によって多少は考え方が違うかと思いますが、しかしここには差し当たり諸君らのために、一つの断面を切り落としてみたいと思います。

さて人間というものは、普通には、すべて現在より一段上の地位に上りたいと思うものであります。たとえば大臣になった以上は、もうそれで満足しているかと思えば、さらに総理大臣になりたいと思い、大将になったら、もうその上の望みはないかと思えば、さらに元帥になることを望むというぐあいです。

またわれわれ教育の社会においても、小学校の先生は中等学校の先生になりたいと思い、中等学校の教師は、高等専門学校の教師たらんことを望むというように、一段でも自分より上の段階に登ることを願うのが、人情の常と言えましょう。

ところで、このこと自身については、もとより何ら悪いことでないのみか、いつまでもぼんやりと現状に居眠っているよりも、いわゆる向上心があるという点では、一応大いに結構と言ってよいでしょう。

しかしながら、ここに一つ考えてみなければならぬことは、かように人々が、一歩でも社会的に上の地位につきたいとのみ考えていた場合、この世の中は一体どうなるかということです。同時にそこからしてこのような態度が、果たして人間の真実の生き方であるかどうかという点についても、お互いに深く考えてみなければならぬものがあるかと思うのです。

もちろん先にも申したように、一応の意味においては、人々が一段でも上の地位に登ろうと努めることは、一種の向上心の現れとして、それ自身決して退けるべきことではないでしょう。否、これあるが故に人間も努力するという意味からは、大いに結構なことと言ってもよいわけです。

しかしながらわれわれ人間というものは、たとえ一段上の地位に登ってみても、それを満足して喜ぶのはほんの束の間で、しばらくすると、さらにまた一段上の地位に登りたくなるのが人情の常であります。実際われわれ人間が、地位とか名誉を得た喜びというものは、ほんの当座の間にすぎません。

もちろん一面からは、人間の生活が停滞しない限り、もうこれでよいという時はないはずで、お互いに一歩でも上の地位に進んでみたいと思うのは、一応当然のことと言えましょう。しかしその場合に問題となるのは、すべての人が皆かように考えるとした場合、この世の中は一体どうなるかということも、一考する必要があると思うのです。

そこで今話を分かりやすくするために、一つの喩えを取ってみることにしましょう。もちろん喩えというものは、どこまでも喩えであって、事実そのものではありませんから、その点はあらかじめご承知を願わねばなりませんが、私は社会上の地位を、一段でも上へ上へと登っていこうとする人は、たとえばここに、様々な鉱石の層よりなる大きな絶壁があるとして、そしてその絶壁は、上へいくほどよい金属の鉱石があるとしてみましょう。するとその場合、先にのべた社会上の地位を、一段でも上へ上へと登ろうとする人は、いわばかような絶壁へ梯子をかけて、上へ登るほど、そこには立派な鉱石があるからといって、一段でも上の梯子段へ登ろうとあがいているようなものです。

ところでこの際人々が、一段でも上の梯子へ登ろうとするのは、一段でも上へ登れば、そこにそれだけよい鉱石がある以上、一応もっとも千万と言えましょう。しかしながら、ここに一つ見逃してならない大事なことがあると思うのです。

それは何かというに、ただ梯子段を上へ登ることばかり考えて、どこか一ヵ所にとどまって、鉱脈に掘り込むことを忘れてはならぬということでしょう。

もし梯子段を上へ登ることばかり考えて、そのどこかに踏みとどまって鉱石を掘ることに着手しない限り、一番上の段階まで登って、たとえそれが金鉱のある場所だとしても、その人は一塊の金鉱すらわが手には入らないわけです。

これに反して、仮に身は最下の段階にいたとしても、もしそれまで梯子段の上の方ばかりにつけていた眼の向きを変えて、真っすぐわが眼前の鉱石の層に向かって、力の限りハンマーをふるって掘りかけたとしたら、たとえそれは金鉱や銀鉱ではないとしても、そこには確実に何らかの鉱石が掘り出されるわけであります。すなわちその鉱石の層が鉛ならば、そこに掘り出されるものは鉛であり、またその鉱石の層が鉄鉱ならば、そこには確実に鉄鉱を掘り出すことができるわけであります。

なるほど鉄や鉛は、金銀と比べればその値段は安いでしょう。しかしまた世の中というものは、よくできたもので、鉛は鉛、鉄は鉄と、それぞれそれでなくては用をなさないところもあるのです。いかに金銀が尊いからといって、金銀の太刀では戦争はできません。いわんや梯子段をただ形式的に上へ登ることばかり考えている人間は、仮に金銀鉱のところまで達したとしても、実は一物をも得ずして、梯子段をさらに一段上へ登ろうとする人間です。

さて以上は単なる喩えにすぎませんが、しかし私には、そこにどうしても無視することのできない、人生の貴重な真理の一つが含まれているかと思うのです。今直接諸君らの前途について申してみれば、諸君らのうち、進んで上級学校へ行く人があれば、もちろんそれは大いに結構なことであります。人間は何と申しても、一段でも高い教育が受けられるということは、この上もない幸せだからです。

しかしまた、かように上級学校へは行かずとも、検定試験などで中学教師の資格を得る人があれば、これまた大いに結構なことであります。しかしながら、ただそれだけにとどまるとしたら、なるほど一応確かに結構には違いありませんが、同時にまたそれをもって、真に無上のこととは言えないと思うのです。

それというのも、お互い人間として最も大切なことは、単に梯子段を一段でも上に登るということにあるのではなくて、そのどこか一ヵ所に踏みとどまって、己が力の限りハンマーをふるって、現実の人生そのものの中に埋もれている無量の鉱石を、発掘することでなくてはならぬからであります。

さて、この際とくに注意を要する点は、いよいよ鉱石の発掘にとりかかろうとするには、どうしてもまず梯子段を上へ登ろうという考えを一擲《いってき》しなければならぬということです。登れたら一段でも上へ登ろうと思っている間は、岩壁の横腹へ穴を開け、その内に身をさし入れて、坑道をうがつことはできないからであります。

こういうわけですから、人生の現実という絶壁に向かって、一つの坑道を切り開こうとする者は、単に世の中の外面上の地位の高下に眼をうばわれて、登れたら一段でも上へ登ろうというような考えを、一擲しなければできないことであります。もちろんその場合、梯子段を上へ登ることは断念しても、坑道そのものを切り開いて行こうとする意志は、断念するどころか、無限なわけであります。

さらにまた面白いことには、かように内へ内へと無限に坑道を掘っていきますと、始めのうちは鉄鉱ばかりが出ていたのに、坑道がしだいに大きくなるにつれて、そのうちには銅鉱も出て、さらには金銀鉱さえ掘り出されるというような場合も、現実には大いにあり得るということです。

そこで今諸君らとしては、もちろん事情の許す限り、奮発して上級学校へ行くがよいと思いますし、またそれができなくて、検定試験などを受けようとする人は、できるだけ努力して取るがよいでしょう。しかしかような生き方のみが諸君らの真の生き方であると考えたら、それは大きな誤りだと思うのです。

もし諸君らの中に、「自分はどうしても上級学校へ行きたい。ところが家の事情は、どうしてもそれを許さない。もうやけくそである。どうにでもなるようになれ!!」というような考えを持っている人が、もし一人でもあったとしたら、これは実に惜しんでもなおあまりあることと言わねばなりません。

実際私には、それは涙のこぼれるほど残念なことであります。何故その人は、眼を翻して人生を大観しないのでしょうか。そうして師範を出ただけで、高等師範を出た人にもとうていできないような仕事を、一生かかって開拓しようとする決心ができないのでしょうか。

高等師範を出たとて、ぼんやりしていれば、結局は単なる一中等教員で終わるのです。つまりは一段上の梯子段で腰を下ろして、ボンヤリと絶壁を眺めて、一生を送るにすぎないのです。そもそもハンマーをふるって、力の限り横に無限の坑道を、岩壁の奥深く発掘していくたくましい人間というものは、どの梯子段にもそう沢山はいないのです。

高等師範を出たと言っても、その大部分の人は、結局、一段上の梯子段に腰を下ろして一生を送る人たちです。ですから、自分が上級学校へ行けないためにやけを起こすということは、なるほどその人の個人的な心情としては、大いに同情できないわけではありません。しかしだからと言って、いつまでもかかる態度から脱却し得ないというようでは、実に情けないことだと思うのです。

そこで諸君らのうち、上級学校へ行ける人は、大いに行くがよろしいが、上級学校へ行けないからと言って、決して失望は無用です。いわんや落胆をやです。さらにいわんや、自暴自棄に陥るにおいてをやです。人間の真の強さというものは、このような場合に、決然として起ち上がって、自分の道を雄々しく切り開いていくところにありましょう。

さて世の中の梯子段を、一段上へ登るということは、困難と言えば困難とも言えましょうが、しかし実際には比較的容易なこととも言えます。たとえば高等師範などにしても、なるほど入学試験は多少厄介でしょうが、しかし一度入った以上は、よほどどうかしない限り、まず卒業はできると言ってよいでしょう。

ところが梯子段を上へ登ることを断念して、岩壁に向かいハンマーをふるって、一つの坑道を切り開くということになると、これは梯子段を上へ登るのとは、まったく比較にならないほどの難事業と言ってよいでしょう。すなわちそこには、自分の生涯を賭けて掘り抜かずんば已まぬという、絶大な決心を必要とするからであります。

高等師範などは、四年たてば業は終わるのです。ところが岩壁を掘って、一つの坑道を切り開くということになりますと、それはまさに終生の事業と言ってよいでしょう。が同時にまたかように、一人の人間がその生涯をかけて切り開いた道というものは、単にその人一人にとどまることなく、後からくる幾多の人々がその恩恵に浴するのであります。

かくして諸君らは、今や自分の一生の志を立てるに際して、人生のこの二つの道について、改めて深く考えてみる必要がありましょう。諸君らは、果たしてそのいずれをとろうとしますか。もちろん上級学校へ進んだからとて、諸君らに坑道発掘の道がなくなるというわけではありません。が、同時にまた上級学校へ行ったからとて、必ず坑道を掘ってすすむ人間となるとは限らないのです。否、自分は高等師範を出たからといって、腰を下ろす人が大部分だと言ってよいでしょう。

だがそれはとにかくとして、要は人生の梯子段を上下するよりも、岩壁に向かって、一つの坑道を切り開くという点にあるということです。ですからもし諸君らにして真にその覚悟ができて、坑道発掘のハンマーをふるい始めたとしたら、そこには一つのすばらしい途が開けると思うのです。

たとえば、諸君らが卒業後受け持った学級のうち、仮に小学校だけで終わるような生徒が多いような場合には、学歴としては小学卒業だけであっても、へたに中等学校を出たもの以上にたくましく、人生を歩むような人間を、一人でも多くつくり上げるということになりましょう。

そして私は、かようなところにこそ諸君らが将来国民教育者として、国家社会に尽くす最も意義深い道があると思うものです。同時にそれはまた、諸君ら自身にとっても、真に生き甲斐のある人生の道と思うのです。

先生の今日の講義には、一種の歎きというか、悲しみというか、そういう調子があって沈痛な雰囲気が教室にたちこめていた。先生が教室から出ていかれてからも、しばらくの間それが消えずに漂っていた。

第15講——諸君らの将来

今日は先生、たくさんの書物を持って来られたので、始めに書物を紹介せられるかと思ったら、教卓の左の隅に置かれたままで、本の紹介は講義が一応すんでからだった。

さて諸君たちの前途については、ある意味では本人たる諸君ら自身よりも、年齢の加減と、今一つは多少人生の経験を重ねているので、私の方がよく分かっている点もあるかと思われますので、今日は諸君らの将来のある一面についてのべると共に、翻って諸君らの現在の生活についても申してみたいと思います。

総じて人間というものは、ただ将来のことばかりを考えて、そのために現在の事をおろそかにすることのよくないことは、申すまでもありませんが、同時に他の一面には、常に前途に対して、思いを巡らしているようでなければいけないと思うのです。

それはちょうど鉄砲は、なるほど引金を引かないことには弾丸は絶対に出ませんが、さりとてまた照準を定めておかねば、いかに引金を引いてみたとて、何の役にも立たないばかりか、かえって人を傷つけさえするようなものです。

さて諸君らの将来について、私としてはまず最初に申したいと思うことは、人間というものは「年と共にしだいに忙しくなるものだ」ということです。なるほど学生時代もなかなか忙しくて、そのことは、私も自分の経験からして、よく承知していることですが、しかし一たん世間へ出ますと、なかなか学生時代の比ではなくなるのです。

お互いに学生時代には、これが一生のうち一番忙しい盛りで、卒業さえすれば、後はもっと暇になるだろうぐらいに考えがちなものですが、さていよいよ世の中へ出てみますと、なるほど忙しさの種類は、学生時代とは違ってきますが、しかし忙しいということには、何らの変わりもないのです。否それどころか、忙しさはしだいに加わってくると言ってよいでしょう。

私が今、忙しさの種類が違うと申しましたのは、卒業後の忙しさは、学生時代のそれのように単に受身的、画一的な忙しさではなくなるからです。それというのも学生時代の忙しさというものは、いわば形式的な忙しさですが、世の中へ出てからの忙しさは、時間にしても仕事にしても、学生時代のように形式的な強制がない代わりに、もっと責任のある忙しさが加わってくるのです。

すなわちこれを一言にして、世の中へ出ると学生時代と比べて、多少の融通は利きましょうが、しかし責任という上から、遙かに忙しくなってくるわけです。

このように諸君らの将来は、しだいに内容的な忙しさが加わると共に、他面、学問知識は、いよいよ広く深くなることが要求せられてくるわけです。ところが、責任はしだいに重くなり、仕事はますます忙しくなるのですから、必要な知識を仕入れる暇がないというのが、まず現在壮年期にある人々の現状と言ってよいでしょう。

最近も小学校校長をしていた人で、職を退いて、ある有名な大会社の青年学校の先生になった人がありますが、この人は今年四十ばかりで、今から七、八年前、すなわち三十一、二歳頃から勉強を始めた人でありますが、なかなか実務を処理する腕もあり、また根本にある種の信念もある人ですから、自然そうした地位にも選ばれたわけでしょうが、さていよいよその地位についてみると、これまで以上に忙しくなると共に、学問の必要をいよいよ痛感し出したというのです。

その人が校長をしていた学校は、普通の校長と比べると、ちょっと倍近くも忙しかったようですが、しかし今度の位置は、それよりも遙かに忙しいということであります。おまけに教える相手は、みな高等小学校の卒業生であって、それを五ヵ年も教えるのですから、年齢からいえば中学より二年も上なわけです。そういう生徒たちに、国語や歴史などを教えるばかりか、さらに教務主任として、いろいろと学校全体の取り締まりなどをしなければならぬ地位とあれば、その忙しさのほども察せられるわけです。

最近もその人の述懐に曰く「私の勉強の仕掛けが、もう十年早かったら、否、せめてもう五年早くて、せめて二十五、六歳からでもしていたら、今日どれほど自信をもって、この忙しさの中を悠々と過ごせたであろうかと、返らぬ悔いをしています。何しろ三十を越えてから始めた勉強ですから、今にして後悔しているしだいです」ということでした。

これはおそらく、その人のいつわらない実感でしょう。諺にも「盗人を見て縄をなう」と言いますが、すべて読書研究というものは、必要が起こってから始めたのでは、すでに手遅れです。

必要が起こってから始めた読書では、決して真の力を得られるものではありません。

　真の読書というものは、自己の内心の已むにやまれぬ要求から、ちょうど飢えたものが食を求め、渇した者が水を求めるようであってこそ、初めてその書物の価値を十分に吸収することができるのであって、もしそうでなくて、研究発表だとか、あるいは講演に行かねばならなくなったからなどといって、急にあちこちと人に聞きまわって読んだような本からは、同じ一冊の本を読んでも、その得るところは半分、否、三分の一にも及ばないでしょう。というのも内心の要求から出たのでなくて、外面的な義務や強制に迫られて読んだ書物というものは、いわば腹の減らぬのに食べた食物みたいに、不消化なものだからです。

　そこで今諸君らにしても、いやしくも自分の前途を展望して、将来ひとかどの人物になって活躍しようと思うなら、今日から遠大な志を立てて、大いに書物を読まねばならぬでしょう。それというのも、一人の人間の持つ世界の広さ深さは、要するにその人の読書の広さと深さに、比例するといってもよいからです。

　すなわち諸君が将来何らかの事に当たって、必要の生じた場合、少なくともそれを処理する立場は、自分がかつて読んだ書物の中に、その示唆の求められる場合が少なくないでしょう。つまりかつての日、内心の要求に駆られて読んだ書物の中から、現在の自分の必要に対して、解決へのヒントが浮かび上がってくるわけです。

　今これを諸君にすれば、卒業後、校内なり都市なりで、研究発表を命ぜられたような場合、一たん事が決まるや、「この問題なら、まずあれとあれとの範囲で大体の基礎は動くまい」と即座に嚢《のう》中の物をとり出すように、事の決まったその場で、大体の見当がつくくらいでなくては、だめだと思うんです。もちろんそれらの書物は、ちゃんと手元にあるばかりか、さらに時としては、同僚や友人たちの相談にも乗ってやり、また書物までも用立ててやれるというぐらいの、綽《しゃく》々《しゃく》たる余裕がありたいものです。

しかるに研究発表を命ぜられるや、急にあわてて友人のところを尋ねまわったり、それでも手に入らないで、俄注文の書物をあわてて読み出してみたところで、それが果たしてどれほど身になり力になると言えるでしょうか。ただ哀れと言うばかりです。

もし諸君らにしてこのような惨めな哀れさに陥るまいと思うなら、今日から遠く将来を展望して、今後十年ないし二十年くらいの間に、教育者としての立場から、広く当代一流の人々の書物から、さらには有名な古典までも読破するという一大決心を打ち立てる必要がありましょう。

『名もなき民の心』（河村幹雄／岩波書店）
『日米不戦論』（河村幹雄／海軍研究社）
『ペスタロッチーの生涯（全集第一巻）』（玖村敏雄／玉川学園）
『ペスタロッチーの生涯とその事業』（小川正行／目黒書店）
『学校教師論』（三浦修吾／玉川学園）
『鳩翁道話』（心学書／岩波文庫）

先生、講義がすむと、教卓の上に積んであった右記の書物を一冊ずつとりあげて、著者の人柄と内容の大略について、一々ていねいにご紹介下さったので、今日の講義内容に対する一種の結論という気がしてありがたかった。

下学雑話（3）

▼著者自身さえよくも理解せずに書ける書を読んで、理解出来ぬとて自信を失う者世に少なからず。悲喜劇の最たるものと言うべし。しかも所謂哲学書と称するものにこれが多し。

▼真に一つの言葉を解し得たと言うは、自分がそれを駆使するに至れる時なり。されば哲学上難解なる術語あるとも、そのままにして進みゆき、その用例に多く接することによって、自ら了悟するの期をまつべし。真の哲学は、哲学辞典などを繙くことによって解し得るほどに、簡単なものにあらず。

第16講――一道をひらく者（Ⅰ）

先生、礼がすむと題目を書かれてから、

「諸君はこの土曜日に一つ『講孟余話』の読後感を書いて戴きましょう。それには次のようにしたら面白くないかと思うのです。それは土曜日に帰宅したらすぐ寝るんです。そして目が覚めたら、ちょっと辺りを散歩して、その際ついでにローソクを求めて、帰ったら机上のものは全部片付けて、それからローソクに火をつけて電燈を消すんです。そうしてひとり心を澄まして、ぐんぐん読んでいくのです。分からないところは、分からないでよいですから、そのままぐんぐん進めていくのです」

この時Y君が「他の日ではいけませんか」とお尋ねする。すると先生はこうおっしゃった。

「いや何日でもよいわけですが、諸君らには平生の日は運動がありますから、土曜と言ったまでです。差しつかえさえなければ、どの日でもよいのです」

諸君らは現在、師範学校の生徒である以上、卒業後は言うまでもなく、国民の義務教育に従事するわけであります。それにしても小学教育というものは、国民教育の根本的な基盤であって、次代の民族の運命を左右するものだということは、多くの人々が常に口にしていますが、しかし教師のうちで、真に深くこの点について考えている人が、果たしていかほどあるでしょうか。

というのも真に考えるということは、その問題が常にその人の心の底にあって、忘れる時がないということでなければならぬのです。それはまた他の方面から申せば、真の教育者は、少なくとも二十年、三十年先の国家のことを、常にその眼中に思い浮かべていなくてはならぬとも言えましょう。

それにしてもわれわれ人間は、個人の将来さえ具体的には容易に予測できないわけですが、しかしまた大きな方向は、ある程度予見することができないわけでもないでしょう。

たとえば今諸君らについて言ってみても、これから二年数カ月たてば、大部分の人は、首尾よく本校を卒業して奉職されるでしょうし、またその奉職先も、よしそこに郡市の別はあるにもせよ、とにかくこの大阪府下であることは、まず間違いのないことでしょう。さらにまた、これから十年以内くらいに、諸君らの大部分の人は結婚されるでしょうし、それからまた数年たてば、たいていの人が子の親となることでしょう。

かように、個人の将来というものは、もちろん一々の内容については分かろうはずはありませんが、しかし大体のことは、一応の見当はつくとも言えるのです。しかるにひとたび国家民族のこととなりますと、今後二十年たったら、わが国がどのようになるかということは、何人も容易にこれを予測することはできないでしょう。

たとえば現在そのさ中にある支那事変のごときも、その頃果たしていかようになっているものやら、またその終結の仕方などについても、果たして今日われわれの考えているようにいくもののかどうか。さらには事変が他に飛火して、アジアの形勢がいかに成り行くのかなどという問題になると、何人も容易に予測を許さぬものがあると言えましょう。

しかし真に国家の前途を憂える教育者は、どうしても常に、二十年、三十年先の国家を考えていなければならぬと思うのです。もちろんそれは、個人の場合と違って、刻々に移り行く現状の変化によって、常に転変してやまないわけですが、しかし真の教育者は、常にそれを考え洞察していかねばならぬと思うのです。

正しい見通しをつけ得る人はないとも言えましょうが、同時に他の半面、われわれ教師としては、一個の人間として、自分が今後十年、二十年の後に、自分の属している教育界に対して、果たしていかほどの貢献をし得るか否かということについての見通し、並びにその頃諸君らの教えている生徒たちが、十年、二十年後にどのような人間になって、どの程度国家社会のお役に立つであろうかという見通しについては、それがどの程度当たるか否かは別として、とにかく常に心の底で考えていなくてはならぬと思うのです。

このようにわれわれとしては、自分に身近な二つの窓を通して、常に将来について考えることが大切であって、もしそれを看却しますと、いかに国家の前途を憂えると言っても、畢竟それは空言に終わると言わねばならぬでしょう。

すなわちわれわれとしては、全体としての国家そのものの将来は、容易に予断を許さぬことですが、しかしただ今申したような、自己並びに生徒の将来については、十年、二十年後といえども、ある程度の予見は、必ずしもできないことでもないでしょう。

総じてわれわれ人間の個人的生命は、これを国家民族の上から眺めたならば、まことに微々言うに足りないものであります。しかもこの自分という小さな一つの石でも、ひとたびそれが国家民族という大なる城廓の一構成分子として考えられた場合には、必ずしも全然無意味な存在とは言えないわけであります。すなわち、そこには、国家民族に対して、他の何人にも委せられない唯一独特の任務と使命とがあるはずであります。

ですから、私は常に思うのです。人間もこの自分という一微小存在すら、国家全体に対しては、代理人のない一個独自の任務の存することを自覚するに至って、初めてわれわれの真の人生は始まるわけだと。

かくして世に職業の種類は多いが、しかし真に国家の前途を憂える仕事は、国民教育の外ないと言えましょう。しかるに現実としては、われわれ国民教育者のうちに、日夜にこのことを憂えて、その人の誠心が、周囲の人々の心を揺り動かし、一つの力となって動きつつあるほどの人が、果たしていかほどあると言えるでしょうか。

「国民教育は次代の国運を左右する」とは、人々の口を開けば言うことですが、しかも多くの場合それは、要するに紋切り型のご挨拶にすぎない場合が多いと思うのです。実際心の底から、国民の義務教育こそ、民族の盛衰の岐れるところであると、真に身をもって確信している人が、今日われわれ国民教育に従事している人々のうちに、果たしてどれ程あると言えるでしょうか。

思うにこのような人は、ひとり現在乏しいのみならず、実に明治以後今日に至る七十年近い歳月の間にも、少なくとも学校教師の中には、はなはだ少なかったと言ってもよいでしょう。

明治五年学校令の発布以来、わが国の国民教育者の中で、その人の肉体はすでに遠く消え去ったとはいえ、その精神は今日なお生きて、諸君らのように、今やまさに国民教育界に門出しようとしている、若い人々の心を動かすほどの巨人を、不幸にして私は、一人も知らないのであります。

なるほどわれわれは、維新前にはかくの如き人々を多く持っていたのです。あるいは藤樹先生と言い、あるいは梅岩先生、尊徳翁と言い、近くは松陰先生と言い、その他枚挙に遑《いとま》ないほどであります。

しかるに明治以後国民教育の制度が完備するに至って以来、かえって私達は、国民教育者として、身をもって一道を切り開いた一人の巨人あるを知らないのであります。この点私は、近くこの道に出で立とうとしている諸君らにとって、まさに三省深思すべきことと思うのであります。

それにしてもわれわれは、維新以後現在まで、ほとんどあらゆる領域において、それぞれ歴史に残るような巨人を持っているのであります。すなわち、あるいは政治家に、あるいは軍人に、はたまた学者、芸術家に、明治以後幾多の巨人を輩出せしめていると言えましょう。

しかるに今その意義の最も重大な国民教育の領域においては、その精神が今日なお一大光芒を放って、後に来る幾十万の国民教育者を照らすというような、一個の巨大な人格を持ち得ないということに、そもそも何故でしょうか。

諸君らとしては、今日何よりもまずこの事実に対して、深く考えて戴きたいと思うのです。国民教育者として、躬《み》をもって一道を開く人は、果たして何人でしょうか。

私としては、まさに諸君ら自身の手によって、今後二十年、三十年の後に、わがこの大阪の地に、一つの道が開かれることを期待してやまないしだいです。諸君らにしてももしこのような大志を抱かない限り、その前途は、結局は一個のサラリーマンとして、子どもたちのお相手係りを務める程度を脱することはできないでしょう。

先生、例のように授業がすむと、黒板をキレイに拭いてから礼をされ、静かに教室を出ていかれたが、先生の内には、何かしら一種の心熱とも言うべきものが立ちこめているような気がした。

第17講——一道をひらく者（II）

先生、今日は教室へ入られるや、真先きに黒板を徹底的にキレイに拭き上げられた。たぶん前の時間の板書が、ウッカリしてそのまま消されずにいたからであろう。そして拭き終わるや先生は、われわれの方を向かれて、「どうも黒板が汚いままで礼をしても始まりませんからね」とおっしゃった。

前の時間には、諸君たちは将来すべからく国民教育の上に、一筋の道を開くように志を立てるようでなくてはならぬということを申したわけですが、時間のつごうで、十分に話し尽くさない憾みがありましたので、今日も引き続いて、今少しこの問題について考えてみたいと思います。

そもそも一道をひらくということは、それによって自分自身が救われると共に、さらに後に来る同じ道をたどる人々に対して、その行く手を照らすという意味がなければならぬと思うのです。すなわちわれわれ人間は、真に自己の生活に徹して生きた時、一人自分がその職責を全うし得るのみならず、さらに同じ職域にいる他の人々に対しても、何らかの意味で、お役に立つことができるのであります。

そうした点から考えても、われわれの国家社会に対する務めは、一応自分の職責を全うするだけで十分だと考えるべきではないと思うのです。もちろん、こうは申しても、われわれの国家社会に対する務めは、どこまでもその職分を通して行われる外ないわけですが、同時にまた他面、このような考え方に対しては、いかなる人間でも、ほとんど例外なく、何らかの職業についていない者のない以上、単に自分が一個の職業に従事していながら、しかもそこで会得したものが、広く同種類の職業に従事している多くの人々に対して、大きな慰めとなり、さらには激励となると言うに至って、初めて真に国家社会に尽くすものと言えましょう。同時にこのような境地に達した人は、ある意味では、職責を通して道を体得した人とも言えるでしょう。

ところで、諸君らが今後進もうとしている世界は、言うまでもなく国民教育の世界であります。しかるにこの国民教育の世界においては、さきほども申すように、維新以後今日まで、いまだ真に一道をひらいたと言い得る人がないのであります。

なるほど、明治維新以後今日に至るまで、義務教育に従事した人の数は、けだし莫大な人数に上ることでありましょう。しかも不幸にして、それら無量の人々のうち唯一人も、今日諸君らに対して、「この人を見よ!!」と言い得る人を、私は知らないのであります。

実際明治維新以後、国民教育に従事した人の数は、もしこれを延べ人員にしてみたら、おそらく幾百万を超えるでもありましょう。もちろん、それらの人々の中には、ずいぶん隠れた立派な人々も少なくなかったことでしょう。現に私の知っているきわめて狭い範囲内でも、地方的に教化を行って、その香りの今日なお残っている人も少なくないのであります。

しかしそれらの人々といえども、今日わが国の全国民教育者に対して、「この人を見よ!!」と、真に言い得るほどに偉大というわけにはいかないのです。しかるに試みに眼を翻して、それらの人々を、松陰先生と比較してみたらいかがでしょう。先生はわずかに三十歳そこそこで、この世を去られた方でありますが、しかも今日先生の精神は、一人教育者とのみいわず、全国民の魂に対して、偉大な光と力を与えつつあるのです。先生の「全集」は、全十巻数千頁を数えますが、それが今日一万部以上も、全国の心ある人々の手に行き渡りつつあるのであります。

人間も、わずか三十歳そこそこで斃れながら、しかもそれだけ大部の著述があるということは、それだけでもすでに驚くべきことと言うべきでしょう。しかも明治維新以後、わが国の国民教育者のうちで、その著述が死後今日まで読まれつつある人が、果たして幾人あると言えるでしょうか。

寡聞な私の知る範囲では、遺憾ながらただの一人もないのであります。もちろん現場の教師は、学者とは違いますから、著述をもって第一義とすべきでないことは、申すまでもありません。しかしながら、もしその人にして真に偉大だったとしたら、その人は必ずや偉大な信念の所有者であり、そして偉大な信念に基づく言行は、必ずや何らかの形態において、死後に残るはずであります。

かくして真に偉大な人格は、これに接した人々が、直接眼のあたりその人に接していた時よりも、むしろその膝下を去って、初めてその偉大さに気付くものであります。金剛山の高さは、山の中にいる時よりも、これを遠ざかって石川河畔に立ち、さらには河内平野に立つ時、いよいよその偉容を加えて来るのであります。

人間もまた同様であって、その人の肉体はすでに没して、再びその面貌にまみゆる能わざるに至って、その偉容はいよいよその大を加えて来るものであります。その時その人が偉大なる実践家として、たとえ一字の文字をも書き残して置かなかったとしても、その人の教えを受けた門弟子たちは、生前その心に刻まれた不滅の言葉を、自分一人の胸中に秘めておくに忍びず、またこれを単に自分ら一部同門の人々の間に秘しておくに忍びず、これを結集して、もって天下にその教訓の偉大さを宣布せずにはいられないでありましょう。

そして私達は、かくのごとき実例を、遠くは孔子における「論語」、釈尊における「阿含経」、またキリストにおける「聖書」などに見、近くはこれを二宮尊徳の「夜話」に、あるいは「葉隠」に、さらにまた崎門の英傑若林強斎先生の「雑話筆記」等に、これを見ることができるのであります。

このように考えてきますと、明治維新以後の国民教育者の中には、遺憾ながら真に歴史的偉人と言い得るほどの人は、結局は出現しなかったという外ないでありましょう。もちろん、時代も変わり教育制度も異なっている今日、維新以前の偉人のような型の人々を、現在の学校教師の中に求めようとすることは、おそらく無理であって、けだし至難中の至難事と言うべきでありましょう。

しかしながら、また一方から言えば、昔といえども、決して偉人があり余ったというわけではないでしょう。何となれば、私達は歴史の上を見るとき、ともすれば昔は偉人が多かったように思いがちですが、しかしそれは、われわれの歴史的回顧においては、幾十百年も一望の下に収め得るが故であって、今一つひとつの時代をとって見たならば、人物の乏しいことは、今も昔も大差はないと言えましょう。

もちろん、私がここに申していることは、愚かなこの私はもとよりのこと、あるいは諸君らといえども、自らこの大任に堪えることはできないでもありましょう。しかしながら、かような自分らの乏しさをしばらく別にして、現在の国民教育界を見渡す時、明治維新以後七十年になんなんとする今日、一人くらいは炬火をふりかざして、国民教育の大野を照らす巨人が現れてもよい時期かと思うのであります。

私自身は、若き時代にこのような大志を抱くべきことを知らず、人生の半ばをすぎた今日に至って、ようやく遅まきながらも人生の意義に目覚めそめた、真に憐むべき人間にすぎないのです。しかるに諸君らは、今やようやく人生の首途に出で立とうとしている人々であり、諸君らの前には、豊かな春秋があるのであります。そこで諸君は前にも申したように、仮に自らその任に堪えるだけの資格はないとしても、このような巨人の生まれ出るための一つの捨石となり、さらに能うべくんば、一個の踏み台となろうとする覚悟を打ち立てるということは、何ら僭上の沙汰ではないでしょう。

たびたび申すことながら、諸君!! この人生は二度とないのです。諸君らにして志を立てなかったならば、おそらくはまた私の轍を踏むことになりましょう。私は今自分の過去四十年の愚かなる足跡を省みつつ、翻って諸君らの前途を想望する時、うたた感慨に堪えないものあるが故に、あえてこのようなことを申すしだいです。

先生、いつものように一礼の後、静かに教室より出ていかれた。しかし今日のご講義には、とくに先生の深い歎きの声がこもっていたような気がする。たぶん他の人たちも同様な感じを持ったことであろう。

下学雑話（4）

▼作歌への入門時に、作歌法の書を読むは愚なり。そは泳げぬうちから泳法の書を読むにひとしく、いたずらに念慮を労して益なし。

▼作歌の初めは、自分の肌にぴったり合った大家、しかもその唯一人につきて、その作品を鑑賞し、真一文字にその中に突入すべし。鑑賞が暗誦するまでになれば、おのずと作りても見るものなり。それを然るべき人について添削を乞うが、作歌への最捷径というべし。

▼イ音は厳粛なる緊張感を示し、ア音は朗らかに、エ音は哀音を示す等々、これ皆言霊の不可思議なり。

第18講——人を植える道

山陰の土の窪みのひとところ涙を垂りてわれは見むとす　　赤　彦

「これは赤彦が晩年満州へ旅行した時、二百三高地へ登って、乃木大将のお子さんの墓に詣った時の歌です。ちょっと見ると何でもない歌のようですが、やはりさすがに赤彦の作だけあって、何とも言えない深い感動を裏付けていることが分かります。

諸君らは赤彦のことは、あまり知らないかも知れませんが、明治大正を貫いての最大の歌人の一人であるばかりでなく、また万葉以後の歌人と言ってもよいでしょう。ところがその学歴としては、長野師範を出ただけなんです。そうして小学校の教師となり、校長となり、視学（指導主事）までもした人です。それ故諸君らのように師範学校に学ぶ人には、非常に因縁の深い人と言ってよいのです。

ついでですが、私はこれまで授業を始める前、出席簿を呼ぶわずかな時間を利用して、歌を紹介してきているんです。ところがそれがいつも赤彦の歌ばかりなので、時には「なぜそんなに赤彦の歌ばかり紹介するのか」と不審がる人もあるようですが、それは第一には、私が赤彦の歌が好きなためですが、同時にまた、ただ今申したような意味もないわけではないのです。しかし結局は、自分が好きだからですがね」

教育ということは、これを言い換えると「人を植える道」と言うこともできましょう。すなわち一人の人間を真に教育するということは、たとえば一本、一本木を植えるようなものであって、たとえ植えた当の本人たる教師自身は亡くなっても、もしその木が真に生えついていたならば、木はどこまでもその生長をやめないでしょう。

同様に真の教育者は、その人の内面より発する心の光の照らす限り、至るところに人材が林のように生い育っていくようでなくてはならぬでしょう。

今こうした立場から、将来諸君らの向かうべき国民教育界を眺めてみた時、このように真に人材を植えている教育者が果たしていかほどあると言えるでしょうか。その人の足跡の印せられるところ、そこには必ずや幾多の人材が、林のように生い育っていくというような光景が、どれほど現在の教育界に見られることでしょうか。諸君らはこうした点についても、今日から深く心を用いるところがなくてはならぬと思うのです。

それというのも、現在の教育は学校教育であり、そして学校教育は、いわゆる一斉教授でありますから、教師と生徒とが、真に全人格をひっさげて、直接に相接触するという機会はほとんどないわけです。ですからわが国の教育が、かように一斉教授にとどまる限り、真の教育として人を植えるというようなことは、実際にはほとんど不可能というに近いと言ってもよいでしょう。

ここにおいてかわれわれが、今後真に確実に、人材を現実の大地に植え付けようとするには、単に学校教育のみが教育のすべてである、と考えるわけにいかなくなるとも言えましょう。そしてそのような立場からは、現在のような学校教育は、真の教育に対してはいわば準備期であり、一種の地ならし作業にすぎないとも言えましょう。

もちろん真に人材を植えようとしたら、現在自分の受け持っている子どもたちを、真剣に教えなければならぬことは、もとより言うまでもありません。そしてわれわれは、現在自分の眼前に居ならんでいる生徒たちを、単にその現在眼前にいる姿において見ているだけでは、足りないと思うのです。

いわゆるその場限りの教育なら、それでもよいでしょうが、しかしそうした教育は、畢竟するにその場限りで消え失せる外ないでしょう。つまり子どもたちを、単にその一時間、一時間を基準にしてしか見ない教育は、その効果もまた、一時間、一時間で消え去る外ないでしょう。ですからそのような教育は、いわば「お相手教育」にすぎないと言ってもよいでしょう。

すなわちそれは、わが教え子たちの遠い将来を見通すことなく、しだいに成長していくその魂の中に、一生をつらぬく大眼目をまき込むことなくして、ただその日の所定の教科を、単に型通りに授けることをもって、能事畢《おわ》れりとするような教育であって、畢竟するに、幼稚園児のお相手と、本質的には何ら異なるところがないと言えましょう。

これ畢竟するに子どもたちの遊び相手の域を脱するものではないとも言えましょう。しかるに真の教育とは、始めにも申すように、人材を植え付けることによって、この現実の世界を改革しようとするたくましい意力を、その根本動力とするものでなくてはならぬはずです。

一人の偉大な教師の存在によって、二十年、三十年、否、時には四、五十年の後に、その地方が根本から立ち直って、そこに新たなる民風が起こるというでなければならぬでしょう。その時、その種子をまき、苗を育てた教育者の肉体は、すでにこの地上にはないでしょう。しかもその精神は、脈々としてその地方の中心人物たちの心の底深く根を下ろして、その地方の改革の根本動力として働くのであります。

私は、真の教育の理想は、まさにかくのごとくでなければならぬと考えるものであります。同時にもし教育の真の目標が、かくのごとくでなければならぬと分かったならば、教育者もここに猛然として、自己をこの大任に耐え得るものとすべく、修業の一道に向かって、驀進せずにはいられないはずであります。

一般に師範生が書物を読まないとか、修業に熱心でないとか言われるのは、要するに、この教育の根本眼目を明らかにつかんでいないせいだと言ってよいでしょう。つまり終日、鼻たれ小僧のお相手をして、決められた教材を、型通りに授けること以外に、何らなすべきことを知らないからです。

男一匹、この二度とない生涯を、単なる鼻たれ小僧のお相手だけかと考えれば、捨身になって修養しなければならぬという熱意の湧かないのも、一応無理からぬことと言えましょう。同時にそのような教師の末路が、いかに寂しくかつ憐れなものであるかは、もとより言うまでもないことです。

幾十年という永い歳月を教職にありながら、ひとたび職を退いて首をめぐらす時、そこに見られるものは、ただ広漠たる荒野のように、何一つ残るものはないのですから——。

諸君らは、今やこの二度とない人生において、男一匹その生涯を、国民教育の世界に捧げようとしているわけであります。もし諸君らにして、この一点を明確に把握していないとしたら、諸君らは、その落莫たる人生の晩年において、いかに臍をかむとも帰らない悔いをされることでしょう。

何としても教育とは、結局人間を植えることであり、この現実の大野に、一人びとりの人間を植え込んでいく大行なのです。それがいかに荘厳な事実であることか。それは達識明眼の人でなければ、真の洞察はできないかも知れません。だが諸君らとしては、現在の学生時代か、すでに種子まき時代であって、決して収穫期でないことを知らねばならぬでしょう。

ところが種子のまきっ放しで、世に良木になったためしはないのです。良木を仕立てるには、どうしてもまいた種子に、種々手入れをしなければならぬでしょう。よき苗を選んで適当な場所に植え、それも植えっ放しにしないで、時々水や肥料をやらねばならぬでしょう。この点、今日の学校教育は、いわば種子のまきっ放しと言ってもよい有様です。否、厳密には、種子さえ実際にはまいていないというがほんとうでしょう。

少なくとも今日学校教育だけでは、種子のまきっ放しであって、真に木を植えたことにはならぬのです。それというのも、真に人間を植えるには、有為の少年を選んで、これに正しい読書の道を教え、それによって各々その職分において、一道を開くだけの信念を与えなければならぬからです。

もちろんそこで、種子まきをしなければならぬことは言うまでもありませんが、同時にただ種子さえまいておけば、それでみな良木になるとは言えないのです。同様に今教育においても、大切なのは、むしろ卒業後の指導いかんにあると言うべきでしょう。

さて卒業後の指導として、一番根本的な指導は、何と言っても、有志の青年たちの読書会を設けることでしょう。というのも、もし読書会が真に正しく行われたならば、たとえその人が他に転任したとしても、それは会員相互の輪読会となって永く持続するのが常です。

すなわちその人存せずして、しかもその精神は永くその地にとどまって、それらの教え子たちを導くと言ってよいのです。しかもそのようにして育てられた青年達が、やがてその地方の中堅人物となる頃には、民風もようやく改まって来るのが常であります。そうしてそれらの人々の中から、あるいは町村長、あるいは助役、また町村会議員等が現れるようになれば、村の改革などはおのずからにして行われるわけであります。これをこそ、一人の力がよく一村を改めるというのでしょう。

しかもこれを真になしうるのは、結局教育者にしく者はないと私は思うのです。しかも現実には、教育者にして真にこの種の事をなし遂げた人は、その数きわめて少ないのであります。それというのも、畢竟するに教育の根本目標が、いかなるところにあるかを知らずに、ただ子どものお相手教育をもって、能事畢れりと考えているからであります。

されば諸君らは、すべからく活眼を開いて、自分らの行く手を大観して、任重くして道の遠きを知ると共に、翻って自ら深く、養い蓄える覚悟をしなければならぬと思うのです。

先生講義が終わると、一礼の後、静かに教室を出ていかれたが、今日は何故か先生、どこか楽しそうに見えた。

下学雑話（5）

▼真空に徹するところ、個性の天真は自らにして躍り出ずるなり。一念尚個我の念の存する限り、真に純乎たる天真の顕現とは言い難からむ。

▼真の個性教育とは、我流の教育にあらずして、真実に生きることを教える教育なり。相手をして真に止むに止まれぬ一道を歩ましめんとの一念に出ずるなり。

▼真に卓越せる師匠は、その愛する弟子には、最も厳しく対すると言うを得べし。これ、対者をして道を伝うるに耐えしめんがためなり。

第19講——松陰先生の片鱗

先生、一礼された後「今日はなかなかきびしいですネ。どうかみんな上着を脱いで下さい。筆記は一種の労働ですから——」と言って、黒板に向かって今日の題目を書かれた。

松陰先生については、私はほんの素人でありまして、何ら取りたてて深く研究しているわけではありません。ただ私の古い友人の玖村敏雄教授が、松陰先生については、おそらく現在わが国における最高の権威者と言ってよかろうと思います。

そこで私も、近頃この畏友の研究に導かれて、松陰先生のお偉らさの一端を窺いかけているしだいです。そこへたまたま今度専攻科の旅行で、山陰地方を回って萩へ行きまして、親しく先生の遺跡を訪れる機会を得たのです。これは私にとっては、非常にありがたいことでありまして、いろいろと教えられるところがありました。そこで今日は松陰先生のお偉らさの、ほんの一、二の点についてお話してみたいと思います。

さて萩へ着きまして、その土地の研究者の方に案内して戴いて、いろいろと先生についてお聞きしたのでしたが、その際お聞きした話の中で、ぜひ諸君にもお伝えしたいと思ったことが一つ二つあるのです。

その一つは、先生が大変優しい方であったということです。この点については、私も書物その他によって、多少は察していたことでしたが、しかし直接その土地の方々からお聞きすると、その感銘もまた格別なものがあるのです。

先生は今日、ともすればいわゆる志士という概念によって、非常に厳しい方で、うっかりすれば怒鳴りつけられそうなきびしい方というふうに考えられているようですが、事実はまるで違うようです。先生の国を思われる一筋の心は、何ものもこれを阻むことはできず、またいかなる権力もこれを妨げ得なかったのでありますが、しかし先生は決して単に強いばかり、きびしいばかりの方ではなかったようであります。とくに生徒に対しては実に穏かであって、かつて先生に大声で叱られた者がないということを、直接当時の門弟の人々から、語り伝えられているということであります。

これは諸君らには、一見非常に意外なことと思われるかも知れません。しかしこの点が本当に分からぬことには、先生の真の偉大さは分からぬのではないかと思うのです。本当に偉い方というものは、そうみだりに声を荒らげて、生徒や門弟を叱られるものではないのです。第一その必要がなかろうと思うのです。

大声で生徒を叱らねばならぬということは、それ自身、その人の貫祿の足りない何よりの証拠です。つまりその先生が、真に偉大な人格であったならば、何ら叱らずとも門弟たちは心から悦服するはずであります。

このことは、たとえば諸君らが論語などを読んでも、やはり感ぜられることではないかと思います。すなわち真の偉人というものは、何も叱ったりなどしなくても、人が自ら服するものであります。実際偉大な先生の、その弟子に対する深い思いやりとか慈悲心が、しだいに相手に分かりかけてくれば、叱るなどということは、まったく問題ではなくなるでしょう。

それというのも、真に優れた師というものは、門弟たちを遇するのに、単なる門弟扱いをしてはいないからでしょう。すなわち優れた師匠というものは、常にその門弟の人々を、共に道を歩む者として扱って、決して相手を見下すということをしないものであります。

ただ同じ道を、数歩遅れてくる者という考えが、その根本にあるだけです。ですから、自分一人が山の頂上に腰を下して、あとから登ってくる者たちを眼下に見下して、「何を一体ぐずぐずしているのか」というような態度ではないのです。

教師がこのような態度になりますと、そこには傲慢というものが生まれて来ます。そこで、いたいけな小学生などに対してさえ、これを大声で叱って一向平気ということにもなるのです。

それ故もし教師にして、真に限りなく自らの道を求めて已まないならば、自分もまた生徒たちと共に歩んでいる、一人の求道者にすぎないという自覚が生ずるはずであります。すなわち求道者たる点では、自分と生徒たちとの間に、何らの区別もないというわけです。

この時生徒はわれと共に道を求めて歩む者であり、よし現在においては自分より遅れているとしても、やがてはその中から自分に追いつき、さらには自分を乗り越えて進む者も出てくると考えているのであります。また実にそうでなくてはならぬわけです。

この根本態度の確立している者にして、初めて真の教育者であり、古今の偉大なる教育家は、他の点はいかにもあれ、少なくともこの根本の一点においては、みなその軌を一つにしていると言ってよいでしょう。

そこで今松陰先生が、その弟子たちに対するお言葉が、非常にていねいであったということは、先生の内なる境涯をうかがい得る一つの証拠として、非常に大切なことだと思うのです。先生がお弟子の人々に対して、そのお言葉が非常に丁寧であったということは、すべての弟子たちがみな異口同音に言っていることです。この点は諸君が「全集」を見られるとよく分かることです。

そもそも人間というものは、その人が偉くなるほど、しだいに自分の愚かさに気付くと共に、他の人の真価がしだいに分かってくるものであります。そして人間各自、その心の底には、それぞれ一箇の「天真」を宿していることが分かってくるのであります。

天真に二、三はなく、万人すべて等しいのでありますが、ただその本性の開発の程度いかんによって、そこにそれぞれ独自の趣を発揮してくるわけであります。それ故ひとたびこの点がはっきりしたならば、いかなる者にも穏やかに優しく、かつていねいに対せずにはいられなくなるはずです。

松陰先生が、いかに優しかったかという一つの逸話として、十一、二歳の小さな子どもが、書物挾みといって、今日の鞄の代わりに板の間に本をはさんで、それを肩からつるして帰る時、先生はご自身で見送って出られて、手ずからこれを肩に掛けてやられて、「無事に帰って明日またおいでよ」と言って、軽く背中を叩いてやられたということであります。

また獄から出られて、わずか三畳の室に謹慎していられた頃にも、机の上に砂糖の小皿を置いて、遊びにくる女の子らを招いて、その砂糖を一つまみずつ与えては、いろいろと話をせられたということが、古老たちの話に残っているのであります。

私は、これらの話を思い出すごとに、いつもひそかに、暗涙を催さざるを得ないのであります。実際世にこれほど優しい魂が、またとあるでしょうか。まことに乙女も恥じらうほどの優しさであります。易には「至剛而至柔」という言葉がありますが、実際至柔なる魂にして、初めて真に至剛なるを得るのでありましょう。松陰先生の表面に現れた剛さの奥に、このような優しい一面があったということは、ともすれば世人の気付きがたいことかと思いますが、それだけにこれは、尊い一面と思うのであります。

諸君！　真に剛に徹しようとしたら、すべからく柔に徹すべきである。教育ということは、今さら申すまでもなく、魂の問題であります。それ故魂をあつかうところの教育の問題は、至柔至優の魂を持つものでなくては、真に解くことはできないはずであります。

では、以上ほんの一、二の片鱗にすぎませんでしたが、もし諸君らのこれまでの誤った松陰先生観を、多少でも改めることに役立ったならば幸せであります。同時にあとは玖村敏雄教授の「吉田松陰」を読まれることをお奨めしておきます。


先生はここで、講義を一応終わられた後、「まだ少し時間がありますので、二、三考えていることをつけ加えて置くことにしましょう」と言って、次のような事柄をのべられた。

・人間の知恵というものは、自分で自分の問題に気付いて、自らこれを解決するところにあるのです。教育とは、そういう知恵を身に付けた人間をつくることです。

・人間は自ら気付き、自ら克服した事柄のみが、自己を形づくる支柱となるのです。単に受身的に聞いたことは、壁土ほどの価値もありません。

・自分が躬をもって処理し、解決したことのみが、真に自己の力となる。そしてかような事柄と事柄との間に、内面的な脈絡のあることが分かり出したとき、そこに人格的統一もできるというものです。

・だが教室では、こういう教育はできません。教室でできることは、せいぜいその図面を示す程度のことです。

・人間は学校で教わることは、ちょうど地下工事に当たります。その上に各人が独特の建物を建てねばなりません。その建物のうち、柱は教えであって壁土は経験です。

・同一のものでも、苦労して得たのでないと、その物の真の値打は分からない。

・死後にも、その人の精神が生きて、人々を動かすようでなければなりません。それには、生きている間、思い切り自己に徹して生きる外ないでしょう。

・よい先生にしてえらい先生。えらい先生にしてよい先生。これが教育者としての理想です。

・焼き芋は、火が通らないとふっくりと焼けない。人間も苦労しないとあくが抜けません。

・人間は生まれると同時に、自覚の始まるわけではない。それどころか、人間が真の自覚を発するのは、人生の$\frac{1}{3}$どころか$\frac{1}{2}$辺まで生きないと、できないことのようです。そしてここに、人間の根本的な有限性があるわけです。

・諸君は、古事記は神武天皇から現代までの間の、およそ何分の一くらいのところでできたと思いますか。（先生$\frac{1}{5}$、$\frac{2}{5}$、$\frac{1}{10}$、$\frac{3}{10}$、$\frac{1}{2}$など書いて、それぞれ挙手せしめられたが、$\frac{1}{2}$が最も多し。すると先生は）諸君はさすがですね。古事記は、神武天皇から現代までの間の、ちょうど半ば辺でできたものです。これは国史を理解する上での一つの眼目です。

・絵本の流行もあまり感心しませんが、漫画本に至ってはひどいですね。知を開くことが早すぎると、どうしても人間が平べったくなります。そして持続力がなくなる。ちょうど植木鉢を火鉢に掛けるようなものです。しかし社会の流行を一教室、一家庭で防ぐということは、実に至難なことです。

第20講——雑　話

今日は朝から陰気な雨の日だった。森先生の時間は、ご出張のために二時間とも自習になっていた。それで小島先生が監督に来られたが、森先生のご出張は午前中ですまれたので、午後の授業にはお越しになった。生徒たちはノートを持っていなかったので、次のような色々なお話があった。

諸君らは、傘をさして歩く時は、斜に肩にもたせかけたりなどしないで、柄を垂直にしてさすものです。また天気になったらキチンと畳んで、柄の先が地面を引きずらないようにするのです。なお、雨の降っている際に傘なしで歩く場合は、前かがみになったり、チョコチョコ走りをしないのです。これは『葉隠』という書物にも出ていることです。

ついでですが、この『葉隠』という書物は、佐賀の鍋島藩の武士道を説いたものです。「武士道とは死ぬことと見付けたり」という言葉が最初に出ていることで有名です。すなわち武士道の極意は、常に死の覚悟をしていることが第一だと言うのです。文章は佐賀地方特有の方言が混っていますから、ちょっと読みにくいところもありますが、しかし分かってくると、そこがかえって妙味ともなるのです。実際噛みしめるとなかなか尽きない味のある本です。

なお、この『葉隠』は、武のことはまず三割くらいで、後の七割は、人間としての嗜みを、あらゆる方面から教えたものです。ですから、どんな人が読んでも、読み方いかんではためになります。たとえば「多弁であるな」とか「酒席での注意」とか、さらには、いつかお話したように「どうしたらあくびを人に見られないようにできるか」などというような、ごく手近な、それでいて、なかなか大切な心遣いが沢山書かれています。

諸君、書物というものは、ただ撫でるだけでもよいのです。ちょっとでも開いて見ればさらによろしい。それだけでも功徳のあるものです。つまりそれだけその本に縁ができるからです。いわんや一ページでも読んだとしたら、それだけ楔《くさび》を打ち込んだというわけです。

本を読む場合、分からぬところはそれにこだわらずに読んでいくことです。そうしてところどころピカリと光るところに出合ったら、何か印を付けておくもよいでしょう。そして一回読み終えたら、少なくとも二、三カ月は放っておいて、また読んでみるのです。そうして前に印を付けたところ以外にもまた、光るところを見つけたら、また新たに印を付けていく。そうして前に感じたことと、後に感じたことを比べてみるのは面白いものです。

書物というものは、一頁読めばもうその本の香りは分かるものです。

書物というものは、義務意識で読んだんでは駄目です。義務意識や、見せびらかし根性で読みますと、その本の三分の一はおろか、五分の一の味も分からないでしまいます。

人間の地金は、お酒の席でよく分かるものです。いい年をしながら、宴会を無礼講だなどと考え違いをして、勝手のいい放題をしているようでは、人間も一生浮かばれんですネ。

真の修養とは、人間的威力を鍛錬することです。無力なお人よしになることは、大よそ天地隔たることと言ってよいのです。つまり真の内面的な自己を築くことです。その人の前では、おのずから襟を正さずにはいられないというような人間になることです。

人間も自己を築くには、道具やこつが必要です。この場合道具とは読書であり、こつとは実行をいうのです。この二つの呼吸がぴったり合うところに、真の人間はでき上がるのです。

読書の順序は、まず第一には、当代における第一流の人の本を読むこと、その次は古典です。当代の一人者級の人の世界を知らないで、古典を読むということは、私は考え物だと思います。私は、本校の生徒諸君に対して「諸君は将来立派な先生になりなさい」とは、あまり言わないつもりです。本を読まないで、ただ立派な先生になれと言っただけでは、卒業後二、三年もたつと、もう干からびて来るからです。ですから私の平素申していることは「常に書物を読んで、卒業後独力で自分の道を開いていけるような人間にならねばならぬ」ということです。

誠実と言っても、真の内面的充実がなくては駄目です。人間も単に生まれつきの「人のよさ」というだけでは足りないのです。うっかりすると、その人の無力さを示すだけです。ですから諸君らとしては、内面的な弾力のある人格を築かねばならぬ。それには何と言ってもまず読書です。そして次には実践です。

先日赤間文三学務課長の言葉に「人々が自分に礼をしてくれるのは、自分の人格に対してではなくて、ただ職務上の肩書に対してのことです」とありましたが、役人としては一応物の分かる人のようです。

諸君らは「人生」という大関に向かって仕切らねばならぬのです。教育に大切なことは、こうした態度の確立です（と言われて、先生両手をにぎりしめて仕切りの恰好をされる）。

国家の全運命を、自分独自の持ち場のハンドルを通して、動かさずんば已まぬという一大決心の確立した時、その人の寿命は、天がその人に与えた使命を果たすだけは、与えるものです。それより永くもなければ短くもありません。

諸君はすべからく大志大望を抱かなければならぬ。しかし真の大望は、私利私欲の立場であってはならぬのです。その意味からは、「真志正望」と言ってもよいわけですが、しかしまあ若い諸君らには、大志大望という方がピッタリするでしょう。諸君らのとり組む真の相手は、同級生や、池田師範の生徒などではなくて、欧米の師範生です。このことが分からぬようでは、諸君も本当のことはできないでしょう。

私の楽しみは諸君らがほんとうに生命がけになったら、一生かかってどれくらいの人間になれるかということです。つまり人間、大学や専門学校などを出なくても、その人の覚悟と勉強しだいでは、どれほどの人間になれるものか、その生きた証拠が見たいのです。

学校を卒業するということは、人生という長旅への出発点ということです。しかるに卒業といえば、もういい気になって、寄宿舎の窓など破って喜んでいる程度の人間が、第二の小国民の教育に従事するかと思うと、実際泣くにも泣けんですね。もっとも近頃では、さすがに本校でも、そんな馬鹿をする人間はなくなったようですが――。

実際人生は二度とないですからね（先生幾度もくり返して言われる）人生は、ただ一回のマラソン競走みたいなものです。勝敗の決は一生にただ一回人生の終わりにあるだけです。しかしマラソン競走と考えている間は、まだ心にゆるみが出ます。人生が、五十メートルの短距離競走だと分かってくると、人間も凄味が加わってくるんですが――。

人間というものは、自分のかつての日の同級生なんかが、どんな立派な地位につこうが少しもあわてず、悠々として、六十以後になってから、後悔しないような道を歩む心構えが大切です。知事だの大学教授だのと言ってみたところで、六十をすぎる頃になれば、多くはこれ恩給取りのご隠居さんにすぎません。

われわれの学問の目的は、「国家のためどれだけ真にお役に立つ人間になれるか」ということです。どれほど深く、またどれほど永く――。人間も自分の肉体の死後、なお多少でも国家のお役に立つことができたら、まずは人間と生まれてきた本懐というものでしょう。

高等小学では、「一刻も早く親のすねかじりから脱して、自立する覚悟をさせる」ということが大切です。これが教育の第一歩です。それ故どんな教課においても、最後のところはそこへ落としておかねば、真のとどめは刺さらぬでしょう。

極端に言えば、小中学校では尊徳翁の「報徳記」と「夜話」とを読ませれば、修身書はいらぬとも言えるほどです。教科書を躬をもって突き抜けていくだけの信念がなくては、何を言ってみたとて無駄なことです。

教育者というものは、命がけでこの人生を突走る覚悟が必要です。教育者にこの力があってこそ、初めて鼻たれ小僧にも、その生涯を貫く志の種まきをすることができるのです。人間もほんとうに花の開き出すのは、まず四十くらいからです。そしてそれが実を結ぶのは、どうしても六十辺でしょう。ところが偉人になると、実の結ぶのは、その人の肉体が消え失せた後ですから、大したものですね。

諸君の学問は、真の人格的統一を得たものにならねばなりません。したがっていわゆる学者先生になるのとは、大よそ根本から、その方向が違うのです。

真に書物を読むことを知らない人には、真の力は出ないものです。

私も平生は色々なことを申しますが、諸君らの努力の目標は、差し当たっては今後十年でしょう。

池田師範には、博物方面に出色な卒業者が多いようです。それはあそこには、検定出身ではあるが堀勝といって、なかなかしっかりした先生がいられるからです。諸君らもこのように、他の学校の教師から、「あそこには誰がいる」と噂されるくらいの人間にならねばいけないです。

読書は、いわば鉄砲で的をねらうようなものです。しかしいかにねらいは定めても、引金を引かない限り、一向恐ろしくないでしょう。引金を引くとは、実行ということです。そこでどんなに本を読んでも、実行の心がけのないような人間は、恐れるに足りないのです。

諸君は読書の一道に徹して、自分の天地を開かねばならぬ。そして読書と実行にかけては、何人にも負けないという気魄が必要です。

人間は、どの下り道をとるかということは、山巓に立って初めて分かるものです。諸君らに、私のこの言葉が何を意味するか分かりますか。むろん今は分からんでしょうが、もし諸君らにして、今後二十年精進を怠らなかったら、必ずや分かる時が来ましょう。

われわれ凡人には、いかに優れた方でも、まず十年くらい私淑しないことには、その方の真のお偉らさを知ることはできないようです。その人を真に知るとは、その方の現在わが国における位置を知るのみならず、さらに一歩をすすめて、その方の歴史的位置を知ることです。ここまで来なければ、真にその人を知ったとは言えないでしょう。

第21講――血・育ち・教え

先生、いつものように礼をすませてから、「この間の日曜日に、芦田先生のご授業を参観に行った人、ちょっと手を挙げてごらん。（十人前後が挙手）ハイよろしい。なかなか沢山行きましたね。芦田先生のお偉さがどこにあるか、分かりましたか。それは先生の大きな教育愛ということでしょう。先生があの小さな子どもたちに対して、いかに深い愛情を持っていられるか。もちろん先生のあの慈愛は、単なる個人的なものではありません。では、教えるその日まで、まったく見ず知らずの子どもたちに、どうしてああした愛情が湧くかと申しますと、それは民族の一員として、あの子どもたちの将来が見えるからです。『今は鼻たれ小僧であるが、これでも将来国家のためには大切な人間である。しっかりして貰わなくちゃ困る』というお心からでしょう。すべて人間は一道に徹すると、国家社会の相がはっきりと見えてくるものです。同時に一度そこに眼が開かれると、自己に対しては無限の精進、後に来る者に対しては無限の愛情が湧くのです。まあこの辺のことは、諸君たちが今後怠らずに道を求めていけば、しだいに分かってくることでしょう」

さて今日の題目は「血・育ち・教え」というわけですが、この三つのものは、一人の人間が出来上がる上で、最も重要な三大要素であって、それを一応、時間的に配列してみたものと言ってよいでしょう。

つまり人間というものは、これを大きく分けると、だいたい血、育ち及び教えという三つの要素からでき上がると言えましょう。そこで今諸君らにしても、こうした尺度に照らして自分を考えてみたら、自分というものの姿が、よく分かるだろうと思うのです。

人間お互いに、自分の姿というものは、なかなかつかみにくいものですから、われわれは平素よく注意して、常に自分の姿を見ることに努めねばならぬわけですが、それにはやはり、ある種の尺度というか標準というものを見つけて、それを基準とするが便利でしょう。実際そうでもしない限り、なかなか自分をつかむということはできにくいものですから。

（この時どの組の生徒か、授業中にもかかわらず、大勢スリッパの足音をたてて騒がしく廊下を通る。そこで先生は廊下に出て注意されてから）ちょっと途中ですが、教育の真の効果というものは、ああいうことがなくなることと言ってもよいでしょう。しかし現在の学校教育では、それはほとんど不可能と言ってもよいほどです。ですから今も叱らずに、ただ「授業中だから静かにしてほしい」ということを言っただけです。平素教えてもいない生徒に、小言を言ってみたとて、こちらの本当の気持ちの通じるはずはないのですから――（と言われて、またもとの講義を続けられる）。

さて元にもどって、ここに血というのは血統のことであり、さらには遺伝と言ってもよいでしょう。また育ちというのは、言うまでもなくその人の生い立ちを言うわけです。そして教えというのは、その人の心を照らす光を言うわけですが、しかしこの場合、家庭における躾というものは「育ち」の中にこもりますから、結局教えとは、家庭以外の教えということであり、とくに私としては、一個の人格に接することによって与えられる、心の光を言うわけです。

さて今日私が諸君らにこの問題についてお話したいと思うのは、もちろん始めにも申したように、一人の人間ができ上がるには、これらの三要素がそれぞれ大切ですが、とくにこのうち前の二つは、根強い力を持つと思うのです。実際私なども、年と共にこの血と育ちという二つのものが、いかに根強くわれわれに根差しているかということを、しみじみと感じるようになっているのです。

それ故この血と育ちに対しては、よほど立派な教えを聞き、さらにまた自分としても相当努めたつもりでいましても、この血と育ちに根差した人間のあくというものは、なかなか容易なことでは抜けないのです。その点、実際われながら驚くほどであります。もっともかような話は、諸君らのような若い人たちには、ある意味では不向きかとも思います。

というのも、そもそも血ということになりますと、つまりは遺伝のことなんですから、かように、血とか遺伝とかいうものの力強さを認めるということになると、諸君らのような若い人たちは、修養と取りくむ出鼻を挫かれるおそれがないとも言えないからです。

だが、それにもかかわらず、私が、今日ここに、あえてこの問題についてお話しようと思うのは、もちろん一面には、諸君らの将来に資せんがためであることは申すまでもありません。すなわち将来必ずや諸君らの思い当たる時があるかと思うからです。だがそれ以上に大切なことは、実はこの血と育ちとから来る人間のあくというものは、前にも申したように、非常に根深いものであって、これはどうしても諸君らが、今日の若さからそれと気付いて、懸命の覚悟をもって、これが除去に着手するでなければ、とうてい、これを除き浄めることはできないと思うからです。

つまり若い間をうかうかと過ごして、私などのようないい年になってから気付いていたんでは、たとえ後半生をかけてみたところで、ほとんど抜きがたいと思われるからです。それ故諸君は、今日の若さにおいて、この血と育ちから来る人間のあくというものは、なかなか五年や十年の修養によって清まるものではないからです。

今このことを、人間の品とか、あるいはさらに気品というような言葉で申せば、修養とまったく無関係なものではありません。だが同時にまた、人間の修養などというものも、この血とか育ちというような深く身心に根差した心のあくを除くということになると、決して容易なことではないのです。

実際われわれの一生は、ある意味からは、自分という一人の人間の、いわば面作りのようなもので、われわれは一生かかって、この自分の「顔」という唯一つの面を、仕上げるようなものとも言えましょう。

かくしてわれわれ人間の生涯の修養は、この面のように、その一々が自己に刻みつけられていくものであって、われわれはそこに、しだいに浮彫りにされていくと言ってもよいでしょう。かように考えて来ますと、修養によってその人の気品が高まるということも、確かに言い得ることでしょう。

しかしながら、これは先にも申すように、実に生涯をかけての大問題であって、決して一朝一夕にして、その功を挙げ得ることではありません。そこでわれわれとしては、自分の血と育ちにおける卑しさが、自分の言動のどこに、いかなる形態をとって現れているかということを、まず知らなければならぬと思うのです。

思うにわれわれ人間も、この辺のことに気付きそめるに至って、初めて確実に、修養の第一歩を踏み出したものと言えましょう。ところでこのように、自分の言動の上における血と育ちからくる卑しさが、いかなる辺に出るかということに気付く手がかりは、たとえば諸君らのような学生なら、まず同級生のうちで、血や育ちのよさからくる気品のある人たちの所業を、平生よく気をつけて見ているがよいでしょう。実際血や育ちからくる気品というものは、いわばおのずからともいうべきところがあって、一々自ら意識せずして、おのずから立派な言動となるのです。

このように、自分の言動の上における血や育ちからくる卑しさに気付く手がかりとしては、直接的には、日常自分の親しく接している、気品のある人々の言動によるがよいと思いますが、しかもこのように、他人、とくに自分の平生親しくしている同級生とか同僚などの、優れた点に気付くということは、結局その根本において、教えの力によらなければならぬでしょう。

つまり人間というものは、教えの光に照らされなければ、たとえ幾年、否、時としては十数年の永きにわたって交っても、この点に対する深い自覚には至りがたいものであります。けだし教えの光に照らされるということは、つまりは自分の醜さが分かり出すということだからです。

さらには、このような自分の醜さのよってくるところが、遠くその血と育ちとに根差すものだということに気付きそめるに至って、ここに教えの光は、ようやく自己の骨髄に染み込みかけたと言ってよいでしょう。

諸君らはまだ若いのですから、かような点について、十分に気付かないのはもっともなことですが、しかし前にも述べたように、血と育ちに根差す人間のあくというものは、どうしても諸君らのような若い頃から、深い決意を持ってその除去に取り組むのでなければ、おそらくは生涯かかっても、抜き去り得ないでしょう。

実際人間の血と育ちからくる卑しさというものは、実に驚くほど根深いものですが、しかもお互いに若い間は容易にこれに気付きがたいのです。しかし人間も、私などのように四十くらいにもなりますと、格別の修養はせずとも、多少は気付き出すわけですが、しかしそれでは遠く遅いのであります。

それ故諸君らは、どうしても教えの力によって、まず二十年は早くこの点に気付かねばならぬと思うのです。人間も、諸君らのように、二十歳前の若さからこうした点に気付き出せば、私くらいの年頃にもなれば、一かどの人間になれることは請合いです。

実際に気品というものは、人間の修養上、最大の難物と言ってよいからです。それ以外の事柄は、大体生涯をかければ、必ずできるものですが、この気品という問題だけは、容易にそうとは言えないのです。そこでどうしても、諸君らくらいの若さのうちから深く考えて、本腰にならぬことには、とうていだめと言ってよいでしょう。

先生、例によって一礼の後、静かに教室から出ていかれたが、今日の講義は自分としても、色々な点で深く考えさせられた。おそらく他の人々もそうではないかと思う。

下学雑話（6）

▼深き理法を最低の表現に還元して現せるものが「心学」なり。故に如何なる階級の人が読むもよく、夫ぞれに得るところあり。藤樹先生の『翁問答』や『鑑草』、また梅岩先生の『都鄙問答』、柴田鳩翁の『鳩翁道話』など、教師たる以上何人も一読を要すべし。

▼教育者は必ずしも流行の教育思潮を知るを要せず。肝腎なことは、自己を知ることを通して生徒の真実を把握することなり。しかもこれを照らす光としては、先哲の思想を現代に継承展開せる思想界の真の一人者につくを要せむ。

第22講——鍛錬道（Ⅰ）

今日は査閲のために、時間割にこまかい変更があって、先生は授業時間を間違って遅れて来られた。そして「今日は面白い話があるのですが、来るのが遅れましたから、少し早くなるかも知れません」と言って、さっそく講義を始められた。

この間の月曜と火曜の二日間にわたって、高津中学で加藤虎之亮という方のお話があったのですが、諸君らはこの方については、おそらくお名前さえも知らないでしょう。

学歴としては、広島の高等師範を出られただけですが、最近文学博士の称号を得られた方で、その専門とせられる儒教方面の実力に至っては、まさに当代一流と言ってよいでしょう。現在は東京の武蔵高等学校（現・大学）の教授をしていられるのですが、その実力とお人柄とは、つとに一部具眼の士の認めているところです。

私は偶然のことから、数カ月前に初めてお目にかかりまして、それ以来ちょいちょいお話も伺っているのですが、そうした関係もあって、月曜の夜お宿へお訪ねして、色々とお話を伺ったのです。ところで、その際お聞きしたお話の中に、ぜひとも諸君に聞かせたいと思う話がありますので、今日は一つそれをお話ししようと思うわけです。

それは先生が、その師匠に当たる三宅少太郎という先生によって、いかにきびしく鍛錬せられたかというお話であって、実際そのきびしさと猛烈さは、今日の学校教育では、とうてい想像もできない種類のものなんです。

実は私自身、当のご本人ではないのですから、それらの一々の模様を、十分にお伝えできないのが残念です。できることなら、直接加藤博士の口から、このお話を諸君に聞かせたいと思うのですが、しかし現実問題としては、とうていそれは望めないことです。せめて速記でもと思いますが、それすら不可能なことですから、ここにきわめて不十分ではありますが、ほんの片鱗とも言うべき二、三の点をお話してみましょう。

さて三宅先生という方は、まったく独学で勉強された方でありまして、若狭中学校（現・高校）の漢文の教師をしていられた頃、文部省から視察に来られた督学官に認められて、金沢の四高（現・金沢大学）の教授となり、ついで北条時敬先生に抜んでられて、広島高等師範の教授として終始せられた方であります。

その若狭中学にいられた頃、ある日生徒に向かっておっしゃるには「現在わが国で本当に漢文の分かる者は三人しかいない。その一人は某、もう一人は誰」と二人の名を言われながら、もう一人の名を言われないのだそうです。そこで生徒の一人が「ではもう一人は誰ですか」と尋ねたところ「それは今君らの前にいるではないか」と言われたということですが、話の真偽は別としても、確かにそれだけの自信に背かないだけの、卓然たる天下の碩学だったようであります。なかなか面白い話でしょう。

さて加藤博士は、初め高等師範の歴史科に入られたそうですが、三宅先生に見出されて、国漢に転じられたのだそうです。ところが、三宅先生の加藤博士を鍛えようとする意思は、実にきびしいものであって、始め加藤博士が随意科としてドイツ語をやっていられたところ「ああいうものはいらん。精力を割くことになるからやめろ」と言われるのだそうです。ところが、当の加藤博士はなかなかやめられない。すると三宅先生は、二度、三度と、どうしてもドイツ語の先生のところへ行かれて「加藤のドイツ語はやめることに致しましたから――」と言われて、とうとうご自分でやめさせてしまわれたのだそうです。

かような調子で、ぐんぐんと漢文の一筋道で、きびしい鍛錬を加えられる。授業などでも、「加藤さえいればそれでよい」といった調子で、ぐんぐんやられたらしいのです。そして卒業後は、高師の研究科に残られたところ、昼は学校の授業があり、夜は一週間のうち四晩まで、先生のところへ習いに行かねばならなかったそうですが、そのうち三晩までが三宅先生のところで、後一晩だけが、漢文の主任教授の松山先生（後に大阪の懐徳堂の教授になられた方です）のところだったとのことです。

ところが、その三宅先生の授業たるやまた猛烈を極めたもので、午後の六時に始って夜の十二時までといいながら、実際には十二時に終わったことはほとんどなく、どうしてもまず、午前の一時近くにならぬことにはやめられない。しかもその間まったく一人対一人で油を絞られるのですから、普通の人間だったら、とうていやり切れないわけです。つまり正味六時間ないし七時間の間、天下の碩学に鍛えられるわけであります。しかもその始めがまたたいへんで、必ず午後の正六時までに行かないと、ご気嫌が悪いのだそうです。そしてたとえ五分でも遅れれば、もう遅刻扱いにされて、一々学校に報告されるんだそうです。

ところが三宅先生の加藤博士に対する鍛錬は、尚これだけにとどまらないのであって、ある日加藤博士をつれて松山先生のところへ行かれて、松山先生の教え振りをつぶさにご覧になったところ、さあその翌日がたいへんです。加藤博士を呼ばれて「君はもう松山君のところへいくことはよし給え。あんな授業を幾ら聞いたってものにはならんから——」と言われるんだそうです。困ったのは加藤博士で、二人の先生の間に板挾みになって、ためらっていられると、三宅先生ついに直接松山先生のところへ行かれて、「あなたのやっていられる加藤の授業は、今後私がやらして貰うことにしたいと思いますから、どうかよろしく」という直接談判に、さすがの松山先生も往生せられて、それを承知せられたということです。

ここにおいて加藤博士は、一週のうち四晩までは、この厳烈無比な三宅先生の鉄槌の下に鍛錬せられることになったわけです。どうも始めに時間を間違えて遅れて来ましたので、後はこの次にお話することに致しましょう。

今日の講義は、先生自身いかにも楽しくてならぬようで、終始微笑のうちに終わったのは珍しい。たぶん今日の講義の内容が、いかにも先生の好みに合っているからであろう。おそらく他の人々も同様の感じを受けたに違いない。

下学雑話（7）

▼全体との無限連関の理明らかになりて、初めて「分」の自覚を生ず。世の中は総て受持ちなりと知るべし。受持ちとは「分」の謂にして、これも悟りの一内容なり。

▼理としては一匹の蚤の跳ねるも全宇宙に反映し、わが一瞬のまばたきもまさに万象と相応ず。ただわれらの心粗にして、これを徹見し得ざるのみ。一即一切、一切即一。

▼宗教は理屈のない者ほど入りやすし。また理屈のない宗教ほど拡がりやすし。

第23講——鍛錬道（II）

今日は先生、教室へ入られるや、いつものようにすぐに教壇へは上られないで、われわれの前を素通りして、中庭にのぞんだ窓際へ行かれて、じっと空を眺めていられた。そして「もう秋になりましたね。秋になると不思議に空の色が澄んで来ますね。有島（武郎）さんが亡くなられる前に、〝もう一度日本の秋が見て死にたい〟と言われたとのことですが、むりもないと思いますよ」と感慨深そうに言われた後、おもむろに教壇に上って一礼の後、今日の題目を書いて講義に入られた。

この前の時間には、加藤博士がその師、三宅先生から、いかにきびしい鍛錬を受けられて今日あるを得たかというお話をしていて、途中で時間が切れたのでしたが、その際三宅先生のきびしさの一例として、たとえ自宅での授業でも、少しでも遅れると、たちまち遅刻扱いをされたということを申しましたが、それについて、ある時こういうことがあったそうです。

それは当時加藤博士は、高等師範の附属中学の先生をしていられたのですが、ある日生徒の成績会議が開かれて、それが相当永引いたのだそうです。ところが、その日ちょうど三宅先生のお宅へ行かねばならぬ日であるのに、とても間に合いそうもない。そこで学校の用務員をやって、急いだので欠席届は書かれなかったが、口頭をもって、実はかくかくの事情によって今晩は参上できかねますから、明晩に振り替えて戴きたいというむねを、三宅先生のところへ言いにやられたのだそうです。ところがその翌日、加藤博士が学校へ行かれると、さっそく研究科主任の松山先生から呼ばれたので行って見ると、さあたいへんで「加藤君、君は昨夜三宅君のところを無断欠席したそうだね。三宅君がたいへん怒っているから、今後は気をつけてもらわんと困る」というご注意だそうです。そこで加藤博士は「いやそれはとんでもない話です。実はかくかくの事情で、ちゃんと昼の間に用務員をやって、お断りをさせてあります」と言われると「ああそういう事情なら、また私からも三宅君に話しておこう」ということだったそうです。そこで、もうそれですんだものと安心していられると、その翌日学校へ行かれたところ、またもや主任の松山先生からのお呼びだそうです。そこで何事かと思って行ってみると、「昨日君の言ったことを三宅君に話したところ、『なるほど用務員がきて何かわけの分からぬことをぐちゃぐちゃ言っていたが、こちらの許可も得ないで帰ってしまったので、あれではどうしても欠席と認める外ない。今後は、断じてあのようなことのないようにしてもらいたい』ということだったから、君、今後は大いに気をつけたまえ」と言われたということです。まあこの一つでも、大体の様子は分かると言ってよいでしょう。

ところが、三宅先生の加藤博士に対する鍛錬は、以上をもってしても、なお尽きないというのです。先ほども申したように、三宅先生は週七日のうち四晩まで、毎晩お宅で加藤博士一人を相手に、六、七時間もぶっつづけに鍛えられるわけですが、先生はそれをもってなお足れりとせず、今度は残りの三日の日を、ひょっこりひょっこりと加藤博士の下宿していられる家へ押しかけて来られるのだそうです。それも始めの間は、素人下宿の骨董屋の主人に来意を告げて、あらかじめ主人に取り次ぎをさせていられたそうですが、そのうちにそれもやめて、来られると、早速つかつかと二階へ上がって来られて、加藤博士が本を読んでいるのを見ると「君そんな本を読んでいては駄目だ。まずこういう本を読まなくちゃいけない」と言われるそうです。

ところで加藤博士は、その頃四千冊くらいの本を持っていられたそうですが、しかも四千冊からありますと、さすがの加藤博士も、ご自分の蔵書ではあっても、三宅先生のおっしゃる本がどこにあるか、すぐには思い出せないこともあって、あちこち探していると、さあ大変で、ご機嫌が悪くなる。「これくらいの本でありながら、どの本がどこにあるか分からぬようなことで、どうして学問ができるかね」といった調子だそうです。

もっともこれは、三宅先生としてはもっともなお言葉で、何しろ先生は、当時すでにその十倍以上に当たる四万冊からの書物を、座敷の周りにぐるりと天井まで積んでいられたそうですが、それだけではとうていおさまり切らず、そこで竹の梱《こおり》におさめて、それを室の真中へ積み重ねていられたそうですが、何とその数がみなで三十六梱からあったというのです。ところが三宅先生は、それだけの量の蔵書を所蔵されながら、いざどの本が欲しいとなると、加藤博士に命じて「どの列の、下から幾つ目の梱の中の、上から何冊目にあるから取り出せ」と命ぜられて、かつて間違ったことがなかったというのです。その正確なことは、まったく神業という外なかったという話です。

実際、三宅先生は精力絶倫で、若い頃はほとんど毎晩夜を徹して読書せられて、いつやすまれるか分からなかったということです。たまに夜寝られる時には、「今夜は暇ですることがないから寝る」という調子だったということです。その代わりに、日中たとえ五分でも、暇があればすぐに眠られたそうです。

たとえば生徒に白文の試験を出しておいて、ご自身はさっさと両肱をついて眠られる。ところが不思議なことには、生徒が答案を出し終わると、さっと目を開いて、答案を持って帰られるという調子だったそうです。また北条校長の講堂訓話の時には、ほとんど眠っていられたということです。

しかもその眠り方がまた徹底していて、講話が始まると、すぐ眠り入られ、講話が終わるとさっと目を開いて部屋へ帰り、すぐに読書にとりかかるといった調子だったそうです。また教官会議などでも、三宅先生は全部眠ることにしていられたということです。これらはみな先生が、年中ほとんど夜を徹して読書していられた結果です。

さて元へもどって、三宅先生は、平素かように物凄い意気込みで、ただ一人の加藤博士を鍛えていられたのですが、さて春夏冬の休みになると、必ず加藤専士をつれて、京阪から東京まで書物を買いにいかれたそうです。春休みと冬休みはまず一週間くらい京阪に過ごし、夏休みには約十日間を東京で過ごされる。ところがその間の鍛え方がまたたいへんだったそうです。

旅行とは名ばかりで、その鍛え方の厳しさは、平生に勝るとも劣らないのです。まず朝は冬でも五時には必ず起きられる。そうして加藤博士のところへ起こしに来られるのだそうです。ところが、最初の一声で起きれば大変ご機嫌がよいが、もし最初の一声で目が覚めないで、二度、三度と呼ばれて、初めて目が覚めるようだとさあたいへんで「ああ若い者はよく寝られて羨ましいことだ」と言われる。

加藤博士は、それを聞くのが実に辛かったと、述懐していられましたが、実際そうでしょう。さてそれから、お手伝いさんが雨戸を開けるまで約二時間ほどの間、昨日見て来た本について一々お尋ねがあり、もしそれが少しでも間違うと「そんなことではとてももらちがあかぬ」と言われる。また答の正しかった場合でも、かつて一度としてほめられたということがない。

加藤博士のお言葉によると、三宅先生について教えを乞うようになってから二十四、五年の間に、ほめられたのはただ一回しかなかったということです。もっとも晩年十年ほど病気になられてからは気力が失せて、さすがの三宅先生もまったくの好々爺になられて、始終ほめてばかりいられたそうですが、そうなると加藤博士としては、かえって先生の衰えが感じられて、ひそかに暗涙に咽ばれたということです。

それまでは、たとえば寒い日などにお訪ねして「今日はたいへんお寒むうございます」とご挨拶でもしようものなら、早速「ほほ、若いものは寒いかね。わしは一向寒くないが——」と、正面からけんもほろろのご返事に、まったく取りつく島もなかったということです。

さて以上は、私が加藤博士からお聞きした話のうち、ほんの二、三の断片にすぎないのですが、しかしこれだけの話によっても、諸君たちは昔の師弟関係というものが、いかにきびしいものだったかということの一端を窺うことができましょう。
われわれ凡人は人生のある時刻において、何らかの意味でかようなきびしい鍛錬をその師から受けない限り、真の人間とはなれないのではないでしょうか。ところが現在の学校教育では、とうていこのようなものに触れることはできないのです。この問題は、一体どうしたらよいでしょうか。ここにある意味では、お互いに課せられた今後の、そして最大の課題があると言ってもよいでしょう。

付記　三宅少太郎先生は、西田幾多郎先生にも恩師に当たる方であり、その人柄や風格については、西田先生の『続思索と体験以後』の中の『三宅真軒』を一読せられたい。

第24講——性欲の問題

先生、今日も教室へ入られるや、すぐには教壇に上られないで、そのまま窓の辺に行かれ、しばらく空を眺めていられたが、やがて「諸君は〝秋の七草〟は何と何であるか知っていますか」と聞かれる。そこでみんなが「萩、尾花、葛、なでしこ、おみなえし」までは言えたが、後の二つが、なかなか出てこない。すると先生は「あとは藤袴と朝顔ということになっていますが、しかしこの場合、朝顔というのは、木槿だと言われていますが、後世では桔梗をもって朝顔に代えているようです。でもこの七つが正確に言える人は少なくなったようですね。

だがここには、われわれ日本民族の趣味の伝統が、植物の好みの上に窺われて、私はやはり大事なことだと思うのです。しかし私の言う意味は、必ずしもこれらの七つが正確に言えるかどうかということではなくて、これらのうちの二つか三つでよいから、しみじみとその味わいの分かる人間であればよいと思うのです。そういう意味からは、私は萩と尾花（すすき）と桔梗、それになでしこなどが好きですね」と言われながら、教壇へ上って礼をされた後、書かれた題目が「性欲」とあったので、みんな驚いた。

さて性欲というような問題については、事柄の性質上、諸君もこれまで、正面から聞いたことは、あまりなかろうと思います。しかしこの問題は、おそらく諸君らにとって、最も大切な問題の一つであって、この問題を抜きにする時、われわれの生活の真の現実は把握できないと言ってもよいでしょう。それ故、以下少しくこの問題についてお話し申してみたいと思います。

そこで性欲の問題についてですが、まず根本的に考えねばならぬことは、性欲は人間の根本衝動の一つだということです。すなわちこれを生理的に言っても、性欲は人間の生命を産み出す根本動力だと言えます。その意味からは、性欲はわれわれ人間にとって、最も貴重なものであって、断じておろそかに考えてはならぬと言えましょう。

すなわち、われわれの肉体的な力はもとより、精神的な力でさえ、その人が性欲に対していかなる態度をもって臨むかということに、絶大な関係があると言ってよいでしょう。そこで今性欲に関する問題を結論的に言うと、性欲の微弱なような人間は、真に偉大な仕事をすることはできないと言ってもよいということです。ですから、むかし釈尊の教団においては、性欲の萎縮したものは、これを入れなかったと言われていますが、これは実に意味深いことだと言えましょう。

が同時にここで注意を要することは、このように性欲の萎えたような人間には、偉大な仕事はできないと共に、またみだりに性欲を漏らすような者にも、大きな仕事はできないということであります。すなわち人間の力、人間の偉大さというものは、その旺盛な性欲を、常に自己の意志的統一のもとに制御しつつ生きるところから、生まれてくると言ってもよいでしょう。かくして初めてそこに、人間としての真の内面的な弾力を生ずるわけであります。

さて性欲に対する根本的な見解は、ほぼ以上に尽きると言ってよいでしょうが、しかし諸君たちの実際上の理解のために、今少し申しておきたいと思います。その一つは、性欲というものは、決してその発動期と同時に漏らすべきではないということです。

これは非常に重大な問題であって、うっかりすると諸君らの中にも、この点については誤解があるかも知れぬと思われますので、とくに申し添えるわけです。すなわち人間の性意識は、これをさかのぼれば実に際限のないほどであって、現に「精神分析学」という一派の心理学説によりますと、人間はきわめて幼少の頃から、すでに幽かな性意識が兆しているというのであります。そしてこれも一面からは、必ずしも否定できないことかと思うのです。

そもそも私の考えでは、お互い教師というものは、相手の性の目覚めの程度を、常に見誤らぬようにしていることが大切だと思うのです。それというのも、それによってわれわれは、相手の精神の発達段階を見誤らぬためであって、性意識はその意味からは、人間精神の発達段階をはかる、一つのバロメーターであり、とくに裏側のバロメーターと言ってよいでしょう。実際、相手がどの程度性の意識に目覚めているかということを考えますと、相手が子どもだからといって、たやすく見くびるわけにはいかなくなると思うのです。

さて話がわき道へそれましたが、このように人間の性意識の発するのは、さかのぼればずいぶん幼少時とも言えるわけですが、しかし一応性欲の発動期としては、十四、五歳ないし十五、六歳の頃であって、いわゆる思春期と呼ばれる頃と言ってよいでしょう。しかしながら先ほども申すように、性意識の起こり始める思春期は、そのまま性欲を漏らすべき時期ではないわけです。

これをたとえば、今仮に一つの桶に上から水が落ち始めたとして、水の落ち出すと同時に底から漏らしたのでは、いつまでたっても水の溜る時はないでしょう。性欲もまた同様であって、皮相に考えたら、性欲が発動し始めた以上、これを漏らすのもまた自然であると思い違える人があるかも知れませんが、事実は今申した水槽の例によっても分かるように、一定の時期に達するまではきびしく貯えて、その力を内に転じて深く貯えていく時、そこに人間は、心身共に十分なる鍛錬の基礎ができるわけであります。

ですから、性欲の発動期は、また人間に弾力の萌しかける時期と言ってもよいでしょう。すなわち肉体的にも精神的にも、人間の厚さと深さと弾力とは、実に性欲と並行して進むと言ってもよいのです。したがってそれらは、性欲の処置いかんによって、そこに重大な差を生ずるわけであって、これは先日、田村源太郎翁からお聞きしたことですが、工場でハンマーをふるう職工たちの技倆のすすむ基礎的鍛錬の時期は、およそ何歳頃かというに、それはだいたい十六、七、八の三、四年間だということであります。

この点は具眼の士のひとしく一致した意見のようですが、たとえば精巧な時計の修繕というような非常にデリケートな技術の修得なども、大体何歳頃にその基礎ができるかというと、これまた大体前と同じく十五、六歳から十八、九歳までの数年間だということであります。そこで中学(現・高校)をぶらぶら出てから習った時計屋などには、どうしても精巧な時計の修繕などは委せられぬということです。

今、生物学的に考えても、性欲を漏らすということは、それだけその生物体が一歩死に近付くことを意味するわけです。現に昆虫の中には、交尾と同時に死ぬものさえあるようですが、実際性欲を漏らすということは、それだけ生命を失うことであり、それだけ死への接近というわけです。すなわち精液は生命のエッセンスであって、これを漏らすということは、それだけ生理的生命を減損するわけであります。ところが、心身相即体であるわれわれ人間にとっては、生理的活力の減損は、そのままた精神的な力の減損とも言えるのです。

そこで生まれつきとしては、肉体的にいかに強壮な人でも、もしその人が性欲を守る点できびしくなかったら、将来必ずや衰える期がくるのであります。同時にまたこれに反して、その生まれつきとしては、さまで健康でない人でも、もしその人が性欲を制御することがきびしかったとしたら、その人はよく天寿をたもち、永く精神的な活動に堪えることができるのであります。

思うに諸君らのような年齢にある人たちは、現在性欲の最も旺盛な時期に差しかかっているわけですが、同時にまたこのことは、諸君らの一生の生命の弾力が、養われるか否かの岐れ目だと言ってもよいでしょう。実際世の中は正直でありまして、諸君らがその隠微において性欲を慎むことが深ければ深いだけ、それだけ諸君らは、その心身に強靱な弾力を蓄えることになるわけです。

古来独りを慎むということが大切とされていますが、慎独とは、ある意味では、この性欲を慎むところに、その最下の基盤があると言ってもよいでしょう。ただ最初にも申したように、この問題はことがらの性質上、どうも正面から話を聞くという機会は、ほとんど絶無と言ってもよいでしょう。

また古今の修養書などにしましても、この問題を正面から、しかも深い立場から解き明かしたものは、有名な貝原益軒の『養生訓』を外にしては、ほとんど絶無と言ってよいでしょう。これここに私が、とくにこの問題に関して、諸君にお話し申すことにしたしだいです。

なお、私が、この問題について諸君にお話することにした一つの動機は、最近諸君らの組に、病人が少なくないということも、その一つの動機と言ってよいかと思うからです。病気——とくに青年期の病気が、性欲といかに関係するところの多いかは改めて申すまでもないことでしょう。この点については、今さら私が申すまでもなく、諸君ら自身に明らかなことと思いますので、これ以上立ち入ることはさし控えましょう。

なお私は先程、この問題に関しては、古今の教訓書の中にも、益軒の『養生訓』以外には、ほとんど触れられていないと申しましたが、実際にそうであって、仮にあったとしても、とくに推賞すべしと思われるものはほとんど皆無と言ってよいのですが、ここに今一つ例外があるのです。そしてそれは外ならぬ藤樹先生のお手紙でありまして、それは『藤樹先生全集』の中の書簡篇に収められています。

これは私、実に得がたい貴重な文献と思うのであります。ちょっと考えますと、藤樹先生はわが国の先哲の中でも、最もその風格の高い方でありまして、その先生にかような問題に関する教えがあろうなどとは、ちょっと考えられないほどですが、しかしまたよく考えてみれば、先生なればこそ、このような点へのお教えがあるとも思われるのです。かくしてこれをお尋ねした弟子、またそれに対して教えられた師——それを思うて私は、いつも深い感慨をもって拝見するのであります。

先生は、ここで黒板に『藤樹先生全集』と書かれて、「諸君も将来こういう立派な〝全集〟を個人で持つようになったらたいしたものですがね」と感慨深そうに言われた。

下学雑話（8）

▼人間下座の経験なきものは、未だ試験済みの人間とは言うを得ず。唯の三年でも下座の生活に堪え得し人ならば、ほぼ安心して事を委せ得べし。

▼物の存在は、すべて何処かで釣り合うものなり。それを釣り合わずと見るは、吾人の眼界の未だ狭小なるが故なり。しかもわが眼界の狭きは、結局はわが欲念の故に外ならずと知るべし。

▼霜を履んで堅氷至る。厳しき校長の下に長年苦労して、初めて校長たるの資格も得られるなり。

第25講——質　問

「今日は一つ質問ということに致しましょう。何でもよろしいから、時間の無駄にならないように、遠慮しないで質問して下さい」

S　私はどうも小学生は頼りないような気がするんですが……。

森　なるほど、それは君達のような若さでは、一応無理のないことと思います。それ故もし君が、どうしても小学生を教えるのが頼りなくてたまらぬというんでしたら、万難を排して上級学校へ行くんですね。しかし小学生を教えるということは、必ずしも現在君の考えているほど頼りないものではありません。実は君が頼りないと感じることそのことが、逆に力強いわけですが、しかしこの辺のことは、今すぐには分かりますまい。私の考えでは、人間の一生の基礎は、大体一五歳までに決まるものだと思うのです。したがってその年頃になるまでの教育は、相手の全人格を左右して、その一生を支配する力を持つわけです。ところがそれ以後の教育は、結局相手の一部分にしか影響しないと言ってよいでしょう。人間も十五、六歳をすぎますと、急に批判的になるものです。ところが、そのように批判の芽が出だしてからは、もう教育の影響力は部分的になって、全面的には及びにくいのです。そこで外見上からは、手応えのなさそうに見える小学時代の教育こそ、実は最も深い影響を与えるわけです。これに反して、多少手応えができ出したと思う頃は、実はその影響力はすでに部分的になっているのです。しかしこの辺の事柄は、諸君らのような年頃の人には、道理としては一応分かったとしても、実感としては分からないのは無理のないことだと思います。実際、国民教育の真の意義を、深い確信を持ってつかむということは、実に容易なことではありません。

M　この間、沢木興道和尚のお話を聞きに行った際、お経の本を読んだのですが、外にあのような本はないでしょうか。

森　さあどんな本でしたでしょうか。

M　あの時、禅宗のある信者の人から貰ったんですが……。

森　何という名の本です。

M　ちょっと名前を忘れたのですが——エーッと、修という字があったかと思いますが……。

森　ああ、それなら『修証義』ではないですか。

M　ああ、そうでした。

森　『修証義』なら曹洞宗のお経で、曹洞宗では一番よく読まれるお経です。これは有名な道元禅師の『正法眼蔵』の中から、分かりやすくて立派な言葉を抜き出し、それらの言葉を適当に配列してつくったものです。つまり『正法眼蔵』の圧縮版と言ってもよいでしょう。というのも『正法眼蔵』そのものはなかなかむずかしくて、容易に近寄りにくいものですから、一般信者にその大体の趣を分からすためにつくられたものです。しかしただ今も申すように、つくったとは言っても、『正法眼蔵』の文句をそのまま綴り合わせたものですから、水っぽいというようなことはなく、なかなか立派なものです。『正法眼蔵』ですと、諸君はおろか私などにも、その深意は窺いがたいわけですが、この「修証義」なら、諸君らでも一応の意味は分かりましょう。

M はい少しは分かります。あの外にも、あれに似た仏教のよいお経みたいな本はないでしょうか。

森 さあお経みたいな本となると、ちょっとむずかしいですが……。一体君の家の宗旨は何ですか。

M 真宗です。

森 ああそうですか。それならやはり『歎異抄』がよいでしょう。これは親鸞聖人のお言葉を、お弟子が筆記して残されたもので、親鸞聖人の信仰を知るには一番よい本です。しかし本文だけではちょっと分かりにくいかも知れませんから、始めは何か講義本を手がかりにするがよいでしょう。どれがよいかとなると、ちょっとむずかしいですが、私は金子大栄という方の『歎異抄講話』が好きです。しかし諸君らには少しむずかしいかも知れません。そこで諸君らには古い本ですが、やはり暁烏敏さんの『歎異鈔講話』あたりが向くかも知れません。ついでですが、諸君らのうち蜂谷賢喜代という方を知っている人はありませんか。(一人もなし)ああそうですか。そうでしょうね。この方は大阪の、しかも椎寺町のお寺の住職ですが、真宗では全国的にも、しっかりした方です。この方にも『歎異鈔講話』という大部の書物があります。この方のは、曉烏さんのものより穏やかで、なかなかできがよいと思います。この方のお話は毎月自坊でありますから、心ある人は拝聴に出かけるがよいでしょう。

O　私は少し万葉集をやってみたいと思うのですが、どういう本がよいでしょう。

森　さあ万葉集の問題となると、国語の先生の畠でしょうが――。私の素人考えでは、最初の入門はやはり赤彦の『万葉集の鑑賞及其批評』から入るのがよくないかと思いますが――。

O　もうあれは読みました。

森　ああそうですか。そうすると今度は国語畠の方で当代の一流の人のものと、古典的な註解書とでしょうね。前者としては井上通泰博士の『万葉集新考』があり、後者としては『略解』と『古義』とが有名です。『古義』は非常な力作で、赤彦も非常に尊重しているようですね。私はこのほうには素人ですから、詳しいことは国語の先生にお尋ねして下さい。

K　僕少し歌をやりたいと思うんですが、どんなものから始めたらよいでしょうか。

森　歌のことも、私にはよくは分からないですが、ごく初心の人が、初めて歌をやろうというには、やはり啄木から入るのがよいでしょう。そうして仕上げは何と言っても赤彦だと思います。いつまでも啄木のまねばかりしているのはどうかと思いますね。そこで啄木から入って、どれだけ無駄道をしないで、赤彦に抜けるかが問題だとも言えましょう。

なお歌をつくるには、最初は立派な人の歌集をよく詠むことです。とくにその中から、自分の最も好きな歌を五首か八首選んで、それを毎日暇さえあれば、朗々と声を出して暗誦するんです。

そうしていると、そのうちに自分もちょっと作ってみたくなります。そうして作ったものを、先輩の人に直してもらうのです。これが上達の一番近道のようです。作歌法講義というような書物は、大して役に立つものではありません。赤彦の『歌道小見』などは、ずいぶん立派な書物ですが、あれでさえ、少しは歌を作ってからでないと、本当の意味は分からないでしょう。

N　小説で何か紹介して下さいませんか。

森　さあ小説のよいものとなると、非常にむずかしいですね。おそらく良書の推薦といううちで、一番むずかしいのは小説でしょう。君はこれまでどんな小説を読みましたか。

N　ロマン・ロランの『ジャン・クリストフ』とパール・バックの『大地』などです。

森　ロランの『ジャン・クリストフ』はいいですね。大部のものですが、諸君らのような若い人が読むと、大いに元気付けられるでしょう。主人公のモデルはベートーベンだということですね。バックの『大地』も、時節柄一読の価値がありましょう。あれにもいろいろ意見はありましょうが、しかし小説というものは、何と言っても一種の力がありますからね。若い間に西洋の小説を読んでおくということは、大いにいいことだと思います。それによって他日、人間に幅と弾力が出ますから。

　しかし西洋の翻訳ばかり読んでいて、日本の物を読まないのもどうかと思います。日本では漱石とか鷗外などというような人のものは、地味ではありますが味わいがありましょう。

N　新聞に広告してある書物はどうでしょうか。

森　さあ、玉石混淆というところでしょう。諸君らとしては、やはり先生方にでもお尋ねしてから求めるなり、読むなりする方がよいでしょう。
さっき歌のことを申しましたが、歌や俳句をやることは、諸君がリズム感を磨く上で、最もよい方法だと思います。つまり無形の生命が文章の上に現れたとき、それがリズムとなるわけです。ですから、リズム感を磨くということは、生命の真の趣に触れるという意味で、人間修養の一助として大切なことだと思うのです。それから、今『ジャン・クリストフ』のモデルがベートーベンだと申しましたが、諸君らは若いうちに、尊徳翁とか松陰先生というような、わが国の偉人の伝記を読むと共に、またベートーベンとかミレー、またミケランジェロとかダビンチのような、西洋の巨匠たちの生涯を知っておくことも必要だと思います。それが他日諸君らの生活を深める上で、一つの大事な要素となろうかと思うのです。むろん卒業後おもむろに勉強するので結構ですが。

とにかく真の修身科は、いつも申すように、自分の一生の志を立てることが根本です。つまり自分の生涯を貫く志を打ち立てるということです。人間も自己を修めないことには、真の人物になることはできません。このことを痛感して、自修の決心を打ち立てる時、そこに初めて真の修身科が始まるわけです。今諸君らの身の上について申してみれば、学歴としてはわずかに師範の一部を出ただけでも、人間が真に命がけでやる気になったら、生涯かかって一体どれくらいのことができるものか、一つ生涯を賭けて試してみよう――という大決心を立てることです。同時に一人の人間が実現したことは、そのまま万人にとっても可能だという道を開くことだとも言えましょう。すなわち躬をもって範を示すことになるわけです。

第26講——仕事の処理

先生、級長をして雑誌『渾沌』を配らされる。先生ご自身は『渾沌』の総目録とプリントの修身教授録を配布せられる。「このプリントを読んだ感想を来週の火曜に提出して下さい。それで昨日申した本の感想は、来年の学期始めに出して貰います」（この時O君挙手）「私はもう昨夜感想を書いてしまいました」「そうですか、それは早いですね。それを称して拙速主義というのです。実は今日はそのことをお話しようと思っていたところです」

さて、われわれは国家社会の一員として、毎日その日その日を過ごしていくに当たっては、常に色々な仕事を処理していかなければなりません。そこで、この仕事の処理ということは、上は大臣高官より、下はわれわれ一般国民に至るまで、その日々の生活は、ある意味ではすべて仕事の処理の連続であり、それに明け暮れていると言ってもよいほどです。このことはまた諸君らのように、ご両親のすねを噛っている学生の身分でも例外ではなくて、なかなか仕事が多いようでありますす。そこで仕事の処理法についてお話をすることは、必ずしも無駄ではあるまいと思うのです。

このように、われわれ人間の生活は、ある意味ではこれを仕事から仕事へと、まったく仕事の連続だと言ってもよいでしょう。同時にその意味からは、人間の偉さも、この仕事の処理いかんによって決まる、とも言えるかと思うほどです。かようなことを申しますと、諸君らは意外の感をされるかとも思いますが、しかしこの事は、それが一見いかにも平凡であり、つまらなく見えるだけに、かえってそこには、容易に軽蔑し得ない真理が含まれているかと思うのです。同時にこの真理は、ある意味では優れた人ほど、強く感じていられるのではないかと思います。それというのも、一般に優れた人ほど仕事が多く、またその種類も複雑になってくるからであります。そこでよほどしっかりしていないと、仕事の処理がつきかねるということにもなるわけです。すなわちどれを取ってどれを捨て、何を先にしてどれを後にすべきかという判断を、明敏な頭脳をもって決定すると共に、断乎たる意志をもって、これを遂行していかねばならぬからであります。

このように、仕事の処理いかんに、その人の人間としての偉さのほどが、窺えるとさえ言えるほどであります。実際われわれは、平生うっかりしていると、仕事の処理などということに、修養上の一つの大事な点があろうなどとは、ともすれば気付きがたいのでありますが、事実は必ずしもそうではないのです。否、真の修養というものは、その現れた形の上からは、ある意味ではこの仕事の処理という点に、その中心があるとさえ言えるほどです。少なくとも、そう言える立場があると思うのです。

なるほど、坐禅をしたり静坐をすることなども、確かに修養上の一つの大事なことに相違ないでしょう。あるいはまた、寸暇を惜しんで読書をするということなども、修養上確かに大事なことと言えましょう。しかしわれわれが、かような修養を必要とするゆえんを突きつめたら、畢竟するにわれわれの日常生活を、真に充実した深みのあるものたらしめんがための、方便と言ってもよいでしょう。

ではそのように、日常生活を充実したものにするとは、一体何なのかと言えば、これを最も手近な点から言えば、結局自己のなすべき仕事を、少しの隙間もおかずに、着々と次から次へと処理して行くことだと言ってもよいでしょう。

すなわち、少しも仕事を溜めないで、あたかも流水の淀みなく流れるように、当面している仕事を次々と処理していく。これがいわゆる充実した生活と言われるものの、内容ではないでしょうか。

さらにまた深みのある生活と言っても、この立場から見たならば、自分のなすべき仕事の意味をよく知り、その意義の大きなことがよく分かったら、仕事は次つぎと果たしていかれるはずであって、そこにこそ、人間としての真の修養があるとも言えましょう。否、極言すれば、人生の意義などといっても、結局この点を離れては空となるのではないでしょうか。また実にそこまで深く会得するのでなければ、仕事を真にとどこおりなく処理していくことは、できまいと思うのです。

そこで、今かような立場に立って、仕事の処理上の心がけとも言うべきものを、少しくお話してみたいと思います。それについて第一に大切なことは、先にも申したように、仕事の処理をもって、自分の修養の第一義だと深く自覚することでしょう。この根本の自覚がなくて、仕事を単なる雑務だなどと考えている程度では、とうてい真の仕事の処理はできないでしょう。

実際この雑務という言葉は、私達のよく耳にする言葉ですが、「一言もってその人を知る」とは、まさにこのような場合にも当てはまるかと思うほどです。それというのも、その人自身それを雑務と思うが故に雑務となるのであって、もしその人が、それをもって自分の修養の根本義だと考えたならば、下手な坐禅などするより、遙かに深い意味を持ってくるでしょう。

さて次に大切なことは、このような自覚に立って、仕事の本末軽重をよく考えて、それによって事をする順序次第を立てるということです。すなわち一般的には大切なことを先にして、比較的軽いものを後回しにするということです。

また時には、軽いものは思い切って捨て去る場合もないとは言えないでしょう。捨て去る場合には、断乎として切って捨てるということが大切です。これ畢竟するに私欲を断つの道でもあるからです。同時に、このような私欲切断の英断が下せなければ、仕事はなかなか捗らぬものであります。

次に大切なことは、同じく大事な事柄の中でも、大体何から片付けるかという前後の順序を明弁するということです。この前後の順序を誤ると、仕事の処理はその円滑が妨げられることになります。そしてこの前後の順序を決めるには、実に文字通り明弁を要するのであります。理論を考える上にも、明弁ということが言えないわけでありませんが、しかし現実の実務における先後の順序を明らかにするに至って、文字通り明弁の知を要すると思うのです。

さて次には、このように明弁せられた順序にしたがって、まず真先に片付けるべき仕事に、思い切って着手するということが大切です。この「とにかく手をつける」ということは、仕事を処理する上での最大の秘訣と言ってよいでしょう。現にこのことは、ヒルティという人の『幸福論』という書物の中にも、力説せられている事柄であります。

ついでですが、このヒルティの『幸福論』は有名な書物ですから、諸君らもそのうちぜひ一読されるがよいと思います。ところがヒルティはこの書物の巻頭を、まずこの仕事の処理法という問題に充てているのです。もって仕事の処理ということが、人間の修養上、いかに重大な意味をもつかがお分かりでしょう。

そこで諸君らも、他日世の中へ出て、近頃はどうも仕事が渋滞して困ると思ったら、このヒルティの『幸福論』をとり出して、その最初の論文を読んでみられるがよいでしょう。おそらく、仕事に対する諸君の陣容は、即時立て直されることでありましょう。

それ故ここには、「まず着手する」ということが、仕事の処理上何故重大な意味を持つか、ということの詳しい説明は、その方へ委せるとして、次に大切なことは、一度着手した仕事は一気呵成にやってのけるということです。同時にまたそのためには、最初から最上の出来映えを、という欲を出さないということです。すなわち、仕上げはまず八十点級というつもりで、とにかく一気に仕上げることが大切です。

これはある意味では拙速主義と言ってもよいでしょうが、このいい意味での拙速主義ということが、仕事の処理上、一つの秘訣と言ってよいのです。ですから、もしこの呼吸が分からないで、へたな欲にからまって、次つぎと期日を遅らせなどしていますと、いよいよ気はいらだってきて、結局最後のおちは期日が後れて、しかもその出来映えさえも、不結果に終わるということになりましょう。

大体以上のようなことが、仕事の処理上のこつであり秘訣と言ってよいでしょう。しかしその根本は、どこまでも仕事を次つぎと処理していって、絶対に溜めぬところに、自己鍛錬としての修養の目標があるということを、深く自覚することです。

それというのも、そもそも仕事の処理ということは、いわば寡兵をもって大敵に向かうようなものであって、一心を集中して、もって中央突破を試みるにもひとしいのです。同時にまた広くは人生の秘訣も、結局これ以外にないとも言えましょう。実際あれこれと気が散って、自分がなさねばならぬ眼前の仕事を後回しにしているような人間は、仮に才子ではあるとしても、真に深く人生を生きる人とは言えないでしょう。

もし諸君らの中に、私のこの言葉をもって、「これは自分のことを言われている」と感じる人があったとしたら、今日限りその人はいわゆる散兵方式を改めて、自分の全エネルギーを一点に集中して、中央突破を試みられるがよいでしょう。同時にこの点に関する諸君らの生活態度の改善は、実は諸君らの人格的甦生の第一歩と言ってよいでしょう。

先生講義が終わって礼をされてから、「真に徹底して仕事の処理のできる人は、それだけですでにひとかどの人物と言ってよいでしょう」と言って、微笑されながら教室から出ていかれた。

第27講——成形の功徳

先生、礼をされてから、いつものように丁寧に黒板を拭われる。すると突然拭うことをやめて、じっとして考えていられる。さらにご自身の指を黒板に当てて撫でられて、さてわれわれの方を向かれて「諸君には分からんでしょうが、ここに小さな短いクギがささっているのです。そしてそのために、この拭いが引っ掛って破れる恐れがあります。たぶんこのクギは、止めピンの首がとれて、クギだけが残ったのでしょう。誰か鉄の文鎮をもっている人はありませんか」と言われた。するとS君が「はい持っています」と答えて取り出すのを受けとられて、すぐにコツコツとそのクギを打ち込まれた。そして「すべて物事というものは、こうしてすぐに処置しておかないと、お互いに忘れやすいものですから」とおっしゃった。

さて今日はここに「成形の功徳」という語を掲げましたが、しかしこれだけでは諸君には、私が一体何を言おうとしているか、おそらくその見当さえつきかねることだろうと思います。そしてそれもムリのないことで、現に私も、こうした題目で話すのは、実は今日が初めてなんです。そところで、この題目で私の申したいと思うのは、すべて物事というものは、形を成さないことには、十分にその効果が現れないということです。同時にまた、仮に一応なりとも形をまとめておけば、よしそれがどんなにつまらぬと思われるようなものでも、それ相応の効用はあるものだということです。

さてこのことは、この現実界のあらゆる方面に当てはまる事柄であって、その意味からは、この現実界における根本理法の一つとさえ言い得るかと思うほどです。それもまた当然のことと言えるのは、そもそもこの現実界というものは、これをその顕れた面から申せば、有形の世界であり、有形の世界は、やがてまた成形の世界と言ってよいからです。

このように、現実界が有形界だとしたら、この地上に一つの新たな有形物を生み出すということは、それ自身確かに一つの善事であり、功徳のあることと言ってもよいわけです。

しかし諸君らのような人々には、かような理論めいた方面から話すよりも、もうすこし実際的な手近な実例で申す方が、かえって分かりがよいでしょう。ついでですが、われわれ日本人は、どうも最初から理論から入るということには、不向きな国民のようであります。そこで最初はまず実例から入り、さらには実行から入るというのが、われわれ日本人の入り方ではないかと思うのです。

そうして理論というものは、いわばこの実例とか実行の内に含まれている意味を明らかにするものであり、したがってまず実例を知り、しかる後に初めてその理を知るという順序をたどるのが、われわれにはよく分かるのではないかと思います。

すなわち実例実行によって、初めてよくその理が分かり、かくして得た力によって、さらに新たなる実行にも出るというのが、われわれ日本人の性情のようであります。もっともかようなことは、一応は、西洋人についても言えることかと思いますが、しかしとくにわれわれ日本国民は、一応そのように思われるのです。

さて元へもどって、この成形の功徳、すなわちすべて物事は形にまとめることによって、初めて真の効果が生ずるものだということについて、最近私の経験した一つの実例を申してみましょう。実は私一昨日専攻科の人達をつれて、今宮のスラム街の真中にある徳風勤労学校へ参観に参ったのであります。そこは、諸君らも知らない人が多かろうと思いますが、貧しい人たちの子弟を集めて教育している特殊の学校であります。つまり三畳の間に、平均五人もの家族が暮しているというような、貧困な家庭の子どもたちを集めて教育している、特殊の学校なのです。

ところが、その学校の校長先生は非常に熱心な尊徳翁の研究家であって、全校の教育は、まったく報徳精神によって行われているのです。ですからその学校は、そういう点からも、ちょっと全国にもその例の少ない学校と言ってよいのです。

それ故実地参観した私達一同も、非常に感激に打たれたしだいであります。とくに深く打たれたのは、校長が尊徳研究によって、一つの信念を持っていられる点であって、これはかねて諸君らにも申しているように、すべて優れた実践の背後には、必ずや常に一個の思想信念がある、ということの一つの実証を、そこに見ることができたわけであります。

さてその校長の息子さんが、現在本校の専攻科に来ているせいもあったでしょうが、当日はわれわれ八十人ものもののため、とくに生徒と同じ昼飯を出して下さったのです。そこで私共も非常に恐縮して、そのお礼心の一端にもと思って、専攻科諸君に感想文を書いてもらうことにしたのです。

　ところが最初、私の考えがはっきりしていなかったので、毛筆でもペンでもよろしいが、ただ紙だけは半紙判にするようにと言ったのです。ところが後になって考えてみれば、どうせ先方の方に見ていただくならば、やはり紙もすべて和紙とし、綴じも本職にたのんで、和綴じにして差し上げたいと思うようになったのです。

　ところがそうなると、毛筆とペンとが混っていたんでは、ひとり面白くないばかりか、先方に対しても失礼に当たると思いまして、気の毒とは思ったのですが、ペンで書いた人には事情を話して、もう一度書き改めて貰うことにしたのです。もっとも提出は試験後に回したのですが——。

　かようにはなはだつまらない、しかも自分にかかわった例で恐縮ですが、すべて話というものは、実感が伴わないと力がありませんので、失礼はご免を蒙ってこの一つの出来事について申してみたいと思います。さてこの際謝意の表し方にもいろいろありましょう。息子のK君に「昨日は大勢が伺って、大変ご厄介になりました。どうぞ帰ったら、お父さんによろしくお礼を申し上げて下さい」と、口頭でする仕方もありましょう。また先ほども申したように、生徒に参観の感想文を書かせて、それを先方へ差し上げるという仕方もありましょう。

　また同じく感想文を差し上げるにしても、息子のK君が来ていること故、綴じないままであつらえるということも、できないわけでもないでしょう。しかしバラバラの形で貰ったのでは、仮に一応目を通されたとしても、結局はそれだけのことですし、よしすぐには捨てないにしても、第一バラバラのままでは、始末に困られることは明らかです。つまりすぐに紙屑籠に入れるのも気になるが、さりとてバラバラのままでは、そういつまでも保存するということは、実際問題としてはむずかしいのであります。

ところが、内容としてはそれ程のものではなくても、とにかく本式に製本して差し上げれば、(もちろん差し上げるという以上、それが当然ではありますが)ご覧を戴くにも便利であり、また仮にしばらく保存して戴けるにしてもバラバラのものより始末がよいでしょう。

同時にここにいわゆる「成形の功徳」ということがあるわけです。同じく製本するにしても、本職にさせなくても、専攻科で手工をやっている人にして貰うという途も、ないではありません。否、ある見方からは、その方が本当だとも言えましょう。しかし先方の方が、他からの参観者にでも見せたいと思われるような場合を考えて私は、結局本職の手で製本させたのです。

さて、その可否いかんの問題はしばらく別として、とにかく感想文の内容そのものは、綴じようが綴じまいが、そこには寸毫の増減もないわけです。しかるにそれに形を与えるか否かによって、その内容の現実における働きの上には、大きなひらきが出てくるわけです。

否、同じく綴じるにしても、素人の手ですましておくか、それとも本職の手にかけるかによって、そこには大きな相違が生じるとも言えましょう。すなわち同じく形を与えるにしても、そこにいかなる形を与えるかによって、内容は同じでも、その働きの上に相違を生じるわけです。ここがいわゆる「成形の功徳」というものであって、内容の上には何ら加えるところなくして、唯外から形を与えるだけのことでありながら、しかもそれによって、内容そのものを活殺する意味が出て来るのです。

このことは、たとえば諸君らのとっている雑誌の『渾沌』などについても言えることであって、同じく一カ年分十二冊を取っていながら、月々眼を通すだけで、バラバラにして散逸させてしまう人と、なるほど一年分十二冊は揃っているが、しかし製本するというまではいかない場合と、ちゃんと表紙から目次までつけて、立派に製本しておくのとでは、同じ雑誌でありながら、その実際に及ぼす効果は、決して同じではないわけです。

これ私がここに、「成形の功徳」という言葉でいい現そうとしているものであって、そこには確かに功徳という言葉にふさわしい、ある種の不思議な力が働くとさえ言えましょう。

そこで今諸君らにしても、この不可思議力とも言うべき「成形の功徳」を、諸君らを取り巻いている一切の日常生活の上に、実現するか否かによって、諸君らの人生の行手が、大きく別れると言ってもよいでしょう。たとえば掛物などを書いて戴いても、すぐにそれを表装しておかないと、せっかく書いて戴きながら、それが生きて来ないのです。第一それでは、書いて戴いた方に対しても失礼ということになりましょう。実際表装のできていないものが、何枚ありましても、来客の前には唯一の表装したもの、すなわち成形されたものの功徳には及ばないのです。

このことはまた書棚などについても言えましょう。現在の諸君には、これはまだ問題とならないでしょうが、書物が多くなった際には、時を遅らさずに適当な書棚を設けるということなども、これまた一つの成形の功徳と言えるかも知れません。実際その書物を持っていながら、書棚がなくて乱雑に積んでおきますと、つい出すのがおっくうになって、あるもなきと同じ結果になることが少なくないのです。

あるいはまた先生方の講義などでも、鉛筆やペンで書きなぐったままのものと、キチンと清書したものとでは、なるほど内容的には何ら変わりないわけですが、しかも結果の上からは、そこに大きな相違が生ずると言えましょう。

以上わずかに二、三の、しかも身近な実例を挙げたにすぎませんが、しかしこれによっても諸君は、私が「成形の功徳」という言葉によって、何を意味しようとしているか、大体はお分かりになったと思うのです。すなわち、内容としては同じものでありながら、しかもそれに形を与えるか否かによって、その物の持つ力に非常な相違が出てくることを言うのであります。

そこで諸君らもこれからは、自己の身辺の事柄の上に、常にこの「成形の功徳」ということを、忘れぬよう心掛けるがよいと思うのです。つまり一口に申せば、常に物事を取りまとめておくということです。ノートならノートでも、二冊、三冊になったら、それを一冊に製本しておくとか、学校から配布された刷物などは、すべてこれを一まとめにして綴じておくとか、あるいは諸君たちの毎学期行く見学の所感なども、これを五カ年間揃えておいて、卒業の際に製本したならば、やはり諸君らの師範生活の一記念塔ともなりましょう。

あるいはまた、授業の際に頒けていただく一枚の刷り物でも、それを教科書やノートの該当する個所へ、ちゃんと貼り付けておくということだけでも、不注意にどこかへ挾んでおいて、そのまま失ってしまうのとは、大きな違いと言えましょう。

なお、この「成形の功徳」ということについて、今一つ想い出されることは、この冬休みに上京して、池上幸二郎さんをお訪ねした際見せて戴いた、山崎闇斎学派のある学者の手紙のことですが、今から百何十年という前の学者の手紙が、そのお弟子の手によってちゃんと表装せられて、巻物になっているのです。

もしこれが手紙のままであったなら、とっくに紛失して、今日私共が見ることなど、とうていできなかったことでしょうが、かようにお弟子の人の師に対する深い尊敬心から、ちゃんと巻物にせられていたればこそ、百何十年後の今日、なおわれわれもこれを拝見することができるのであります。

かように考えてきますと、物に形を与え、物を取りまとめておくということが、いかに大なる意味を持つものかということを、今さらのように感じるのであります。

先生、礼をされた後で、「この間、専攻科の人たちの徳風勤労学校の参観の感想の製本されたのを、諸君らにも見せてあげるとよかったですね。もう先方へあげてしまったので、諸君らにお見せすることのできないのが残念です」と、さも遺憾そうにおっしゃられた。

第28講──一人一研究

目上に突っかかる者は気宇の小さいものだ（『岡田虎二郎先生語録』より／静坐社）。

先生、今日は礼がすむと、題目と共に右の言葉を書いてから出席をとられた。そして、点呼がすむと、われわれの方を向かれて、「どうです。大した言葉でしょう。偉人というものは、一語よく千鈞の重味のある言葉を吐かれるものです。わが岡田虎二郎先生のごときも、やはり維新以後に出られた民族の一人と言ってよい方でしょう。

先生は「岡田式静坐法」の開祖ですが、これはいわば坐禅というものを、一般人向きにせられたもので、「坐」という東洋の修業法を、僧侶という特殊の世界から開放して、一般民衆のものとせられた偉大な貢献者です。芦田恵之助先生が開眼せられたのも、四十歳前後で、この岡田先生につかれてからです。

この「語録」は、ポケットにも入って便利なものですから、諸君らも求められるがよいでしょう。

今日は「一人一研究」ということについて、お話したいと思いますが、これは、最近大阪市でも称えられて、市内の小学校の先生たちは、授業の余暇をもって、何か一つの研究題目を定めて提出するようにということが、市の当局から命ぜられているようであります。しかしながら、これはひとり大阪市とのみいわず、誰でも将来、何か一つ自分の得意とする方面に向かって、研究の歩みを進めるがよかろうと思うのです。

　すべて人間というものは、その顔の違うように、その性質も違うものであり、またその性質の相違に基づいて、その受け持ちとするところも違うわけであります。そこで、自分の顔が他人と紛れることのないように、自分の特色とするところも、他の何人とも違う特殊のところが出てしかるべしでしょう。

　実際各自がその顔の独自な点においては、天下に同じ人間は二人とはないはずで、その意味からはお互いに、何人も日本においてそれぞれ唯一人者たるわけであります。否、ひとり日本において唯一人者のみならず、実に全世界における唯一人者であります。しかるにこの日本における唯一人者、さらには世界における唯一性を、実際に発揮し実現するということは、必ずしも容易なことではありません。

　もっとも人間は、自己の特色というものは、しいて特色を出そうとして出るものではありません。否、自分の特色を出そうということが、あまりに意識的になりますと、かえって変な厭味なものになりましょう。また故意に早くから、意識的に特色をつくろうとしますと、とかく大きな発展は遂げにくいものであります。

　すべて偉大なものは、自ら出来上がるものであって、あまりに早くからこせつきますと、大きならないものですし、柿などでも植えて間のないのに沢山ならすと、木が大きくならないものであります。

そういう意味からは、人間もあまり早くから、ことさら何か特色を出そうとあせるのはよくないことで、とくに諸君らのように、これから青年期の第一歩を歩み出そうとする人は、十分に広くして深い基礎的教養が大切だと思うのです。そしてそういう点からは、かつて諸君らにご紹介したことのある福島（政雄）先生の愛読書目というようなのは、最もよい一つの標準となりましょう。

そこでこの「一人一研究」ということなども、実はかような基礎的教養を背景として、初めて意味のあるものであって、もしかような基礎的教養を欠いて、ただ一つの問題にだけ頭を突込むというのでは、さして感心したこととも言えないでしょう。

とくに諸君らのように、国民教育者たらんとする人々にあっては、そうだと思うのです。そこで諸君らが自分独特の研究を持つということは、どうしてもやはり卒業後の問題となりましょう。かように申せば、諸君らは遠い先のことと思うかも知れません。しかし事実は必ずしもそうではないのです。と申すのも、諸君らが将来自分の特色とし拠りどころとなるようなものも、実は現在すでにその種子はまかれつつあると言えるからです。すなわち諸君が、現在その豊富な青年らしい食欲をもって食べている精神的な食物のうち、やがて壮年期に入って、諸君らの活動の源泉となるものが含まれているからです。

それにつけても、諸君らに一言しておきたいと思うことは、もし諸君らにして自分の選んだ一、二の研究を、生涯貫いていったなら、諸君らの研究といえども、ある意味では学界の一隅に、貢献し得るものとなり得ぬわけでもないということです。

少なくとも教育界の一隅には、確実に貢献するものとなることでしょう。かように申せば諸君らは、おそらく不審に思われることでしょう。一小学教師の努力が教育界に貢献し、さらには学界の一隅にさえ、貢献し得るかも知れぬなどということは、必ずや諸君は不審とせられることでしょう。

しかしながら、学者というものは、必ずしもある一事の研究のみに終始することのできにくいものであります。現に大学の教授とか高等師範の教授という地位にあっては、ただ一人の人物の研究とか、ある一事の研究ということだけでは、その職責が務まらぬところがあるのです。

それというのも、大学教授と言われる以上は、広くあらゆる方面の事柄が大観できて、将来どの方面の研究をする学生をも、指導ができねばならぬのであります。したがってその人が、ごく一部分の問題にのみ精しいというだけでは、その職責の性質上、不適当なところがあるわけです。同時にこの点が、小学校や中等学校などにいても、一人の人物一つの問題を、生涯を通して研究したならば、教育界はもちろん、時には学界の一隅にも寄与できないわけのものでもない、と申したゆえんであります。

もちろん学者は、学問を本職とする者ですから、一般的には知的素質の優れた人が多く、また日夜そのことのみに没頭しているのですから、広く深くいきわたることもできますが、同時にま

た一人の人間が、永い歳月にわたって明けても暮れても、常に心の底に持ちつづけて研究したこ
とというものは、そこに一種独特の持ち味を生ずるものであります。

さて諸君らの将来の研究は、もとよりその人の好みによって、いかなる方面でもよいわけです
が、しかし私は他の方面のことは一向不案内ですから、多少自分に縁のある方面のうち、この大
阪という土地にゆかりのある問題について申してみれば、学界的にも今日なお開拓の余地のある
問題としては、おおよそ三つくらいの問題が、諸君らの前に残されているかと思うのです。

その一つは、懐徳堂の問題であり、その二は心学の問題であり、第三は慈雲尊者の研究ですが、
今日までのところ、いずれもまだ十分に研究されているとは言えないようです。もっとも懐徳堂
については、だいたいのことは明治の碩学、西村天囚という人によってなされていて、その『懐
徳堂考』というものは、学界でも珍重されているようです。

またこの人の努力によって、懐徳堂叢書十五冊というものが刊行されておりまして、これは懐
徳堂研究の第一資料であります。これは鹿田という和本屋に頼んでおけば、五、六円で手に入る
でしょう。その外にも、時々百貨店などで開かれる古本の即売会などに行きますと、第二次資料、
すなわち明治以後の人の研究物が時々出ています。

そういうものは、何と言っても地元ですから入手しやすいのです。また現に懐徳堂そのものが
残っているのですから、いろいろと研究の便宜があるわけです(今回の戦災によって、懐徳堂の焼失
したことは惜しい極みである)。

次に心学というものは、その発祥の地は京都ですが、大阪とは昔から随分因縁がありますから、

何かと研究の便宜があると思うのです。そもそも心学というものは、当時封建の世のために、武士以外の者は、学問による教えの光を浴びなかった、一般庶民階級の子弟を憐れまれた、石田梅岩先生の大慈悲心から生まれたものであります。

したがって今諸君らのように賢愚貴賤を選ばず、すべてを納めて教える国民教育に従事する人々には、とくに深い意味を持つと思うのです。否、ひとりの教育者とのみいわず、一生を学問に終始する人々でも、もし自らの研究したところをもって、現実の世界を照らそうとしたならば、ある意味では、その最下の現実において、必ずや石門心学が問題となるのではないかと思うのです。

大阪は心学の栄えた土地であり、現にその舎も残っているほどですから、将来諸君らの中から心学の研究者が現れるということは、非常に望ましいことだと思います。しかし念のために申しておきますが、同じく心学の研究と言っても、教育者としての諸君らのやられる研究は、今日いわゆる学者と称せられている人々のしているような、単に客観的な事実の考証的な研究だけでは面白くないと思うのです。

どうも今日の心学研究家と呼ばれている人々は、ほとんど一人の例外もなく、いずれもみな事実の詮索に没頭して、その真の精神内容を研究する人は絶無と言ってもよいほどです。つまり心学という邸宅の回りを、ぐるぐると堂々回りしているようなものです。

諸君らの研究は、希くばかかる骨董いじり的な研究でなくて、ズバリと身を跳らして、一躍直ちにその内面界に飛び込んで、そこに永遠に生きている生命をつかみ、さらにはそれを、現代の形態にまで展開してくるのでなくてはなりますまい。

さらにまた葛城の慈雲尊者となりますと、これはどうもたいしたものです。おそらく尊者は、日本仏教の最後の締め括りをされた方と言ってもよいでしょう。今はその詳細を申している暇はありませんが、とにかく尊者の偉大さは、少なくとも私には、道元、親鸞、日蓮というような方々と比べて、毫も遜色はないと思うのです。

ところがその慈雲尊者は、大阪の中の島で生まれられ、あの阪和の南田辺の駅の東にある田辺の法楽寺で僧となられ、ついで大軌沿線の高井田の長栄寺の住持となられ四十前後の頃には、あの生駒の中腹に棲まれたこともあり、晩年は南河内郡白木村の高貴寺に入られたというように、実に大阪とは切っても切れない深い縁しのある方です。

ところがこの偉大な尊者についても、今日までほとんどまとまった研究らしい研究は出ていません。もっとも資料としては、高貴寺の和上使人慈城師と東寺大学の長谷宝秀師との非常な御努力によって、厖大十九冊の「全集」ができていますから、研究するといっても非常に楽なわけです。

以上は大阪に関係の深い精神的方面の研究について、二、三心当たりを申したわけですが、将来諸君らの研究は、かような精神的な方面に限られねばならぬわけは毛頭ないのであり、諸君ら自身の好まれる方向に向かって、それぞれの道を開いていかれるがよいでしょう。

ただし教育者の研究である以上、何らかの意味で、国民教育の大道を照らすようなものでありたいとは思います。またそうした意味からは、もちろん大阪などということに限られる必要は少しもなく、広くわが国の古聖哲の思想信念を研究することは、最も大切なことでありましょう。

私は、この慈雲尊者という方は、実に好きでしてね。好きという点では、あるいは道元や親鸞以上に好きと言ってもよいほどです。それというのも尊者の主著の『十善法話』という書物は、その格調の高さから言えば、まさに道元の『正法眼蔵』と毫も遜色がないにもかかわらず、そこで取り扱われている内容は、上は王侯から下は一般庶民の生活に至るまで、この人間の世のあらゆる相を把握していられるのであって、こうした書物は一千年以上にもわたるわが国の仏教史の上でも、外にはほとんどその類例が見られないと思うのです。

ですから私は、先に申した南河内郡白木村字平岩にある尊者の晩年の幽棲の地高貴寺へは、これまで十回以上もお訪ねしているほどです。そこには尊者の真蹟がたくさん所蔵せられていまして、それを拝見させて戴くだけでも、実に辱けないことだと思うのです。

ですから諸君たちも、日曜日などに気の合った二、三の友人とお訪ねするがよいでしょう。その際、あらかじめ言うて下されば、私から伎人和上さん宛に紹介状を書きますからね。

なお慈雲尊者の書は、大変特色のある立派な書であって、京阪地方では心ある人々によって非常に尊重され愛蔵せられていましたが、しかし最近までは広く日本的に問題にはされず一般には知られずにいたのですが、近頃ではそれがしだいに一部具眼者の間でも問題になり出しましてね、最近では、日本の僧籍にある三大名筆として、良寛、寂厳及び慈雲ということになって来ましたのです。そして私などは寂厳よりは慈雲尊者の書の方が遙かに好きですね。そういうわけですから、まあとにかく一度高貴寺を訪ねてみることですね。

先生、例により礼をされると静かに教室から出ていかれたが、今日の講義によっても、先生がわれわれに期待していられるもののいかに大きいかということが、改めて痛感せられた。

下学雑話（9）

▼偉人の書を読み、たとえ一、二カ所にても、ひしひしと我が身に迫るものあれば、その程度に、その偉人に触れたるものと言うを得べし。そして何時かはそれが手掛りとなって、自己の一大転換の機もあらむ。単なる解説書には、かかる転換の機を蔵することなし。

▼現在の日本儒教、日本仏教が、欧米文化と渾融せられし暁に、初めて真の日本哲学は生誕するならむ。今はその懐胎期にあり。その偉大なる先駆者が西晋一郎、西田幾多郎の両博士なり。

第29講——対話について

先生、今日は木の葉を四、五枚もって来られた。そして礼がすむと、今日の題目を板書されてから「諸君、木の葉というものを、よく見てみたことがありますか。これは今中庭で拾ってきたのですが、よく見ると、木の葉というものは実に美しいものです。だがそれもそのはずで、この小さな一枚一枚の木の葉のどれ一つとて、神によってつくられないものはないのですからね」と感慨深そうに言われた後、講義に入られた。

今日は一つ、日常の対話に関する心得を話してみることに致しましょう。それというのも対話というものは、われわれ人間生活においては、非常に重要な意味を持つものだからです。

実際われわれの人間生活と言っても、それを大観する時、結局は話すことと行うことという二つのこと以外には、何一つないと言ってもよいからです。そして、そのうち行う方は、主として物相手の場合が多いのですが、話すという方は、必ず相手は人間です。人間以外のものを相手として話すということは、ほとんど絶無と言ってよいわけで、話すといえば、必ずその相手は人間というわけです。

そしてそれが、ここでいう広い意味での対話です。ですから対話に関する心得が、われわれの修養上、いかに重大な意味を持つかということは、この一事によってもお分かりでしょう。

さて普通に対話というのは、必ず二人で話す場合を言うのであって、数人以上で話す場合、普通には座談会という言葉が使われているようです。そこでまず対話の際の心得ですが、それには、なるべく相手の人に話さすようにする。さらには進んで相手の話を聞こうとする態度が、対話の心がけの根本と言ってよいでしょう。

つまり、なるべく聞き役に回るということです。もちろん、全然喋らないというのも面白くありませんが、しかし自分は主として聞き役に回って、相手に何ら不快の感じをさせないというのが、対話としては上乗なるものでしょう。

ところが、普通には、どうしてもこちらが喋りすぎるのです。ですから、自分の方から先に口を切って喋るということは、極力控え目にするんです。そうして、なるべく聞き役に回るというのが、対話の心がけとしては、一番の根本と言ってよいでしょう。

次に、数人ないし十数人が集まって話し合う、座談会の場合の心がけについても申して置きましょう。この場合にも、ただ今申したように「自分はなるべく喋らないようにして、できるだけ聞き役に回る」という、根本の心がけに変わりはありませんが、もう一つ大事なことは、一座のうちで誰か一人が話していたら、他の人々はそれに耳を傾けて、他のところで、また一人が喋るというようなことをしないということです。これは座談会の心得としては、最も大事な心がけだと思うのです。

つまり一座のうちで、一人の人が話しかけたら、もう他の人は、自分のそばにいる人を相手に、コソコソと話したりなどしないということです。そしてこの一事が守られるか否かによって、その地域の人々の教養というか、たしなみの程度は分かると思うのです。そこで当然のことながら、とくに座談会などの際には、一人であまり何回か喋らないようにして、できるだけ全員が、最低一度は話す機会がもてるようにしたいものです。

それには、もし正式司会者のない場合には、心ある人が、それまで一度も話さない人には「どうです。〇〇さんなど、この問題についてはどうお考えですか」というふうに、話のキッカケを提供するのは、老練な人の心遣いというものでしょう。

そこで次には、対話の際注意すべき二、三の点について申してみましょう。まず第一に、偶然に相手と一緒に口を切る場合があるものですが、そうした場合には、必ず先方にゆずるということです。しかしその場合、逆に相手から「お先に」と言われた場合には、すでに相手に先手をとられたわけですから、今さらゴテつかないで、あっさりと話す外ないでしょう。同時に、自分がこれまで話していた事柄が一度中断せられた場合、一体どう処置したらよいかというに、もしその場合、話の筋の脈絡がおかしくなれば、相手の話が一段落したら、もう一度持ち出してもよいでしょうが、しかし先方の話題が、全然別の方向に向けられていたとしたら、もう自分の先の話題は葬ってしまう外ないでしょう。そしてこの点の思い切りというか諦めが、実際には非常に大切です。

先方の話とは何らの脈絡もないのに、今度こそは自分の番だという調子でやり出したら、先に控えた意味はすっかり零になってしまいます。ですから捨つべきを捨て、葬るべきを葬るということが大切ですが、しかし実際問題としては、これもなかなかむずかしい問題でしょう。

それから今度は、こちらが、これまでの話とは全然別の話題をもち出そうという際には、必ず「ちょっと別の話ですが——」とか「少し話は違いますけれど——」とか断ってから話すわけです。でないと「この男ちょっと頭が変じゃないか」と思われましょう。つまりピント外れの人間だというわけです。

私がまだ小学校へも行かない頃、校長先生の家が近かったのでよく遊びにいったものですが、その頃一度そういうことがあって、その時奥さんから笑われた恥ずかしさが、いまだに忘れられません。とくに座談会の席上などで話題を変えようという場合には、よほどよく、その場の調子を見てのことでないといけないでしょう。すなわちその話題については、もう大体話が尽きたらしい、という潮時を見計っての上でないといけないわけです。

次に対話の場合にしても、また数人での座談の際でも、注意すべきことの一つは、自分の考えをのべる場合、なるべく断定的な言葉を避けるということです。つまり「何々です」とか「こうこうです」とか、さらには「これこれに違いない」とか、すべてこの種の断定的なもののいい方は、できるだけ慎むように心がけるということです。

もっとも教室で生徒を教える場合は、これとは反対で、ハッキリと言い切らねばなりませんが、会話、とくに年長の人とか、婦人などと話す場合には、ふさわしくない場合が多いのです。ではそうした場合には、何と言ったらよいかというに、「私はこうこうと思いますが」とか「かくかくらしいようです」とかまた「……だと聞いていますが—」とかいうふうに、たとえ自分としてはよく分かっている事柄でも「……と思いますが」とか「……らしいです」とかいうふうに、一種の緩衝地帯をもうけて話すようにするんです。

なお、もう一つそれと関連した注意としては、これはたぶん相手の人が知っていないらしい、と思われる事柄について話す場合には、「ご承知のように—」とか「ご存じのように—」とかいう前置きをして話すということです。でないと相手としては、面と向かってお説教されるような気持ちになるからです。この辺のところに、会話上のこつとか呼吸というものがあると思うのです。

次に相手に尋ねてはいけないこととしては、まず相手の収入—まさかこんなことを聞く人もないでしょうが—、それから相手の家の家賃、時によっては職業さえ、遠慮しなければならぬ場合もありましょう。さらにまた、女の人の年齢—もっともこの程度のことは諸君らだって知っているわけですが。

この外にも、まだ色々ありましょうが、次に、人に対して言うていけないこととしては、自分の身内のものの名誉とか財産、地位などに関したことは、よほどの場合でない限り、一切言うべからざることでしょう。そしてどういう家柄の人か、ぼんやりとは想像がつくが、しかしかつて当人からは、直接聞いたことがないというような人が、床しい人柄というものでしょう。いわんや自分の過去の学業の成績のごときは、これを口にするだけでも、その人のお里が知れるというものです。

それから、これは方面は多少違いますが、相手の顔色が悪いとか、年をとったとか、やせたとか太っているとか、背が高いとか低いとか、すべてこうした種類のことは、これまたよほどのことでない限り、言わないものです。つまりこういうことは、言うてみたとて、相手としては急にどうするわけにもいかないことで、結局、相手の気を悪くさせるのが落ちだからです。

それから最後に、対話中の眼のつけどころですが、それは上は相手の眼のあたりから、下はまず襟の辺、ときには帯の辺までの間で、相手の身分いかんによって、適宜加減するのがよいでしょう。以上が、まず対話についての心がけの一端ですが、最後に少し別のことですが、銭入れというものは、なるべく人に見られないように、もちろん他人の財布を見ないように——。

それ故眼の前で財布を開かねばならないような場合は、ちょっと身体を横へ向けるとか、場合によっては後ろへ向くとかするんです。相手に財布の中を覗けるようにするのは、無作法もはなはだしいわけです。同時にこれは逆に言えば、人の財布を見ないこと、もし相手が眼の前で見えるように扱ったら、それとなく眼を他へそらすようにするんです。

たとえ電車の中にもせよ、人の財布をのぞき込むがごときは言語道断で、すりの卵と思われても仕方がないでしょう。なお乗物の中で、隣の人の新聞や雑誌などをのぞかないこと、これは他人がしているところを見てみると、いかにさもしくはしたないことかよく分かりましょう。では今日はいろいろなことを申しましたが、これで終わることにしましょう。

先生、いつものように、丁寧に一礼の後、静かに教室を出ていかれた。

第30講――謙遜と卑屈

先生、授業に入る前に、次の二つのことを言われる。

一、人間の精神的弾力というものは、書物と取り組む力によって鍛えられるものです。また人間のたしなみというものは、言葉を慎むところから始まるものです。

二、廊下の紙屑というものは、それを見つけた人が拾ってやるまで、いつまでもそこに待っているものです。もっともこれは、紙屑を拾うように努めている人だけが知っていることなんですが――。このように世の中には、実践しなければ分からない世界が限りなくあるものです。

と静かに話されて今日の講義に入られた。

第30講――謙遜と卑屈

今日は題目にもかかげたように、一つ「謙遜と卑屈」という問題についてお話してみようと思うのですが、それにしても諸君らは、この問題については幾度も、人は謙遜でなければならぬということは聞かされて来たことと思います。

しかし真に謙遜になるには、一体どうしたらなれるかという点について、深く考えてみた人は少ないではないかと思います。つまり人間は謙遜でなければならぬと言われても、ではどうしたらそういう謙遜な人になれるか、その方法なり仕方について、具体的に聞かされた人は、少ないのではないかと思うのです。あったら一つ手を挙げてみて下さい（挙手する者なし）。

では一つこの点に関して、少し私の考えを申してみたいと思います。同時にこの点を明らかにすることが、やがてまた、ともすれば謙遜と紛れやすい卑屈と真の謙遜とは、いかなる点が違うかということも、おのずから明らかになるかと思うのです。

さて話を明瞭にするために、最初にまず結論から申すことに致しましょう。それについて、まず考えねばならぬことは、そもそも真に謙遜ということは、その人が内に確固たるものを持っていなくてはできないことではないかということであります。言い換えれば、人は自ら信ずるところがあってこそ、初めて真に謙遜にもなり得ると思うのです。

かように申しますと、おそらく諸君らの多くの人は、定めし意外の感を抱かれることでしょう。そこで以下この点について、多少の説明を試みることにいたしましょう。さてその点についてまず大事なことは、そもそも謙遜ということは、人間の自覚から生れる徳だということであります。そしてこの点は、謙遜という徳の本質を明らかにする上で、深く注意すべきことだと思うのです。

もちろん一方から申せば、いやしくも徳目と名付けられるほどのもので、自覚を伴わないもののあるはずもないとも言えましょう。しかしながら、また他の一面からは、同じく徳と言われるもののうちにも、その自覚の程度並びに様式には、それぞれ相違があって、決して一様ではないのです。たとえて申せば、勇気などという徳は、もちろん真勇などと呼ばれるものに至っては、たしかに自覚的なものでしょうが、しかし普通に勇気と言われるものと謙遜とではそこにある程度自覚の相違があるとも言えましょう。

すなわち謙遜という徳は、相手に対する自分の分際というものを考えて、相手と自分との真価の相違にしたがってわが身を省み、さし出たところのないようにと、わが身を処することを言うのであります。

もちろん謙遜という徳は、一人目上の人に対する場合のみでなくて、同輩に対しても成り立つことです。さらにまた自分より目下の人に対する場合にも、必要な事柄であります。否、ある意味では、目下の人に対する際、とくに必要な心がけだとも言えましょう。

それというのも、人は目下の人に対する時、とかく傲慢な態度になりがちだからであります。しかるにこの場合、注目すべき事柄は、目上の人に対して卑屈な人間ほどかえって、目下の人に対して多くは傲慢になりやすいということであります。これは常に考えてみる必要のあることだと思うのです。

かくして謙遜は、ひとり目上の人とか、ないしは同輩に対して必要なばかりでなく、むしろそれらの場合以上に、目下の人に対する場合に必要な徳目だとも言えましょう。もっともこれは、以上いずれの場合にせよ、必ず相手との関係を考えて、常にその宜しきを失わないということが大切です。というのも、いかに謙遜なのがよいからといって、目下の人に対して馬鹿丁寧なのはかえって滑稽であり、そういうことは、その人の人間としての甘さを示すものであり、さらにはその心事に卑しさがあるとさえ言えましょう。

そもそも謙遜ということは、わが身を慎んで己れを正しく保つということが、その根本精神をなすのであります。つまりいかなる相手に対しても、常に相手との正しい関係において、自己を取り失わぬということです。すなわち必要以上に出しゃばりもしなければ、同時にまた妙にヘコヘコもしないということであります。

してみれば、人は真に謙遜ならんがためには、何よりもまず自己というものが確立している事が大切だと言えましょう。すなわち相手が目下であるからとて調子に乗らず、また相手が目上なればとて、常に相手との正しい身分関係において、まさにあるべきように、わが身を処するということであります。

そこで諸君らは、私が始めに、真に謙遜ならんがためには、自ら信ずるところがなくてはならぬ、と申したことの意味が、多少はお分かりになったことと思います。すなわち自ら信ずるとは、要するに、自己を取り失わぬということだからであります。したがって、必要以上にヘコヘコするのは、真の謙遜ではなくて卑屈でありますが、卑屈とは結局、自分が確立していないところから起こる現象でしょう。が同時にまた、相手が目下なればとて、いやに傲慢な態度に出るというのも、これまた自己を取り失ったものと言わねばならぬでしょう。したがって卑屈も傲慢も、それが自己を取り失うところから起こる点では、結局同一であります。

同時にかように考えて参りますと、一口に「謙遜」と言っても、決して容易でないことが分かりましょう。そもそも私達が、一つの徳目を真に徹底的に履み行わんがためには、結局根本において、人格の転換を必要とすると言えましょう。たとえば人が傲慢に振舞うということは、畢竟するに、その人が調子に乗っているということであり、したがってそれは、一見いかにもえらそうにしていながら、実は人間のお目出たい何よりの証拠であります。つまり自分のそうした態度が、心ある人から見られて、いかに滑稽であるかいうことに気付かない愚かさであります。同時にまた卑屈ということは、一面からは、その人間のずるさの証拠とも言えましょう。何となれば、人間は卑屈の裏には、必ず功利打算の念が潜んでいると言ってよいからです。

たとえば卑屈というのは、実際にはそれほど尊敬もしていない相手に対して、功利打算の念から、いかにも尊敬しているかのごとく振舞うことだからであります。これ人間のずるさでなくして何でしょう。

かくして傲慢は、外見上いかにも偉らそうなにもかかわらず、実は人間がお目出たい証拠であり、また卑屈とは、その外見のしおらしさにもかかわらず、実は人間のずるさの現れと言ってもよいでしょう。そうしてこのお目出たさとずるさとは、それが真実でない点では一つであります。実際事実においても、目上の人に向かって卑屈な人間は、目下のものに対しては、多くは傲慢な態度をとるということは、すでに申した通りであります。

かような事柄は、諸君らが徳目というものを、単に言葉の上だけで考えていないで、それらが実際生活の上に、いかに現れているかを考えてみられれば、しだいに分かってくることかと思うのです。

以上私は、謙遜と卑屈という問題について、一応のことを申したわけですが、しかし私としては、この問題に関しては、もう一段深いところを明らかにしておく必要があるかと思うのです。

では、それはどういうことかと申しますと、私はこの時間の最初に、真の謙遜とは内に信ずるところのある人でなければ、本当にはできないことだと申しましたが、しかしそれだけでは、実はまだ不十分だと思うのであります。

では、どうして不十分かと申しますと、どうも謙遜という徳は、私の考えでは、元来対人的なところにその本質はなくて、その人がどれほど真理とか道というものと、取り組んでいるか否かによるものだと思うのであります。

なるほど、ちょっと考えますと、謙遜も卑屈も、共に対人的な徳のように一般には考えているようですし、まあそれも一応もっともと言えましょう。しかし私の考えでは、人が謙遜になれないで、とかく傲慢になりやすいというのは、結局その人が、真理とか道というものと真に取り組んでいないからだと思うのです。そして私の考えでは、この点をはっきりさせておかないと、謙遜にも一種の嫌味が伴いがちだと思うのであります。そしてそれは、ある意味では当然だと言えるのは、その場合謙遜ということを、単なる対人的なものだと考えているところから来ると思います。

かくして寸毫も嫌味の伴わない真の謙遜とは、結局はその人が、常に道と取り組み、真理を相手に生きているところから、おのずと身につくものと思うのでありまして、その時たとえ目下の人に対すればとて、傲慢な態度などには、なろうはずがないのであります。

諸君たちのうちには、私の修身の授業は、少し変だと思っている人があるかも知れませんが、これは私が、その時その時、一番自分の心に問題となっている事柄を話しているのです。ですから、諸君らに対して話すというよりも、むしろ私自身、自分に言い聞かせているわけです。したがってどういうことが出てくるか、実は話す私にも分からぬと言ってもよいのです。たとえば、相当の人が食事の作法を知らなかったという場合を目撃したら、次の時間には、食事の作法について話すかも知れません。ですから、準備をしないと言えば少しもしないわけですが、また準備すると言えば、四六時中いつも準備しているわけです。すなわち見るもの聞くもの、皆講義の種ならざるはないわけです。そこをよく知っていて貰わないと、講義をしていても、諸君らの心と私の心とが、チグハグになってしまうのです。

もう一つ――すべて偉人というものは、後悔しないもののようであります。現に宮本武蔵なども、その『五輪書』において「われ事において後悔せず」と言っているのです。そこで諸君らも一つ、後悔しないような人間になって戴きたいものです。それにはいかなる失敗も、必ずやこれを最善に生かすという心がけが大切でしょう。失敗を成功以上に生かす人間こそ、真に畏るべき人間であります。

第31講——上位者に対する心得

「少し考えるところがありますので、これから黒板は週番の人に拭いて貰うように願います。とにかく黒板が美しければ、諸君らの心もおのずから清らかになりましょう。これまでのように、有志の人が拭くということは大変結構なことですが、しかし実際問題としては、週番の人に拭いて貰う方が、かえってさっぱりしてよいでしょう」

さてこの前は「謙遜と卑屈」という問題についてお話しましたが、今日は多少それと関連のある上位者に対する心得について申してみたいと思います。もっともここに上位者というのは、ふつうの言葉で申せば、目上の人というような意味です。

すなわち社会的秩序の上で、自分より上の地位にいる人々を意味するわけであります。

ですから今諸君らについて言えば、われわれ教師はもとより、さらには一部五年生とか二部二年生というような人たちも、諸君らにとっては一種の上位者なわけです。

そこで、このような上位者に対する心得の根本を一言で申しますと、「すべて上位者に対しては、その人物の価値いかんにかかわらず、ただその位置が自分より上だという故で、相手の地位相応の敬意を払わなければならぬ」ということでしょう。すなわちこの場合大事な点は、相手の人物がその真価とか実力の点で、自分より上に立つだけの値打があろうがあるまいが、そういうことのいかんにかかわらず、とにかく相手の地位にふさわしいだけの敬意を払うように——ということです。

ですから時には、相手の人物が自分より劣っていると考えられ、また周囲の人々も、内心それを認めているような場合でも、とにかく相手が地位の上で上位者である限り、それ相応の敬意を欠いてはならぬということであります。これはこう言ってしまえば、ただこれだけのことですが、しかし実際にわが身の上の問題となりますと、誰でもたやすくできるとは言えないのであります。

現に先ほども、この四月本校の専攻科を出て、短期現役兵として入隊していた人が訪ねて来まして、一時間のあき時間を、いろいろと軍隊の様子を聞いたのでありますが、その際その君の言うには、「どうも軍隊では、班長の身の回りの世話をよくする人間が見込みがよくなり、そういう人間は、結局序列もよくなるようですが、どうも私には、そういうことができにくくて困ります」という話でした。

この人は非常に真面目な人で、最近の本校の卒業生の中では、ちょっと比類のないほど立派な人物ですが、それだけに、あまり相手の意を迎えるようなことは、何となくはしたない気がして、しにくいという心理は、私にも分からぬわけではありません。しかし私はそれに対して、甘い同情論や賛成意見は出さないで、大体次のようなことを申したのであります。

「なるほど君の言われる気持ちは、私にも一応よく分かるし、また私自身も、もし君のような立場におかれたら、そういうことはなかなかできにくい方の人間です。したがって今君に対して、かれこれ言う資格はないけれど、しかしこういう機会ででもないと、ちょっと話もできないから申すのですが、こうした問題が、ただ軍隊内だけのことと思っていたら、それは大きな誤りです。なるほど、多少の趣の相違はあるかも知れないが、教育界へ入ったとて、そうしたことがないとは、決して言えないと思うのです。軍隊も世の中の一部であるように、教育界もまた世の中の一部です。したがって世の中にあることは、すべてどこにもあることと考えねばならぬと思うのです。

ところで私の考えでは、今君の問題としているような事柄は、いやしくも世の中である以上、どこへ行っても必ず何らかの程度である事柄だろうと思うのです。先ほども申したように、私自身がかような事柄について、君に説教のできるような人間ではないが、しかし一応物事の道理だけは、申しておくのが本当かと思うから言うんです。ことに若くて真面目な君のような人には、一通り申しておくことが必要ではないかと思うのです。それというのも世の中というものは、秩序の世界であり、秩序の世界というものは、必ず上下の関係によって成り立つものです。

ところが、大事な点は、このような社会上の地位の上下というものは、必ずしもその人の、人物の真価によって決まるものではないということです。むしろそれよりも、その人の学歴とか、あるいは年齢というような、種々の社会的な約束によって決まる場合の方が多いと言ってよいでしょう。

また実際問題としては、一応そうするより外ないとも言えるのです。それというのも、人間の価値いかんというようなことは、人によって見方も違って、なかなか決定しにくい事柄だからです。そこで今その人の人物の価値を標準にして、尊敬するしないということになると、社会の秩序というものは保ちにくくなるのです。

もちろん現実界のことは、すべてが程度の問題ですから、君の実際の様子を見ていない私には、もとよりよし悪しなどは言えないし、またおそらくこれまでの君の言行からして、別に問題とすべきほどのことはないと思うけれど、しかしよい機会だと思うので、一応一般的な道理を申して見れば、まずかようなものでしょう」

と申したしだいでした。

このようにこの問題は、必ずしも生意気な人間だけが引っかかるという問題ではなくて、うっかりすると、真面目な人ほどつまずきやすい事柄と言ってもよいのです。これに反して、こういう問題にはまずつまずかぬという人間が、大体二種類あるようです。

その一つは、何ら気骨のないお人好しの人間であり、今一つは功利打算の人間です。前者はただわけもなくヘエヘエするでしょうし、後者は自分の利欲のために、まめまめしく勤めるでしょう。しかしこれらはいずれも本当ではないのです。また傍から見ていても、決してみっともよいものではありません。それに対して真の道というのは、先ほども申したように、相手の人物のいかんにかかわらず、とにかくその人の地位に対して、それ相応の敬意をはらって、正しく素直に仕えるということであります。

また妙なもので、かような態度で仕えていますと、それほどでもないと思っていた相手の中にも、しだいに長所が見えてくるものであります。否、人間の知恵というものは、そうした態度によって初めて磨かれるものであり、また人間の知恵というものも、そうした態度になることによって、これまで気付かなかった多くの事柄がしだいに見えてくるというわけです。

ですからこのような心がけは、社会のいかなる方面においても、いやしくもそれが世の中である以上、どこにも一応当てはまると言ってよいでしょう。

たとえば、近いうちに知事になるという総務部長の中には、人物識見共に、知事よりも立派な人もないわけではあるまいと思うのです。しかしそうした場合でも、だからといって、その人が知事を軽んじたのでは、秩序というものは成り立たないのです。またそれでは、部下もそういう人には服さないでしょう。

そもそも人間の値打というものは、人物としてはその上位者よりも、その人の方が優れているとしても、自分の地位が低ければ、それ相当に相手を立てて尊敬するところに、初めて人の心を打つものがあるわけであります。たとえば学校に例をとってみても、教頭の中には、その人物識見共に、その人の戴いている校長より優れた人もないわけではないでしょう。

しかも自分が教頭という地位にある以上は、どこまでも校長を敬って、校長に仕えねばならぬのです。もしそうでなくて、「どうもうちの校長は識見が劣っているので、真面目に仕えるのはバカらしい」と言って、いささかでもこれを軽んじるような態度に出るとしたら、それは決して本当の態度とは言えないのであります。否、万一かような態度に出たとしたら、その教頭は凡庸な校長よりも、さらに劣った人物と言わねばなりますまい。

そこでこれを諸君らの上に移して申せば、五年生や二部二年の人に対して、この点を履み違えないように願いたいということです。とくにこのことは、諸君のうち舎にいる人は、上級生との関係が密接ですから、格別に大切だと思うのです。ことに諸君らのうち中学時代の同級生で、今本校の二部二年になっているという人のある場合には、この点の注意がとくに大切だと思うのです。

仮に先方はこちらを同輩扱いにしてくれたとしても、諸君らとしては、やはり一応先輩として対するのが本当だと思います。否そうしなくてはならぬでしょう。というのも、仮に先方は、個人としてはそうした事柄については、何ら気にしない人柄だとしましても、事情を知らない同室の他の人から見ますと、そうした特別の事情は分かりませんから、諸君らが変に見えるわけであります。

ところがこのことは、先方が中学時代に、成績あるいは運動などで、諸君らより劣っており、これに反して諸君らの方は、クラスの役員なんかもしていて、いわば向こうが諸君よりやや低い目にいたような場合には、そういう相手を今日先輩として対するということは、実際問題としては、諸君らの心中かなり切ないものがあるに相違ないと思います。それの分からぬ私ではありません。

しかし諸君!! 人間というものは、実はそうしたことによって、初めて人間として鍛えられるものであります。そして、そうした場合の切なさ、辛さを知らないような人間は、たとえ学科が少しくらいよくできたからとて、人間としては、実はお目出たい人間と言わねばなりません。

かくして、社会的秩序の上における上下の関係というものは、いわば世の中の「約束ごと」とも言うべきものでありますから、これを履み外すということは、同時にそのまま、世の中そのものから履み外して、社会の落伍者となる外ないのです。この点は今後諸君らが、永い生涯にわたって一つの大事なことと思いますので、たまたま先ほど申したような出来事のあったのを幸に、ちょっと申してみたしだいです。

実際この点について諸君らは、将来よほど深く気をつけねばならぬと思うのです。何となれば諸君らは、他日現在諸君らより二、三年も下級で、諸君らとしてはホンの豆小僧と思っているような人間が、将来諸君たちの上へ校長として、ドカンとくるような場合がないとは言えないからです（一同笑う）。諸君‼ 冗談や笑いごとではありません。諸君らもぼやぼやしていると、必ずそういう目に遭うのです。否、何もボヤボヤなんかしていなくても、世の中にはそうした場合が少なくないのであります。そうして、そこに世の中の世の中たるゆえんがあるのです。そうした場合じたばたするのは、何といっても人間のできていない証拠と言わねばなりません。

しかしこうは申すものの、実際にわが身の上に降りかかった場合には、よほどしっかりしている人でも、とかくギクシャクしがちなものであります。そうした場合の態度としては、結局先ほども申したように「相手が校長なるが故に、自分はあくまで校長として仕える」ということであります。すなわち相手の人物のいかんは問題としないで、ただその地位役目に対して、十分の敬意を払うということが大切です。

こういうことは将来必ずや諸君らの上にも起きることだろうと思うのです。ですからこの種の問題に対しては、今日から十分にその心がまえをしておく必要があると思うわけです。そしてそれには、現在の諸君らとしては、先ほども申したように、差し当たりまず二部二年生の中に、かっての日の中学の同級生でもいたならば、その人に対する態度において、自己を鍛えていくんですね。「道は近きにあり」とは、こうしたことを言うのです。ですから、まず手短なこの辺から着手するのが、本当の修養というものでしょう。

先生、講義が終わると、一礼の後、静かに教室から出ていかれた。

第32講——目下の人に対する心得

先生入場、登壇。一礼の後、出席簿を開けられ「近頃は大分病人が減りましたね。これで諸君らの組も病気の峠をこえて、団結して四年へ進むんですね」と言われる。そして「私がこういう授業をするのは、ある種の危険を冒してやっているのです。というのも、もし教科書を離れて授業するのは怪しからぬではないかと言われたら、まったくグウの音も出ないわけです。つまり形の上からは、一言の弁明の余地もないからです。がそれにもかかわらず、あえてかような授業をするのは、偏に諸君らの前途を思うからです。私のお話する事柄は、その時その時に、私にとって深く心の問題となっている事柄を、なるべく諸君らに受け入れられるような形でお話しようと思っているのです。

そこで形の上からは諸君ら向きですが、内面的には、私の心の歩みの足跡と言ってもよいのです。しかし形式の上からは、どこまでも破格ですから、もしお叱りを受ければ、いつでもお詫びする外ないと思います。どうせこんな破格なことをやる以上、それだけの覚悟は常にしているわけです。もっとも小学校では、相手の程度が低いのと、教科書が国定で一定していますから、こういう模倣をしては絶対にいけません。『鵜のまねをする烏水に溺る』で、すべて他人のまねをするのではだめです」

この前「上位者に対する心得」について話しましたから、今日は引き続いて「目下の者に対する心得」ということについて、二、三お話してみたいと思います。

目下の人というと、諸君らは変に思われるかも知れませんが、社会というものは、いわば大きな網のようなもので、もし投網にたとえるとしたら、これを床に拡げればすべての網の目は平等で、そこに上下の差はないわけです。ところがそれを壁に掛けるとか、または手で提げるとなれば、そこには上下の違いができてきましょう。ちょうど、それと同じように、人間はその本質としては、もともと仏性とか神性を具えている故、みな平等なわけですが、それがこうして社会生活を営むことになりますと、そこには社会組織という大きな組織の中へ組み入れられて、それぞれの一員としてのポストにつくわけです。そうしますとそこには組織の上からくる、上下左右の人間関係ができるわけです。

今諸君らにしても、教師と生徒ということから言えば、教師は上で生徒は下というわけですが、しかし諸君ら同士としてはみな平等なわけです。しかしまた上級生、下級生ということになれば、そこには教師に対するほどではありませんが、やはり上下の違いはあるわけです。このようにわれわれ人間は、その本質としてはみな平等ですが、現実の社会生活という面からは、そこにいろいろな上下左右の対人関係ができてきますから、われわれとしては、そうした複雑な人間関係をよくわきまえることが大切だと思うのです。

そこで今日はそのうち「目下の人に対する心得」という問題について話してみたいと思います。それというのも、目上の人とか同輩に対するのと違って、これは気をつけねばならぬ点が多くて、なかなかむずかしい問題だからです。

もっともこの問題は、これを一口で申せば、結局「思いやり」とか「労る」という一語に尽きましょう。つまり儒教の言葉でいえば、「仁」という一事に帰するわけです。もちろん儒教で「仁」というのは、一切の徳の根本ですが、とくに長者すなわち人の上に立つものの「徳」とせられているのです。ところがこの「仁」ということは、これを卑近に申せば、結局「労る」とか「思いやり」とかいうことになると言ってよいでしょう。

ところが、この思いやりの心というものは、人間の本性として、元来何人にも具っているはずですが、しかしそれをおおうているものがありますから、努力してそれを取り除かねばならぬのです。手近な一例で申せば、現在の上級生のうち、諸君らが思いやりのある立派な人だと懐かしく思い、尊敬の念を持っている人は、そう沢山はないでしょう。

つまり人間というものは、自分より目下の人から、思いやりのある人と慕われるような人間になるということ、必ずしも容易なことではないわけです。これは立場をかえて、諸君ら自身が下級生から見られた場合、果たして懐かしまれ尊敬せられているか、それとも煙たがられているかということを、一つ自惚れ心を去って考えてみるがよいでしょう。

このように人間というものは、その本性としては、何人も内に仁心を宿していながら、さてこれを磨き出すということになると、なかなか容易なことではないのです。一箇の人格ができ上がるには、いろいろな方面がありますが、いま上下という関係から見ますと、自分より上の人に対する心がけと、自分より下の人々に対する心得とに、つづめて考えることができましょう。すなわち「敬愛」の二字につづまると言えるわけです。かくして人間は、このように長上と目下の人々に対する心がけという点からも、自己を磨くことができるわけであります。

ところで、この目下の人に対する思いやりというのは、まず自分自身が、目上の人に対してよく仕えるところから生まれてくると思うのです。世間でも、「人に使われたことのない人に仕えるのはつらい」と申しますが、まったくその通りで、人に仕えたことのない人は、どうしても人に対する思いやりが欠けやすいものです。つまり人間というものは、実地身をもってそこを経験しないことには、単に頭だけでは察しのつかないところがあるわけです。

これはさらに進んで申せば、たとえその人の人柄は立派でありましても、世の中の苦労をしたことのない人は、どうしても十分な察しとか、思いやりのできないところがあるものです。つまり世の中のことは、実地に自ら経験したことでないと、察しがつきにくいものだからです。

たとえば病人に対する思いやりなども、やはり自分も病気をしたことのある人でないと、とかく察しのつきにくいものです。そこで自分も病気をしてみて初めて、これまでそれほどにも感じなかった病人の気持ちが、よく分かるようになるという場合が少なくないわけです。

もちろんただ経験さえすれば、それで他人に対する同情が湧くとは言えないのであって、そこには自分の経験したことがらの意味を反省し嚙みしめて、その味わいを他人の中に見出すところまで行かなければならぬのです。そうした反省力のない限り、たとえ反省してみたところで、大して苦労の仕甲斐はないとも言えましょう。

ところが、かように自分の経験の意味を反省して、それを他人の上に推し及ぼすということは、結局は教えというものによらねば、十分にはできがたいとも言えるのであります。

さて一口に目下の人と言いましても、実際にはいろいろありますので、今その一々について申すことはできないわけです。そこでここには、将来諸君らとして、とくに注意したらと思われるような事柄の、一、二を話してみることに致しましょう。

その一つは見習い用務員に対する心遣いです。諸君らの中には、将来見習い用務員のいる学校に奉職する人も少なくないと思いますが、元来見習い用務員という仕事は、学校中でも最もやっかいな役で、ある意味では用務員以上に難役だとも言えましょう。

というのも見習い用務員の仕事には、受け持ちの限界というものがないからです。つまり何でも持ってこられる上に、まだ年端も行かない少年のことですから、仕事の処理に戸惑う場合が少なくないのです。そこで見習い用務員などはなるべく労って、いわば瓜や茄子の苗でも育て上げるように、周囲の人々がこれを育て上げてやる気持ちでないと、なかなか永続きのしないものです。

現にこの学校でも、用務員は一向代わらないのに、見習い用務員は始終代わってばかりいるのです。それ故内部の様子の分かるまではとくに労って、仮に多少の間違いはあっても、あまり小言など言わないで、親切に教えてやるようでないといけないと思うのです。

かように目下の人に対する心がけとしては、どうしても「思いやり」と「労る」ということが大切でしょうが、しかしここで注意を要することは、用務員とか見習い用務員というような人々に対しては、心の中で深く同情していても、言葉の上にそれを表すのは、控え目にする方がよかろうと思うのです。

何故かようなことを申すかというに、人間というものは他から「甘い言葉」をかけられますと、とかく甘え心の起きやすいものだからです。とくに上の人からの場合そうです。ところが用務員や見習い用務員などが、ある特定の先生に甘え心を持つということになりますと、学校における「公の秩序」が乱れる基になります。そこで心の中では深く同情しながら、みだりにそれを言葉の上に表すことは、控え目にする注意が必要でしょう。

このように公私の別というものは、最も大切なことで、たとえば学校の罫紙や封筒を、私用の手紙などに使わぬというような物に関した心得のみならず、ただ今申したような心の持ち方の面でも、非常に大切だと思うのです。否、むしろこうした心の面における公私の別の方が、より大切だと思うのです。

すなわち用務員や見習い用務員などに対する「一言」の発し方にも、常に私情の混入しないように慎むということは、物における公私の別以上に、大切な事柄だと思います。宿直の際には、自分と用務員とだけで学校の留守をするわけですから、とくに「私」に陥らないように注意することが大切です。たとえば、用務員と同僚の噂話をするが如きは言語道断の沙汰で、この一事だけでもその人は、すでに教育者たるの資格を失うと言ってもよいでしょう。

そもそも目下の者が甘えるとか、さらにはつけ入るなどということは、結局は上の者の方が、先に心の隙を見せるからです。これはたとえば女性に対する場合でも同様で、男子さえしゃんとしていたら、女が甘えるとか、さらにはつけあがるなどということは、絶対にあり得ないはずです。

　そこで用務員などに対しても、心の内では深く思いやりながら、しかもそのために私情に溺れて隙間を見せ、その結果、相手を甘えさせるというようなことに陥らない注意が大切でしょう。この辺にもわれわれの修養上、一つの呼吸があるとも言えましょう。

　尚、目下の人に対する心得の一つとして、目下の人だからといって、言葉遣いをぞんざいにしないように――ということでしょう。これはうっかりすると気付きにくい点ですが、大体人間の人柄というものは、その人が目下の人に対する場合の態度、とくにその言葉遣いによって分かるものであります。

　ところで面白いことには、目下の人に対して傲慢な人に限って、多くは目上に対しては阿《おもね》る人が多いということです。つまり目上の人には慇懃すぎるほど馬鹿丁寧な人に限って、ひとたび目下の人に対すると、急に横柄な言葉になる人が多いようです。こういう人は、自分のそうした態度がいかにさもしいかということが分からないのでしょう。

　これはまた学校などでは、出入りの商人などに、横柄な態度で対しないようにという注意ともなるわけです。というのも商人には、いろいろと苦労人が多いですから、諸君らのような若い人が横柄な言葉遣いをしたからとて、決して不快の色を見せたり、いわんや怒りの情を見せるようなことはしませんが、しかしそれだけに深く相手を見抜いていると言えましょう。

　ことに学校回りの商人などは、あちこちの学校に出入りしますから、まるで品評会のように学校や教師の比較をするものです。否、いやでも比較せざるを得ない立場にあるのです。そういうことも知らないで、相手が商人だからと言うて横柄な口を利き、さらには悪ふざけなどするに至っては、実際教師として言語道断の沙汰と言うべきです。

なお、悪ふざけという点で思い出すのですが、この間もある人から聞きますと、どうも宴会などの際に、芸者とか仲居などに対して、とかく下品なからかい話をするのは、案外教師に多いということです。これはある意味では事実かとも思われます。だが相手方としては、こちらの職掌が職掌だけに、とくにいやな感じを受けることだろうと思います。

私のこれまでの経験でも、教師の宴会というものが、案外変な下品さが多いようであります。これなども、結局は人間としての根本の心がけの問題だろうと思うのです。もちろん私がこう申すのは、そういう席でも裃をつけて、鯱張っているがよいなどと言っているわけではありませんが、同時に変な下品さを憶面もなくさらけ出して、何ら恥じることを知らないというのも困りものです。

ですから、そういう席ではあっさりと、さらりとして境に従うというのがよいでしょう。もっともこれは言うはやすいが、実際にはなかなかむずかしいことですが――。

さて話が外れましたが、要するに目下の人々に対する心がけとしては、相手を目下だからとて、決して軽んじないということが根本でしょう。それには現在の諸君としては、まず手近な下級生に対して、横柄な態度をとらぬということでしょう。

実際は生徒時代に一年や二年の隔りは、実力から言っても下級生のうちに、諸君らより実力のある人もいるでしょう。いわんや素質から言うたら、どれだけ多くの人が、自分より優れた素質を持っているか分かりません。

こういうことが分かり出すと、下級生だからと言って、決して横柄に見下すということは、できなくなりましょう。そこでまたこうも言えましょう。つまり目下の人を見下して、横柄に振まうということは、結局相手の内面を洞察することのできない、その人のお目出たさの証拠であると。まったくその通りと言ってよいでしょう。

実際諸君たちが、現在下級生だといって見下している人々の中から、他日校長とか視学となって、諸君らの上に臨む人も必ずや出てくるに相違ありません。諸君らはこれまでかようなことについては、ほとんど考えてみたこともなかったでしょうが、しかし世の中の現実としては、まさに厳然たる事実なのです。

人間もこの辺のことが分かり出すと、初めて少しは引き締まってくるというものです。そしてこのようなことこそ、人生に対する知恵というものです。

今日も先生は一礼の後、静かに教室を出ていかれたが、今日のご講義は、案外みんなこたえただろうと思われた。

第33講——ペスタロッチー断片

いつもは、白墨入れの小箱以外には、何一つ持たれない先生が、今日は珍しくも書物数冊と、『渾沌』(雑誌) とを持って入って来られた。そして礼がすむと右のような題を書かれた。

ちょっと始めにお尋ねしますが、諸君らのうち今日『渾沌』を持っている人は、ちょっと手を挙げて下さい(大部分が挙手)。今日は二月の十七日で、ちょうどペスタロッチーの命日に当たりますので、『渾沌』のペスタロッチー記念号を読むことに致しましょう。それで持っていない人は、隣人に見せて貰いなさい。読む前に一、二大事な点をお話しておきましょう。

まず第一に、諸君は今後毎年二月に入ったら、手頃のペスタロッチー伝を一冊読むがよいでしょう。そしてちょうど読み終わった数日後に、この命日を迎えるようになるとよいと思うのです。もし諸君が、この一事だけでもつづけたならば、その間諸君は、教育に対する情熱を失わないと言うことができましょう。そもそも人間というものは、情熱を失わない間だけが、真に生きていると言ってよいのです。内面的情熱の枯渇した時は、すなわち生命の萎縮した時と言ってよいのです。

そこでペスタロッチーの伝記ですが、どういうものがよいかと申しますと、今申したような点からは、あまり長すぎないで、一週もかければすらりと読了できる程度のものがよいと思うのです。そうした点からは、近く出ることになっている福島政雄先生の『ペスタロッチー小伝』がよいでしょう。明年の命日には、むろん間に合います。それから私の友人の玖村敏雄君の『ペスタロッチーの生涯』も非常な情熱をもって書かれたものです。この本は著者にとってはその処女作で、若い情熱をもって書かれていると言ってよいでしょう。

すべて処女作というものはどこかうぶなところがあって、一般に情熱のこもったものが多いようです。ただ惜しいことにはこの書物は、『ペスタロッチー全集』（玉川大学出版部）の中に入っていて、単行本でないという点です。もっとも、分冊でも売ることになってはいるようですが……。

これ以外では、ドガンという人の『ペスタロッチー』の翻訳がモナスという本屋から出ています。現在絶版になっているようですが、この本の原本は西洋でも非常によい書物とされているものです。というのもこの本の著者のドガンという人は、ペスタロッチーに、イフェルテンの学園で直接教わった人だからです。ですから全部が、亡き人をおもう感動で貫かれていて、とくに十八章の「著者の個人的回想」は、ペスタロッチーの人間性を窺う上から、大変興味あるものです。たとえばその中には、こういうことが載っています。

それはペスタロッチーは、生徒と廊下で会うと、彼は自分の手を生徒の髪の上において「ねえ賢いよい子になろうと思わないかね」と言うのだそうです。またペスタロッチーは、子どもたちの遊びの時には、一緒に遊ぶのを非常に喜んだということです。そして、そういう時、遊び仲間に入らない子がいると、その子が病気ではないかと気遣ったというのです。

それからこれは大変古い書物ですが、沢柳政太郎という人の『ペスタロッチー』というのもよい本です。これは今のドガンを抄訳したもので、大変要を得ているようです。それに非常に著者の情熱がこもっていることが感じられますが、もちろんこれも絶版です。

そこで現在すぐに手に入るものとしては、奈良の女高師にいられる小川正行さんの『ペスタロッチーの生涯及び事業』というものが、目黒書店から出ています。ごくあっさりしたものですが、初めて読むには、これでも悪くはないでしょう。

なおまた諸君が古本屋回りをしていて、久保天髄という人の『酔人の妻』という本があったら、ぜひ求めておくがよいでしょう。ペスタロッチーの有名な教育小説『リンハルトとゲルトールド』のわが国最初の抄訳ですから。

この外にも、ペスタロッチーに関したものは、見つかりしだい、なるべく買っておくがよいでしょう。というのも先ほども申すように、諸君がペスタロッチーという人から離れない間は、諸君らの教育に対する情熱は失われないと言ってよいからです。しかしそれにはまず師範の在学中に、ペスタロッチーに関するものをできるだけ沢山読んでおくことです。

実際小学校の先生で、若い頃にペスタロッチーを読んだ人と、読まない人とではすぐに分かります。私の知人のうちでも、若いころペスタロッチーを読んだことのある人は、どこか教育に対する情熱を失わないでいます。実際不思議と言えば不思議なことです。

では、前置きはこれくらいにして、これから一人ずつ順に読んでもらいましょう。ではまずＩ君から――二人のところは、腰を掛けたままでよいです。

さてこの「育児日記」というのは、先ほど申したドガンにも載っているもので、父親としてのペスタロッチーを知るに最もよいものです。では次。

つまり今日の学校教師というものは、こういう一切れのパンしか、ポケットに残っていないというような、みじめな目に遭っている人はほとんどないのです。ところが人間は、少なくともある期間は、こういう目に遭ってみなければ、本当のことは分からないと言ってもよいのです。つまり少ないながらも、とにかく毎月きちんきちんと月給を貰っているような結構な身分では、真に生命がけで人の子を教育するというような、捨身の情熱は出にくいのです。では次。

諸君らのうち何かペスタロッチーの伝記を読んだことのある人。誰もないんですか(Ｍ君挙手)。ハア何を読んだのですか。小川先生のですか。それはよかったですね。とにかく教師の歩みは、ペスタロッチーを読むと読まぬとによって、大きく違ってくるのです。

では次の人、続きを読んで下さい。……これが先ほど申した『酔人の妻』という小説に出ているものです。この『酔人の妻』というのは教育小説ですから、なかなか面白くて、しかもためになります。見つかったら読んでみるがよいでしょう。今日の教育は、とかく内から燃えてくる情熱が乏しいのです。ですから、生徒が去勢せられてミイラみたいなものになるのです。ではその次。

この「立法と嬰児殺し」というのは『ペスタロッチー全集』の中に入っているもので、社会問題を問題としたものです。その内容は、当時地主の息子などで、家に使っている使用人を誘惑して相手が妊娠してもかまいつけず、そのために娘は困り果てて、生まれた嬰児を殺す場合が少なくなかったというのです。

ところがそうした場合、当時のスイスの法律では、殺人罪で臨んで、しかも相手の男には何一つ罪が及ばないというわけです。それに対してペスタロッチーは、猛然と起ち上がってその不合理を糾弾したのが、この「立法と嬰児殺し」の一書であり、したがってこれはペスタロッチーの数多い著作の中でも、もっとも情熱のこもった、烈々たるプロテストの書です。

これまでペスタロッチーと言えば、単に貧しい子どもたちの教師という面しか一般には知られませんでしたが、この一編が訳されることによって、社会改革を問題としたところに、ペスタロッチーのもう一つの特徴のあることが明らかになったわけです。

同時にペスタロッチーの教育への情熱も、実はこうした点から発していることを見逃してはならぬのです。またそれでこそ、あれほどの情熱でもって、生涯を貫くこともできたわけです。

「苦しみに遭って自暴自棄に陥るとき、人間は必ず内面的に堕落する。……同時に、その苦しみに堪えて、これを打ち越えたとき、その苦しみは必ずその人を大成せしめる」

実際大事なところですね。やけになるとは、われとわが身を捨てることで、人間としては最大の罪悪と言ってもよいのです。実際ある意味では、人殺しと並ぶほどの罪悪とも言えましょう。

ではその次。「ペスタロッチーもこういうどん底に落ちて、しかも自己の根本目標を失わないところから、その人の生命が非常に深く豊かに発展して来たのである」——実によいですね。実際この通りです。人間の真の強さというものは、人生のどん底から起ち上がってくるところに、初めて得られるものです。人間もどん底から起ち上がってきた人でなければ、真に偉大な人とは言えないでしょう。

ところが驚くべきことには、ペスタロッチーがこの決心をしたのは、実に彼の五十三歳の時です。それから八十をすぎるまで、彼はその全生命を貧児教育のために捧げたのです。今日小学校教師のうち五十をすぎて、なおかつ児童の教育に対して情熱を失わないという人は、少ないと言ってよいでしょう。いわんや六十をすぎて、このような情熱を持つ人は、ほとんど絶無に近いと言ってもよいでしょう。

あると言えば、諸君らもご存じの芦田恵之助先生くらいのものでしょう。では教室で読むのはこれくらいにして、後は今日家へ帰って一気に読んでおくがよいでしょう。とにかく命日に当たる今日のうちに、読み上げるんですよネ。

ついでですが、ペスタロッチーに関して、今一つよい書物のあることを忘れていました。それはですね——。

『ペスタロッチーに生きる』(有馬良治著/玉川学園)

この本の著者は京都大学で私より一年上だったものですから、よく知っているのです。非常に純情な人で、専攻は心理学でしたが、ペスタロッチーの精神に深く動かされて、卒業すると、その頃ですから相当な地位にもつけたのですが、それらの一切を断って、京都のS小学校に一代用教員として奉職したのです。

ところが元来があまり丈夫でなかった有馬さんは、過労のため間もなく胸の疾を得て、郷里鹿児島に帰って療養したのです。ところが有馬さんの教育的愛情は、いつまでも子どもたちと離れているに忍びず、とうとう周囲の人々や私達のとめるのも聞かないで、まだ全治しない体を再びS校の教壇に現したのです。

その頃第何回目かのペスタロッチー祭が同校で開かれ、ひとり京都全市から有志が集まったのみならず、近くは大阪、神戸、遠くは岡山、豊橋辺からも来たものです。その時の有馬さんは、病勢もだいぶ進んでいたらしくて、実際はたの見る眼にも悲壮なものでした。そうしてその後間もなく再び病床について、ついに再び起ち得ざるに至ったのです。かくして若き日本のペスタロッチー、有馬さんは、永遠に帰らぬ人となったのでした。

そしてこの書物は、S校の先生方が故人を偲ぶよすがとして、有馬さんの生前の論文や手紙と共に、知人の眼に映じた有馬さんの面影などを集めたもので、『ペスタロッチーに生きる』という書名は、有馬さんの恩師で当時京都大学の教授だった小西重直先生が、この若くして逝った愛弟子のためにつけられた名前です。

なお小西先生は、その著『教育の本質観』を有馬さんの霊に捧げていられますが、このように御自身の主著を弟子のために捧げられるということは、珍しいことで、先生の麗しいお人柄は、こうしたところにも窺われると思うのです。

それにしても私は、ペスタロッチーのことを思うごとに、必ずと言ってよいほどに、この若くして逝った有馬さんのことを思い出さずにはいられないのです。

いつもとはすっかり違った授業だったが、先生のペスタロッチーに対する尊敬のほども窺われて、われわれとしても、得るところが少なくなかった。とくに色々とペスタロッチー関係の書物を紹介せられたのはありがたかった。

付記　戦後ドガンの『ペスタロッチー』の原語訳が出たことはよろこびに堪えない。

『ドガン　ペスタロッチ伝』（新堀通也訳／学芸図書）

それから、その後出たペスタロッチー関係の書物では、次に掲げる福島政雄先生の書物がよい。始めに『ペスタロッチ小伝』があり、ついで「研究篇」では、各方面からペスタロッチーの人と思想とを論じ、最後に「ペスタロッチの遺蹟巡歴記」が添えられていて、一冊の書物でペスタロッチーのあらゆる面を、しかも分かりやすく説かれた書物は、初めてと言ってよい。

『ペスタロッチ』（福島政雄著／福村書店）

第34講——国民教育の眼目

今日は、今年のうちでも一番寒い日かと思われたが、先生はいつもと少しも変わりなく、静かに入ってこられて、一礼の後、出席をとって授業に入られた。

諸君はこれから二年たつと、少なくとも資格の上では、立派に一人前の先生として教壇に立つわけですが、それは、教科書の内容を、型通り子どもたちに授けるということだけですむわけではないのです。

すなわち真の教育というものは、単に教科書を型通りに授けるだけにとどまらないで、すすんで相手の眠っている魂をゆり動かし、これを呼び醒ますところまで行かねばならぬのです。すなわち、それまではただぼんやりと過ごしてきた生徒が、はっきりと心の眼を見ひらいて、足どり確かに、自分の道を歩み出すという現象が起こって来なくてはならないのです。

しかしながら、このように相手の魂をその根本から揺り動かして目を醒ますためには、どうしてもまず教師その人に、それだけの信念の力がなければならぬでしょう。すなわち生徒たちがその眠りから覚めて、自ら起って自分の道を歩み出すためには、まず教師自身が、全力を挙げて自分の道を歩まねばならぬでしょう。

教育がいわゆる型通りの紋切のものに終わって、相手の心に迫る力を持たないということは、実は教師自身が、一つの型にはまりこんで、その活力を失った結果と言うべきでしょう。実際はわが国の教育で、現在何が一番欠けているかと言えば、それは制度でもなければ設備でもなく、実に人的要素としての教師の自覚いかんの問題だと言うべきでしょう。

もちろん問題は、ひとり教師の側のみにとどまらず、生徒の側から言っても、現在の学校制度では、生徒が教師を尊敬する点においても、大いに欠けていることは事実です。しかしながらこの問題も、教師の立場からはやはり一切の責任は、教師としての自分にあるとしなければならぬでしょう。

かくして今日教育の無力性は、これを他の方面から申せば結局「志」という根本の眼目が欠けているということでしょう。なるほどいろいろな学科を型どおりに習いはするし、また型どおりに試験も受けてはいます。しかし肝腎の主人公たる魂そのものは眠っていて、何ら起ち上がろうとはしないのです。

というのも志とは、これまでぼんやりと眠っていた一人の人間が、急に眼を見ひらいて起ち上がり、自己の道をあるき出すということだからです。今日わが国の教育上最も大きな欠陥は、結局生徒たちに、このような「志」が与えられていない点にあると言えるでしょう。

何年、否十何年も学校に通いながら、生徒たちの魂は、ついにその眠りから醒めないままで、学校を卒業するのが、大部分という有様です。

ですから、現在の学校教育は、まるで麻酔薬で眠りに陥っている人間に、相手かまわず、やたらに食物を食わせようとしているようなものです。人間は眠りから醒めれば、起つなと言っても起ち上がり、歩くなといっても歩き出さずにはいないものです。食物にしても、食うなと言っても貪り食わずにはいられなくなるのです。

しかるに今日の学校教育では、生徒はいつまでも眠っている。ところが、生徒たちの魂が眠っているとも気付かないで、色々なものを次ぎから次ぎへと、詰めこもうとする滑稽事をあえてしながら、しかもそれと気付かないのが、今日の教育界の実状です。それというのも私思うんですが、結局は、われわれ教師に真に志が立っていないからでしょう。すなわち、われわれ自身が、真に自分の生涯を貫く終生の目標というものを持たないからだと思うのです。

すなわちこの二度とない人生を、教師として生きる外ない運命に対して、真の志というものが立っていないところに、一切の根元があると思うのです。しかしそんなことで、どうして生徒たちに「志」を起こさすことができましょう。それはちょうど、火のついていない炬火で、沢山の炬火に火をつけようとするようなもので、始めからできることではないのです。

諸君たちは、現在自分が教師でないからといって、この話を他人事だなどと思っていたら、それこそとんでもないことになります。というのも教師になってから教師の志の問題を考えていたんでは、時すでに遅しだからです。それはちょうど家の門を出るまで、どこへ旅立つかも決めずにいて、門を出てから、さて自分はどこへ行ったものだろうと考えてみたとて、どうなるものでもないのです。旅立ちに際しては、その行先は出発前にハッキリと決定していて、門を出れば、一路その目的地に向かうのが本当です。

否、本当というよりも、それが普通であり、われわれの実際なのです。そこで今教育においても、教師になってから志の問題を考えているようでは、すでに手遅れです。だいいち教師になってからでは、かような問題を考える心の余裕が与えられないのです。競走などでも、一たびスタートを切った以上は、一路決勝点に向かってひた走りでなくてはなりますまい。

そもそも人間というものは、自分の欠点に気付き出した時、ある意味では、すでにその欠点を越えようとしつつあるといってもよいでしょう。ですから諸君らは、今生徒としての現在において、やがて来るべき日の自分の姿のみじめさが見えるくらいでなくては、とうてい真の教師にはなれないでしょう。

すなわち「自分もいつまでもこんなことをしていたんでは、大した教師にはなれないだろう。一端の教育者となるには、何とかして現在のこの生温るさを克服しなければならぬ」と、日夜思いつめるところがなくてはならぬのです。この思いつめる力そのものが、実は刻々に、自分に対して内面的な力を与え、それがやがてまた将来の飛躍への原動力となるのです。

このように、教育の力は、何よりもまず教師自身の自覚の力に待つとしたら、さらに一歩すすめて「では、そのような教師の力は、一体どこから出てくるか」この点を明らかにしなくてはならぬでしょう。それには人によって、多少考え方の違いはありましょうが、結局それはわが国の現状、並びに将来を考えるということが、その根本をなすのでしょう。

すなわち国民教育者としての真の自覚は、何よりもまずわが国現下の国情について、深刻に憂えるところから来るのです。人間も、単に個人的な名利を求める動機から出る熱心さは、たいてい限度のあるものです。

かくして真に尽きせぬ努力というものは、結局私欲を越えて公に連なるところから初めて生まれると言えましょう。それはいわば普通の井戸と、掘り抜き井戸との違いのようなもので、普通の井戸では幾ら水が出るといっても、そこには一定の限度があります。ところが掘り抜き井戸となりますと、最後の岩盤が打ち抜かれた以上、昼夜を舍《お》かず滾々《こんこん》として湧く水には限りがありません。そのうえ普通の井戸のように、一々吸い上げる手間さえいらないのです。同様に人間も真に公ということが分かり出しますと、限りない努力をしながら、しかも疲れを覚えなくなるのです。

わが国の現状は、今さら申すまでもないことながら、実に建国以来の空前な大難局にあります。すなわちわが国は、今や国を挙げて、真に乗るか外るかの重大時期に際会しつつあると言ってよいのです。しかも舟はすでに纜《ともづな》を切って走り出しているわけです。今さら後へは退けないのです。そこでどのような困難が来ようとも、いささかもたじろぐべきではないでしょう。同時に現下のこの国状が分かるなら、たとえお互いに渺たる存在にすぎないとしても、そこに自らの進むべき一路を開かなくてはならぬと思うのです。

同時にそれは諸君らにとっては、まさに生涯の道でなくてはならぬと思います。すなわち諸君らは、自分の今後進むべき方向を国家の運命に照らして見る時、そこには自分独自の角度から、自己をささぐべき途が見出されるわけであります。かくしてそこには、自分の生命に徹することが、やがて民族の生命と切り結ぶとも言えましょう。

同時にここまで来なければ、国のために尽くすなどと言っても、未だ十分なものとは言いがたいでしょう。同時にその時、かような教師によって教えられる生徒たちも、またその光に照らされて、それぞれ自己の「道」を見出すこととなりましょう。国民教育の眼目と言っても、結局はこの外にないと思います。

今日は寒くて、文字を書く手がかじかむほどであったが、しかも先生の力強い情熱のために、終始緊張してこの一時間が終わった。先生は例によって、ていねいに一礼された後、静かに教室から出ていかれた。

第35講——為政への関心

先生、例によって静かに教室へ入られ、一礼の後、出欠をとられる。するとN君が「今日はI君が欠席です」と言う。先生「どこか悪いのですか」と尋ねられたので、N君が「頭が痛いらしいです」というと、「アアそうですか」と言われて、やがて点検がすむ。そして今日の題目と共に、左の書物の名も板書せられた、

『白河楽翁公伝』（渋沢栄一著／岩波書店）

「ここにご紹介するこの『白河楽翁公』という書物の著者は、渋沢栄一という名になっていますが実際の著者は他の人のようです。その辺の事情は、諸君がこの本を読んでみられれば分かることです。相当大部のものですから試験を眼前に控えている諸君らには、すぐに読み始めるわけにはいかないでしょうし、またその必要もありません。ただやがて試験もすんだら、春休みくらいに、ぜひ一読されるがよかろうと思うのです。というのも良書というものは、われわれにとっては、常にその生涯を左右する、分岐点という意味を持つからです。すなわち真の良書というものは、これを読むものに対して、その人の人生行路を決定していく意義を持つと言ってもよいからです」

では、私が諸君らに対してこの本をお奨めするのは、一体いかなる意味においてでしょうか。それというのも諸君らも知ってのように、この楽翁公という人は、決して普通の意味での教育家ではないからです。

楽翁公については、教育家という名称よりもやはり政治家という名称が当たっており、さらに適切には、経綸の人という名称がよりふさわしいとも言えましょう。実際、楽翁公こそは、徳川幕府の下半期における、最も偉大な経綸の一端に触れられた方だということは、げんに子爵の序文が詳らかにこれを語っているのであります。

そこで今私が、将来教育者たろうとしている諸君らに向かって、このような書物をお奨めすることについては、あるいはこれをいぶかる人があるかも知れません。何となれば、諸君らが将来その生涯を捧げようとしているのは、国民教育の世界であって、決して政治家たろうとする道ではないからです。

しかし私から言えば、むしろそれ故にこそ、かえってこの書の一読をお奨めしたいと思うのです。それというのも教育というものは、古くは孔子、プラトンから、近くはペスタロッチーに至るまで、偉大な教育者にして、かつてその若き日に経綸の大志を抱かなかった人はないからです。すなわち古来優れた教育者と言われるほどの人は、多くはその抱いた経綸の志が、何らかの障害によってその実現が阻まれることにより、経綸の直接的実現を断念すると共に、後に来る幾多の英俊を育てることによって、それらを通して実現しようと念ずるに至った人々だからでありま す。すなわち古今の偉大な教育者の多くは、その経綸の志の実現が阻止せられたことを縁として、深く教育の世界へ転じて来た人々であります。

したがって真に教育者たろうと志す人は、いわゆる教育者たちの伝記を読むだけでは、実は十分とは言えないと思うのです。もちろん教育者たろうとするものが、その道の直接的先達として、偉大な教育者の足跡を尋ねるということは、まことに当然なことですが、しかし私としては、それだけではなお足りないと思うのです。

それというのもたとえばペスタロッチーにしても、その青年時代には、むしろ社会改革者として生きようとしたことはすでに申した通りであります。すなわちペスタロッチーは、決して始めから教育者を志した人ではなかったのであって、彼が最初に志したのは神学であり、彼が神学を学んだということは、実は宗教を通して貧しい人々を救済しようとしたのであります。ところが青年ペスタロッチーにとっては、貧しい人々の現実的苦悩を救うには、当時形式化した宗教では、その無力なことがしだいに痛感せられて来たのであります。

かくして彼の関心は、しだいに現実の社会改革の方向に向けられていったわけですが、しかも人生の経験を重ねていくと共に、真に人間を救済するものは、いわゆる形式的な宗教でないと共に、またいわゆる社会改革でもなくして、実に幼少時において、人間の魂に根本的な革新を与えるところの、真の教育の外ないことに到達したのであります。

このようにペスタロッチーは、形の上からは、その人生行路を幾転変したのでありますが、しかもそれらを一貫して変わらなかったものは、実に「人間救済」の一事の外なかったわけであります。

以上、ペスタロッチーについて一瞥しただけでも明らかなように、真の教育というものは、その根本において、実に人間救済に対する偉大な情熱を持つでなければ、とうてい真の力を持つものではないわけです。しかも人間救済の情熱は、これを大別する時、結局、政治と教育という二つの現れ方をすると言ってよいでしょう。

すなわち政治は外を正すことによって、内をも正そうとするものであり、教育はこれに反して、内を正すことによってついには外をも正そうとするものであります。したがってその現れる方向こそ違え、政治と教育とは、本来不可分のものでなくてはならぬはずであります。

現に東洋においては、古来政教一致という言葉もあるほどであります。したがって今偉大な教育愛が、同時に内に大なる経綸の情熱を抱くということは、何ら怪しむに足りないことであります。また実に偉大なる経綸の大才は、必然、内に深き教育的情熱を持つわけであって、このことは現に、この『白河楽翁公伝』を一読することによっても明らかであります。

もちろん、現代において真先にこの書を読まねばならぬ義務のあるのは、首相及び大臣ないしは知事等の、いわゆる行政長官の地位にある人々でしょう。しかしながら、知事や大臣のような行政官がこの書を読むのは、いわば当然の義務であって、これあたかも諸君らが、あるいはペスタロッチー伝を読み、あるいは藤樹先生の伝記を読むのと同様で、いわば当然のことです。したがってこの書は、それが単に行政官たちによって読まれるだけでは、その価値はいわば平面的にとどまると言えましょう。

ところが、将来教育者たろうとしている諸君らによって読まれるとしたら、その時この書物は、諸君らの将来の方向に対して、何らかの変化を与えるのではないかと思うのです。それというのも真の教育者は、しばしば申して来たように、その心の奥底には、いかにしてこの現実界を救うかということが、その根本の問題だからであります。少なくともそうした情熱が、常にその中に納められていなくてはならぬでしょう。

実際われわれ国民教育に従事する者が、眼前に居並ぶ幼い子どもたちに対して、男子一生の心血をそそいであえて悔いないのは、他日かれらを通して二十年、三十年の後に、この現実界の一角を改めずんば已まぬという、絶大な願いを内に抱くが故であります。

もしそうでないとしたら、男一匹生涯を、単なる子守りに甘んじているわけにはいかないはずであります。かくしてわれわれ国民教育者の生き方としては、ある意味では、最高かしからずんば、最下か、現実界改革の根本動力となるか、それとも子守りとなるか、そのいずれかとも言えるわけであって、諸君らの前には、今やこれら両者のうちそのいずれを選ぶかという問題が、いわば無形の白刃として突きつけられているとも言えましょう。

かくして諸君たちが現在の若さをもって、わが国がかつて有した一人の偉大な経綸の大才、白河楽翁公の魂に触れるということは、極微的にもせよ、必ずや諸君らの生涯の上に、一つの転機を与えるのではないかと思うのです。と言うのも、われわれ国民教育に従事するものは、中等学校(旧制)並びにそれ以上の諸学校の教師と違って、直接に地方の現実と密接していますから、そこには必然に、ある種の政治的関心を要請せられる一面があるわけです。

この点は中等学校(旧制)が、地方の現実から遊離しているのとは、多少その趣を異にしているわけです。同時にまたそこからして、中等学校長(旧制)を務めることはそれほどでもないが、真に小学校長を務めるということは容易でない、とも言われるゆえんでもありましょう。

私もかねてから、国民教育者のたしなみの一面として、政治的関心の必要なることを痛感していたのですが、不幸にしてこれまで、教育者として読むべきこの方面の良書の乏しいのを遺憾に思っていたわけです。

ついでながら私が、この方面において優れていると思う古典としては、唐の太宗の『貞観政要』それにわが国では『西郷南洲翁遺訓』及び勝海舟の『氷川清話』と『海舟座談』等にすぎなかったのです。しかるに今この良書を加え得たことは、その喜びたるや、ひとり為政の任にある人のみではないと思うのです。すなわち教育の道に進もうとしているわれわれにとっても、この書を通して学ぶべきものは、決して少なくないと思うのです。いわんやこの書が手がかりとなって、将来諸君らが、さらに進んで楽翁公自身の著述である『楽翁公遺書』とか、その外徳川時代に名藩主と言われたような人々の研究にも進まれるとしたら、今日この書物をご紹介したこともたいした実りを得るわけであります。

先生、講義が一段落すると「まだ少々時間がありますから、二、三気付いたことをご参考までに申してみましょう」と言われて次のようなご注意があった。

・火鉢の炭の灰を、火箸でかき落とすものではありません。そういう瑣細なことの上にも、どこか人間の嗜みを窺わせるものです。それどころか、自分が火鉢のそばを離れる時には、炭火に灰をかぶせておくくらいの心の嗜みがあってほしいものです。

・人間苦しい目に出遭ったら、自分をそういう目に遭わせた人を恨むよりも、自分のこれまでの歩みの誤っていたことに気がつかねばなりません。かくして初めて自分の道も開けるのです。また人間の内面的な強さや、しなやかさも、かくして初めて鍛えられるのです。

・多田鼎さんは一高に通っていながら、それをやめて宗門の大学へ入られたということです。つまりそれによって、宗門の大学を重からしめられたのだそうですが、これは実にたいしたことです。いやしくも天下に名をなすほどの人には、この程度の気魄のあることを知らねばならぬのです。

・まいた種子が、全部生えるということはないでしょうが、同時にまたまいた以上は、どんな痩地でも、必ず若干は生えるものです。そこでわれわれ教師としては、生徒の素質のいかんを言う前に、まず生命の種子を相手の心の中へまき込むことです。生命の種子をまくとは、自分の全信念を傾けて教えるということです。

・精神的に生きることに、どうしても真の満足が得られないとしたら、むしろ物質生活に徹底する方がまだしもましでしょう。つまり、教育者たることに真の安立が得られないなら、思い切って大実業家になるんですね。ところがこの点のふん切りのつかないような人間は、仮に実業界に転じてみたとて、大した成功はできないでしょう。

第36講――誠

先生、いつものように、ていねいに礼をされ、題目を板書せられてから「諸君、妙なことを申すようですが、諸君らは将来教壇に立ったら、白墨は太い方から使うがよいでしょう。これを唱えられた人が、私の知っている範囲で二人あります。その一人は泉北の孝子、島田安治郎先生であり、今一人は諸君もご存じの芦田恵之助先生です。このうち、島田先生の方は詳しいことは存じませんが、経済の方から入って、結局『もったいない』という宗教的な立場からであろうと思います。

次は芦田先生ですが、先生は純粋に教育の立場から着眼せられたようです。諸君らのうち一度でも先生のご授業を拝見した人ならすぐ気付くことですが、先生の板書は実にお立派で、板書一つを見ても、まさに天下一品と言えましょう。ところがあの板書の文字は、どうしても白墨の太い方からでないと書けないということです。

これはなかなか面白い問題で、実際さもあろうと思われます。つまり教育の一道に徹すると、白墨の使い方一つも、重大な問題となってくるわけです。このように、これら二人の方は、出発点こそ違え、その到達せられたところが、おのずから一に帰したということは、はなはだ興味深いことです。しかしこれは考えてみれば、何ら不思議なことではなく、きわめて当然なことと言えましょう。何となればすべて物事の真実を突きつめていけば、同じところへ落ち着くものだからであります」

さてこの話はそれだけとして、わが国における学校の教師は、おそらく幾十万とあることでしょう。いわんや維新以後教師になった人の延人員を数えたら、おそらく幾百万と言ってもなお足りないほどでしょう。しかもそれほど数多い教師の中で、白墨の使い方一つについても、太い方から使わねばならぬと主張せられた人となると、そんなに多くはないでしょう。

もちろん以上二先生以外にも、ないわけではないでしょう。無名に終わられた先生たちのうちにも多年の経験からして、同一結論に到達した人も少なくはないでしょう。だが、同時にさほど多くもないでしょう。いわんやその波紋が、天下に拡がっている人と言えば、結局、芦田先生をもって嚆矢とする外ないでしょう。

そこで諸君らも将来教壇に立ったら、この一事だけでも忘れずにいれば、そこにその程度なりに教育の道が行われるわけです。どうも今日わが国の教育界においては、まだ真の意味においての教育者の道というものが確立するまでに至っておりません。

なるほど教育の制度、校舎の建築その他、設備上のことがらは、ずいぶん整備せられて、それこそ全国津々浦々にまで行きわたっていますが、しかし一たび教育者の道ということになりますと、まだ決して確立せられているとは言いがたいでしょう。では、だれがこれを打ち立てるかというに、結局それは諸君ら一人びとりの将来の責任という外ないでしょう。が同時にまたその一歩は、現在すでに踏み出されつつあるわけです。

昨年の春以来私は、諸君らに向かって、たびたび「一道をひらく」とか、「一道を興す」というような言葉を使ってお話をして来ましたが、しかしこれは、諸君らの眠っている魂をゆり動かし、これを燃え上がらせるための方便であって、実は真実の道というものは、自分がこれを興そうとか、あるいは「自分がこれを開くんだ」というような考えでは、真に開けるものではないようです。同時にこの点は、実に大事な問題だと思うのです。

では真実の道は、一体いかにして興るものでしょうか。それには、「自分が道をひらくのだ」というような一切の野心やはからいが消え去って、このわが身わが心の一切を、現在自分が当面しているつとめに向かって捧げ切る「誠」によってのみ、開かれるのであります。

が同時にそれだけに、この誠の境地には容易に至りがたく、実に至難なことだと思うのです。と申すのも、お互い人間の誠には、「もうこれでよい」ということはないからです。すなわち、「もうこれくらいならよかろう」と腰を下ろしたんでは、真の誠でないからです。真の誠とは、その時その時の自己の「精一杯」を尽くしながら、しかも常にその足らざることを歎くものでなくてはならぬからです。

その意味からは、誠はまた綱渡りに喩えることもできましょう。そもそも綱渡りというものは、決して中途でとどまることのできないものであります。つまり向こう側にたどりつくまでは、どうしても常に進まねばならぬのです。同時に綱渡りで向こう側へたどりついて「やれやれ」とホッとするのは、これを現実の人生で申したら死ぬ時です。

すなわちわれわれが、この肉体の束縛から解放せられた時、それが綱渡りの終了した時です。

そこでそれまでの間、すなわち生きている間は、一瞬の油断もなく、進みに進まねばならぬのです。これ真実の生活というものであり、すなわちまた誠に外ならぬわけであります。

綱渡りが喝采を受けるのは、なるほど途中でも喝采は受けましょうが、しかし真の喝采となると、どうしても向こう側へ着いてからでないと、真の喝采とは言えないでしょう。と言うのも、もしも万一のことがあったならば、途中での喝采はたちまち無効になるからです。そこで真に間違いのない喝采となると、やはり首尾よく綱を渡り終えてからでないといけないわけです。

同様に今、一人の人間の真価が本当に認められるのも、——もちろん、生前に認められるということもないわけではありませんが、——しかしどうしても動かぬところとなれば、やはり亡くなってからのことでしょう。ところでここに注意を要する点は、なるほど綱渡りで真に喝采を受けるのは、向こう側へ着いてからのことですが、しかしそのように喝采せられる内容はどこにあるかと言えば、やはり綱を渡る間の渡り方にあるわけで、決して向こうへ着いてからの態度や状態ではないはずです。

同様にいま人間の真価が、本当に認められるのは、その人の死後に相違ないですが、しかもその真価は、死後にあるのではなくて、実に生前の生活そのものにあることを忘れてはならぬのです。結局一口に申せば、その人の一生が、いかほど誠によって貫かれたか否かの問題でしょう。

実際、誠ということほど、言うにやすくして、その実行の困難なことはないでしょう。われわれはサアと言えば「自分は誠でやったんだ」などと言いますが、しかし省みて真に誠と言い得るのは、実に容易なことではないと思います。

そこで一つごく卑近な例によって、誠への手がかりを申してみましょう。私が、今ある人から嗽《うがい》のために古い薬瓶を洗っておくようにと言いつけられたとしましょう。そこでさっそく言われた通りに二、三度水を変えて、内側をきれいに洗ったとしましょう。しかしそれでは実は最小限のことであって、まだ真実に真心をこめたとは言えないでしょう。

そこで一歩をすすめて、外側に残っていた古い紙片をはがしておく、つまり内外共にきれいにしたとしましょう。同時に普通の立場から、まずこの程度で一応真心を尽くしたと思うでしょうが、しかしよく考えてみますと、この程度でもまだ十分に誠を尽くしたとは言えないと思うのです。ではその上にどうしたらよいかというに、次には、中へちゃんと水を入れ、それに塩なら塩を添えて持っていくわけです。

まずこの辺までいって、いささか真心がこもったと言えましょう。しかし考えようによっては、さらに塩を入れてよく加減しておくという場合もありましょうが、しかしこれは相手にもより、場合にもよることで、一概には言えないでしょう。

さて以上は、きわめて卑近な一例にすぎませんが、要するに誠に至るのは、何よりもまず自分の仕事に全力を挙げて打ちこむということです。すなわち全身心を捧げて、それに投入する以外にはないでしょう。かくして誠とは、畢竟するに「己れを尽くす」という一事に極まるとも言えるわけです。

すなわち後にすこしの余力も残さず、ひたすらに自己の一切を投げ出すということでしょう。しかしながら、このように自己の一切を投げ出すというには力がいります。否、実に絶大な力を要するのです。そしてここに、誠が絶大な力と言われるゆえんがあるわけです。同時にこのように自己の一切を捧げ、己れを尽くし切るところ、そこにおのずから一筋の道が開かれてくるわけです。

　これは何も自ら道を開こうと考えてしたことではないのですが、自分が体当たりで打ちかかっていくところから、そこにおのずと開けてくる道と言ってもよいでしょう。これに反して、自ら一道を開こうと考えるのは、実はそこにまだ「我」が潜んでいますから、真の「誠」とは言えないわけです。

　なるほど最初に起ち上がるには、そうした意気込みや気概も必要でしょう。しかし真の道というものは、決してそれのみで開かれるものではありません。真の一道が開かれるのは、かくして起ち上がった自己の内なる醜い我見をえぐり出して、かくして浄められた自己の全心身を、己がつとめに対して、投げ込み捧げ切るところ、そこに初めて開かれてくるのであります。

　それは最初に申したように、白墨の使い方一つに至るまで、そこに真心がこもるところまでいかねばならぬわけです。精神がこもるとは、生命がこもるということであり、生命の全充実に至って、初めてそこに、おのずからなる一道が開かれるというものでしょう。

　かくして真の「誠」は、何よりもまず己のつとめに打ち込むところから始まると言ってよいでしょう。すなわち誠に至る出発点は、何よりもまず自分の仕事に打込むということでしょう。総じて自己の務めに対して、自己の一切を傾け尽くしてこれに当たる。すなわち、もうこれ以上は尽くしようがないというところを、なおもそこに不足を覚えて、さらに一段と自己を投げ出していく。これが真の誠への歩みというものでしょう。

そこで真の誠への歩みは、またこれを「全充実の生活」と言ってもよいわけです。古来、誠ほど強いものはないと言われるのも、要するにこの故でしょう。諸君らもご承知のように、松陰先生は「至誠にして動かざるものは未だこれあらざるなり」とおっしゃっていられますが、諸君らはこれを只事と思ってはならぬのです。自分のすべてを投げ出していく必死の歩みなればこそ、誠は真の力となるのです。

この趣が分からないで、何らの反省もない独りよがりな自分の独善的態度をもって、誠と考えている程度では、松陰先生のこのお言葉の真の趣など、とうてい分かりっこないでしょう。同じく水面に石を落すにしても、石をドボンと落としたんでは、波紋はほとんど拡がりませんが、もし大きな波紋を描こうとしたら、力の限り石を水面に投げつけねばならぬでしょう。

同様に人間の誠も、いい加減に構えているような無力な生活態度でなくて、真の全力的な生命がけの生活でなくてはならぬのです。否、全力的な生活などということさえ、なお生温いのです。真の誠は、このわが身、わが心の一切を捧げ切る常住捨て身の生活以外の何物でもないのです。

今日は朝からずいぶん寒い日だと思っていたが、この一時間は、終始緊張して時のたつのも忘れていた。先生、例のように一礼の後、静かに教室を出ていかれた。

第37講——死生の問題

先生に教わるのも、もう後二、三時間しかない。みんなもそのせいか、教室の空気は平生以上に緊張している。そこへ先生、いつものように静かに入ってこられて、礼の後、今日の題目を板書せられたが、それは「死生の道」というのである。

礼がすんでから「今日は少し冷えますね」と言われ、一同を起立させて、腕の屈伸運動を続けて行われる。疲れてくるにしたがって、だんだん強い号令によって励まされる。

先生は体操がすんでから「諸君が将来卒業して先生になったら、冬の間は必ず生徒に暖をとらせることを忘れてはならないです。それには適当な方法を二、三決めておくがよいでしょう。どうも机間でやるものは制限があってむずかしいですが、短時間に最も効果の挙がるものを選ぶんですネ。とにかく教師は、今日は生徒たちがどれほど寒がっているかということが、分かっていなければならぬのです。教師の方は積極的な立場ですから、それほど寒さは感じません。ですから生徒の寒さを自分と同じと思っていてはいけないのです。生徒の寒さに対する察し一つつかないようでは、教師の資格はありません。

今やった体操は、男生徒には適当なものの一つです。ところが、男生徒にはよくても、女生徒には不適当という場合があります（と言って膝の屈伸をつけ加えた運動をして示される）。そこで女生徒に最も効果あるのは、指二本くらいで、首の両脇の頸動脈の辺を強くこすらせるのです。これは女生徒にやらせても品悪くなく、まず無難な方法です。これはうっかりすると一寸気付かないことです。しかし男生徒にはもう少し筋肉を使うものの方がよろしい。

私が平素換気の問題をやかましくいったり、またかような問題について申すのは、必ずしも現在の諸君のためばかりではないのです。つまりやがて諸君の教える生徒たちのことを思うと、ついこうしたことも言わずにおれないのです。諸君自身は、もう相当の抵抗力を持っていますから、それほどでもないでしょうが、将来諸君の教える生徒たちのことを思うと、どうしても言わずにいられないのです。それ故諸君らも他日教壇に立ったら、どうかこのことを思い出して戴きたいものです」

諸君らにお話できるのも、もう後一、二時間しかありませんので、今日は一つ「死生の道」という題で話すことに致しましょう。しかし「死生の問題」などと言いますと、諸君らのような若い人は、自分らのような若い者には、そんなことは縁遠いことだと思われるかも知れません。しかし私は必ずしもそうとは思わないのです。と申しますのも、われわれ人間は、死というものの意味を考え、死に対して自分の心の腰が決まってきた時、そこに初めてその人の真の人生は出発すると思うからです。

したがってこれを逆に申せば、未だ死について何らの考えもなく、死に対して何ら腰の決まらないうちは、その人生は、いまだ真実とは言えないと言ってよいでしょう。すなわちそれはただ起きたり寝たり、食ったり息したりというだけで、その人の真の人生は、まだ始まっているとは言えないわけです。

では「死生の問題」は、一体いかに考えたらよいでしょうか。人によっていろいろ考え方があろうとは思いますが、私はわれわれ日本人としては、自分が天からうけて生れた力の一切を、国家社会のために捧げ切るところに、真に死生を超える道があると思うのです。

ここでわが力を捧げ切るというのは、自分の力を余すところなく生かし切るということであって、その点からは、これは生の道の徹底とも言えるわけですが、同時にかく生に徹することによって、そこにおのずから死をも超える一道が開かれくるのであります。

すなわちわれわれは、自己の生に徹することによって生を超えると共に、そこにおのずから死をも超える道が開かれてくるのであります。かくして人生を真に徹して生きる人には、生死はついに一貫となり、さらには一如ともなるわけであります。

すなわちその時、死生はついに別物ではなくなるのであります。すなわちそこには、自分の使命に生き切ったということに対する無限の喜びが、死に対する恐怖を感じさせなくなるわけです。そしてこの点は、たとえば鉄道における一つの任務を守って、職に殉ずるような場合はもちろんですが、あるいはまた学者などでも、その生涯を貫いて、最後の「血」の一滴までも、自分の使命とするところに捧げ切るような場合にも当てはまると言えましょう。

かくして人間は、真に生き切った時、そこには何ら心残りはないはずです。なるほどそれは、一面からは悲壮の極みとも言えましょうが、同時にそれは、また人間の生き方として最高の燃焼度に達した生き方でもあるわけです。

以上によっても窺われるように、われわれ人間は、自分の力を真に残りなく発揮し尽くすことによって、そこにおのずから死生一貫の道に合することができるのであります。同時にそれはまた生死を超越する一道でもありましょう。すなわち現在の自分としては、もはやこれ以上はできないというまで生に徹することによって、そこには、生命の全的緊張の中に、おのずから一種の悠々たる境涯が開かれてくるとも言えましょう。

かくして人間としては、もちろん一面からは長く生きたいには相違ないですが、同時にまたどうしても死なねばならぬとあれば、それもまた已むを得ないという、悠々たる心境になれるでもありましょう。

ここにおいてか、真に死を超える道とは、畢竟するに死に対する恐怖の消滅する道とも言えましょう。すなわち真に生きるとは、死に対しても、自らもって瞑すべしとなし得るような道を言うのであります。すなわち、もちろん自らすすんで死を求めるのではないが、しかしどうしても死なねばならぬとあれば、あえてじたばたしないで、おもむろにこれを迎えるという、腰の据わりができるということでしょう。

しかしそのためには私達は、平生あらゆる瞬間において、自己の力を余すところなく発揮し実現しているでなければ、それはとうてい不可能なことであります。それというのもそうでなければ、いざとなった場合、必ず思いが残ることになるからです。

そもそも日本人としての最高の生き方は、結局は自分のこの肉体が解体してからも、なお国家社会のために、何らかの意味で貢献し得るような生き方をするということでしょう。すなわちこの肉体が消え失せた後にも、なおその人がその生前においてなした事柄が、多くの人々の心を動かして、国家社会のために尽くさすような力を持つと言うことでしょう。

お互い日本人として、死後における最高の生き方は、どうしてもこの外にないと思うのです。しかしながら、われわれ平凡な人間としては、死後において広く国家社会のために、人々を興奮感起せしめるというようなことは、とうてい望み得ないこと故、せめてわれわれが従事し、その生涯をそこで果てるこの教育の世界に対しては、死後においても、なお多少は貢献し得るような一生が送られたとしたら、けだし本懐と言ってよかろうと思うのです。

しかしながら、われわれのようなものでは、その程度のことさえ実際問題としては、容易なことではないと思います。しかしながら、それは目標を広くわが国の国民教育界を考えるからであって、もしその目標をしぼって、大阪府下における国民教育界としたら、以上私の申したようなことも、必ずしも全然望み得ないことでもないでしょう。

すなわち自分の死後、大阪府下の国民教育に従事している人々のために、多少とも貢献し得るような生き方をしようということであれば、それは必ずしも不可能ではないと言えましょう。しかしながら、人によってはそれすらも、なお目標が大にすぎるという人もないではないでしょう。

それならわれわれは、もう一段と機首を下げて、自分の住んでいる地方において、としたらどうでしょう。これとても実際問題としては、容易なこととは思いませんが、しかし目標としては、少なくともこの程度には置かねばなりますまい。何となればわれわれ人間は、目標が真に実現するということは、なかなか容易なことではないからであります。

もっともかように申しても、なお諸君らの中には、「そんなことは、われわれのようなつまらぬ者には、とてもできることではない」と言われる人があるかも知れません。なるほど一面からはその程度のことさえ、事実においては容易ならぬことでしょう。

しかしながら、いつも申しているように、われわれの人生は二度と繰り返すことができないのです。それを考えたら、お互いこの程度の生き方は、何としてもしたいものであります。諸君もご承知の故島田安次郎先生は、明治以後の孝子の中では、いわば教育者代表とも言うべき方でしょう。つまり教育者の中での孝子の一模範と言ってよいでしょう。

先生の肉体は今日すでに亡いわけですが、しかもその精神は今日なお大阪府下、とくに和泉地域の人々の心の中には染み込んでいることでしょう。これすなわち、生きては孝子として親に仕え、死しては社会のために貢献するものと言えましょう。しかも、生前先生の教師としての資格は、わずかに尋常科正教員たるにすぎなかったのであります。が同時にこれによっても人間は、いかに低い地位にあっても真実をもって一貫すれば、死後にもなおその周囲に、生命の波紋を描き得ることが明らかであります。

私思うのですが、近頃人々は、ともすれば「御奉公」ということを容易に口にしますが、しかし人間真の御奉公ということは、生きている間は真実にはできないものでないかと思うのです。と申しますのは、なるほど人間生きている間、それぞれ何らかの努力はしましょうが、同時にまたそれ相応に受けるところなくしては生きられないのであります。

つまりわれわれ人間は、この肉体のある間は、他人様より全然受けることなくしては生きられないのであります。われわれの衣食住なども、結局はこの肉体があるが故に必要なのであって、もしこの肉体がなかったとしたら、食物もいらねば衣類もいらず、夜寝る場所さえもいらないわけであります。

そこでわれわれ人間は、この肉体のある間は、これを養うためにどうしても他から受けなければなりません。ですからいかに人のため、さらには国家社会のために尽くしたと言っても、他の半面には、その御厄介にならねばならぬのであります。

そこで純粋に御奉公ということになりますと、どうしても、私は死後の御奉公の外ないと思うのであります。それ故お互いに生きている間は、いわばこの死後の御奉公のために、その準備をしているようなものとも言えましょう。

ところが普通には、この辺の趣が分からないで、御奉公とはただ生きている間だけのものと考えている人が多いので、そういう人は肉体の死と共にその功徳もまた尽きてしまうのです。

しかしながら、同時にまた深く考えねばならぬことは、死後の御奉公と言っても別のことではなく、ただその生前の生活の中にこもっていた精神の深さの外ないということです。すなわち一たび死んだ以上は、いかなる偉人といえども、もはや働くわけにいかないからであります。ただ偉大な人の生命の誠は、肉体の死んだ後にもその威力を失わないのであります。否、肉体が解体すると、かえってその人の誠は、自在にその威力を発揮してくるとも言えましょう。何となれば、もはや、その人から肉体というおおいが取り除かれるからであります。

こう考えてきますと、死生の悟りと言っても別にはなくて、お互いにこの生ある間を、真に生命がけで生き切るという外ないわけであります。これ先に生に徹することが、やがてまた死生を超える道だと申したゆえんであります。われわれが肉体をもって生まれてきた以上、どうせいつかは死なねばならぬのであります。そして死ぬとは結局、生まれる以前の故郷へ帰ることでありましょう。

ですからわれわれは、この世にある間は、自分の全力を挙げてこの世の務めを尽くす。これやがて、安んじてこの世を去る唯一の秘訣でありましょう。いざという時に心残りのない道、これ真に安んじて死に得る唯一の道であります。

もっともかように申しますと、諸君らの中には、「どんなに努力したって、この世に心残りがないというわけにはいかないだろう」と思う人もありましょう。確かにそれも一面の真理だとは思います。しかしまた他の一面、人は生前、自分の全力を出し切って生きれば、死に臨んでも、「まああれだけやったんだから、まずこの辺で満足する外あるまい」という心にもなろうかと思うのです。

それはちょうど、終日働き通して予定を完了した人は、快よく疲れて、何ら思い残すことなく眠りにつくにも似た心境かとも思うのです。そしてこれは、自己の全生命を挙げて生き抜いた人にして、初めて分かる消息であって、単に頭の中で、かれこれと考えた程度で分かることではないでしょう。すなわち生涯を一道に徹して生きた人にのみ恵まれる永遠の安らぎであり、久遠の希望と言うべきでありましょう。

先生は、講義を終えられると、いつものように黒板をキレイに拭き、ていねいに一礼されて教室から姿を消されたが、今日のお話は、先生の過去一年間のご講義の結論みたいな感じがした。

下学雑話（10）

▼批評眼は持つべし。されど批評的態度は慎むべし。すべからく他を批判するの眼を自己に返照し来って、創作実現へと踏み出すべし。他よりの批評に対して、直ちに駁論を為すが如きは、真の一流者の多くはとらざるところなり。

▼偉大なる作家は、自己の作品に対して多くは自序を書かず。けだし作品その物によりて、真価を示さんとするならむ。また偉大なる作家は、多くは評論の筆をとらず。けだしそれによりて、自らの創作意欲の減ずるを恐れるが故ならむ。

第38講——小学教師の理想

今日は先生、五分ほど遅れてこられた。そして「ちょっと来客があったので、遅れて申しわけありません」と言われて、心なしか平生以上にていねいに礼をせられ、やがて題目を板書せられて講義に入られた。

今日は、題目にも掲げたように、「小学教師の理想」という題でお話しますが、すべて物事というものは、理想すなわち最終目標を、あらかじめはっきりとつかんでいないことには、とうてい本当のことはできないものであります。

たとえば諸君らにしても、吉野なら吉野へ行こうという意思があってこそ、吉野へも行けるのであって、何らそういう考えをもたない人間が、吉野まで行くということはあり得ないことであります。

そこで今諸君らの大部分は、小学校の教師になろうとしているわけですが、それにしても諸君らは、小学教師の理想を、一体どのように考えているのでしょうか。

私の察するのに、どうも諸君らの前途に対する見通しは、案外ぼんやりしたものではなかろうかと思うのであります。もっともこれは、一面からはまことに無理のない話であって、人間というものは、自分の進むべき方向に対して、明確な理想を打ち立てるということは、実際には必ずしも容易なことではないからです。それ故、もし真にこの点を明確につかんだとしたら、その人はすでに真実の教育者の道に、一歩を踏み入れたものと言ってもよいでしょう。

そこで以下諸君らの前途に対して、おおよそ小学教師としては、一体どの辺まで行ったら、ほぼ理想と言えるかという問題について、多少お話してみたいと思います。

さて小学教師としての理想と言っても、そこにはいろいろと段階がありましょう。そのうち一番手近なところでは、子どもたちに親切に教える人、つまり普通にいわゆるよい教師になるということであって、今諸君らに尋ねたら、まずこの辺の答えが多かろうと思います。もちろんそれはそれで一応正しいわけで、いやしくも教師たる以上何人もそうあるべきであり、そこには何ら間違いはないわけであります。

しかし少しく考えてみますと、そもそも立派な先生とかよい教師と言っても、そこにはいろいろと程度があるわけで、生徒をどのように教えるのが、果たしてよく教えたのであり、また子どもたちがどうなることをもって、真に立派な教師というか、この辺のことを明らかにしないことには、ただ立派な教師とかよい先生と言ってみても、実際にはハッキリしないとも言えましょう。

たとえば今、よく教えるということ一つとってみても、ただその時間、時間の教材を、生徒たちによく分かるように教えるのもよく教えたと言えましょうが、同時にまたその先生に習ったことは、不思議と心に残って、一年たってもなお子どもたちの心から消え去らないというのも、よく教えるということの中に入りましょう。

ところが一年や二年だけでなくて、その先生にはわずか一年教わったにすぎないのに、それが五年、十年の後、世の中へ出てからも、なおその先生の影響が残っているというのも、もちろんよく教えたということでしょう。

さらには、単に学校時代に教わったというだけでなく、卒業後も家の仕事の暇々にその先生を訪ねて、時々お話を伺いに行くような卒業生が出てくるというのも、これまたよく教えた結果と言えましょう。

あるいはまた方面を変えて、生徒たちがその先生に心服するということは、もちろんそれだけでも立派な先生と言えましょうが、ひとり生徒たちが心服するばかりでなく、さらに父兄の中でも心ある父兄は、「今度うちの子どもがご厄介になっている先生は、お年はさほどでもないのになかなか立派な先生で、近頃珍しい先生だ」と言って、両親がその先生の精神を、家庭におけるわが子のしつけの上にまで生かしていくような教師、これは普通の教師と比べれば、確かに一段と立派な先生と言えましょう。

しかし教師の立派さということは、何もこれが最後というわけではないのであって、さらに一段と偉い教師になると「今度の先生のおっしゃることは、どうも子どもたちだけへの教えではなくて、いい年をしているわれわれにとっても、大いに守らねばならぬ事柄だ」と、心ある一部の父兄たちが、その教師の人柄に動かされるようにでもなれば、これは先よりはまた一段と上手の先生でしょう。

あるいはさらに両親だけでなくて、生意気盛りの兄や姉たちまでが感心するようになり、さらにはその噂をつたえ聞く隣近所の人たちから親類の人々までが感心するとあれば、また一段と優れた教師と言えましょう。

かような次第で、ただ立派な教師と言うてみても、単にそれだけでは、果たしてどの程度のことを言っているのか、その程度のほどがはっきりしない憾みがあります。ところがこのように、その程度がはっきりしないということは、結局その言葉が中身のはっきりしない、いわば形式的な言葉だということでもありましょう。

それ故諸君らは、ただ卒業したら立派な教師になるという程度の、ぼんやりした目標で甘んじていてはいけないと思うのです。否、その程度ですましていられるということが、そもそも人間がお目出たい証拠だとも言えましょう。

では小学教師の真の理想としては、一体どの辺まで行ったらよいのでしょうか。だいいち諸君ら自身、自分の目標として、一体どの辺まで行くことをもって、その理想と考えているのか、それをちょっと承りたいものです。この点は、現在諸君たちがこの学校で学びつつあるいかなることにも勝って、大事なことだと考えているのです。

ところでそれについて私は、大体次のように考えているのです。すなわち、小学教師として、諸君たちの将来の理想は、諸君らの教えた生徒たちの力によって、将来その地方の民風が興って、町村が根本から立て直されるようになるということです。すなわち諸君らの力によって、校下の民風がその面目を一新する日があるようになって、初めて諸君らは、小学教師としてほぼその理想を実現したものと言ってよいでしょう。

もっとも、このような事柄は、かように申しただけでは、たいして珍しいことではないとも言えましょう。おそらく諸君らとしても、この程度の話はすでにこれまでも、しばしば耳にしたことかと思います。そこで次に問題なのは、では、そうした理想は、一体どうしたら、その実現を期し得るかという点にあると言ってよいでしょう。

そこで、以下のべることに対して、とくに諸君らの注意を請いたいと思うのです。それは先に申したように、諸君らの教え子たちの力によって、将来その地方の民風が興るようにするには、諸君らは一体どうしたらよいかという問題です。それには受持ちの子どもたちに、単にその日その日の教材を、ただその時だけのこととして教えているだけではいけないと思うのです。その程度の教え方では、それらの生徒たちが他日起ち上がって、地方の民風を改めるというようなことはとうてい望めないと思うのです。

諸君らは子どもたちを教えるに当たって、ただ現在自分の眼前に腰かけている子どもを見ているだけではいけないと思うのです。もし教師がその程度にとどまるならば、前にのべたような力強い卒業生を出すことは、断じてできないことでしょう。そこで諸君たちは、たとえ一つのことを教えるにしても、自分の心の中では、常に相手の十年、二十年、否、時には三十年の先をも見ていなくてはならぬでしょう。

すなわちただ現在自分の眼前に、ちょこなんとして腰かけている子どもたちに話しているだけでなく、その背後には、常に二十年、三十年の後、かれらが起ち上がって活躍する姿を思い浮かべて語る、という趣がなくてはならぬでしょう。すなわち諸君らが、かくあれかしと思う姿を、常にその心中に思い浮かべつつ、教えなくてはならぬでしょう。

同時にその時諸君らの話す一語一語は、子どもたちの心の中に種子まかれて、やがて二十年、三十年の後に開花し結実するでありましょう。かくして真の教育とは、ある意味では、相手の心の中へ種子まくことだとも言えましょうが、とくにこのことは、小学教師の場合に当てはまると思うのであります。

だが真に力強い教育というものは、ひとりこれのみにとどまるものではないでしょう。と申すのも、今日のような一斉教授では、単に教室で教えるだけでは、真に相手の心をつかんで、終生心と心とが結ばれるというようなことは、容易なことではないからです。

実際欲のない小さな子どもたちを、わずか一年か二年教えただけで、他日その地方の民風振作の中心人物をつくろうなどとは、実は虫のよすぎる話です。そこで真の教育者は、生徒たちが学校を卒業したら、縁に応じて、本格的な教育に着手せねばならぬわけです。そしてその教科書としては、やはり尊徳翁の『報徳記』及び『夜話』の類がよいでしょう。こういう種類のものから始めて、徐々に他の書物に及んで、かれらをして将来その地方の改革の中心人物として、働き得るまでに鍛え上げるのです。

かように考えて来ますと、国民の義務教育に従うものは、単に子どもたちを教えるばかりでなくて、実にその校下の民心を導くに足るだけの大きな識見を持っていることが、望ましいわけであります。それにしても世間でよく言われるように、小学校の先生は、師範卒業後数年で、もはやその進歩がとまると言われるのは、子どもたちを教えること以上に、自分の任務の存することに気付かぬからでしょう。

そうではなくて、もしその地方の人心をひきいて、民風を興す中心人物をつくらねばならぬと考えたならば、どうして、一日たりとも安閑としているわけにはいかないでしょう。

もし全国の心ある小学校の先生たちがこの点に目覚めて、そこに国民教育者としての窮極の理想のあることが分かったならば、どれほど修養に努力してもなお足りないことが分かりましょう。諸君らも今日からこの点について深く考え、他日のために大いに自己を養われるよう切望して已まないしだいです。

授業が終わると先生は、いつものように黒板をキレイに拭かれて一礼された後、「もう諸君らの組の授業も、あと二回になったですね」と感慨深かそうにそう言って、静かに教室を出ていかれた。

第39講——教育の窮極

先生鐘が鳴るや、すぐに教室に来られて、「私の授業も、もう後一回となりましたので、今日は時間の始めに、一つ大事な点について申しておくことにしましょう」と言われて、次のような事柄を順に個条的におっしゃられた。

・私は「教職は神聖だ」とは滅多に言わないことにしています。それは「教職は神聖だ」と言うと、教職に従事している自分までが、神聖なものででもあるかに勘違いして、自惚れられてはたまりませんからネ。

・人間も精神的に生きるんでなくて、物質的に生きるなら、少なくとも数十万、否、百万円（現在の約十億円）の金を動かすんでなくてはやり甲斐はないでしょう。少なくとも私だったらそうですね。諸君!! しっかりしなくちゃいけないですよ。それには何と言ってもまず読書から始めるんですね。

・われわれは苦労することによって、自分のおめでたさを削りとってもらうんです。現実の世界は決してお目出たくはないのです。

・「信」とはこの天地人生の真実を、一々中身のせんぎ立てをしないで丸受け取りに受け取ることです。すなわちまた、この天地人生の実相をつかんだ人の言葉を、素直に受け入れるということです。

・「信」は耳によって得られますが、信の内容を「証」するには、どうしても文字を通じてでないとできにくいようです。「証」とはこの丸受け取りに受け取った「信」の内容を、「なるほど」とうなずけるところまで突きつめていくことです。そこで「信」は学問によらなくても得られますが、「証」となると、どうしてもある程度の学問が必要です。

・「信」と「証」とは、自分一人を修める上からは、一応変わりはないと言えましょう。だが、一たびその趣を他人に伝えるとなりますと、ある程度「証」がないことには、心の光が周囲に及びにくいのです。そして、そこに学問の必要があるわけです。

・もっともここに学問というのは、現実の生きた道理を明らかにすることを言うわけです。そしてそれが真の哲学というものでしょう。もっとも現在わが国で哲学と呼ばれているものには、こうした趣のものは少ないのですが——。

さて私の授業も、もうこれで終わりに近いかと思います。昨年四月、諸君らの組の修身を受け持って以来、色々な問題について、種々の角度からのべて来たのでしたが、畢竟するにそれらのすべての、やがて教師となる諸君らのために、そして生涯を教育者として終始すべき運命を持つ諸君らのために、将来多少とも参考になるかと思われる事柄について、のべて来たわけであります。

が同時にまた私が、これまで諸君らにお話して来た事柄は、ひとり諸君らのことを考えてのみではなく、私の側から申せば、実は私自身の日々の心の歩みだったとも言えるのであります。

それ故この講義は、私の心の歩みと諸君らのそれとの、いわば切線上に閃めいた一種の火花の連続とも言えましょう。それ故形の上からはいろいろな問題に触れ、またその順序なども外側から見れば、何ら秩序も統一もないようではありますが、しかしそこには、お互い教育の道に立つものとして、窮極目標を求めようとする点においては、そこにおのずから一貫するものがあるつもりであります。

しかしながら、それは全体を通覧することによって、初めて窺い得ることですから、ここには最後の締めくくりとして、「教育の窮極目標」はいかにあるべきかということを、端的にお話してみたいと思います。

さてわれわれ日本人として、とくに国民教育の一隅に身をおくものとしては、教育の窮極目標はこれを一言で申せば、自分の受け持っている子らの一人ひとりが、すべて次代を担うかけがえのない生命だということを、単に言葉の上だけでなくて、身に染みて痛感することでありましょう。

したがってこの立場からは、国民教育の根本目標は、自分の受け持つ子どもたちの一人びとりの個性を発揮させることを通して、国家社会のために有用な人材にまで、育て上げるということでしょう。もっともこれらのことは、言葉としては何ら事新らしいことではありません。しかしながら、これを真に深い実感として、わが身上に痛感して生きるということは、必ずしも容易なことではないでしょう。

今日この点をわが身に痛感して、その日々を生きている教師というものは、おそらくはそう沢山にあるとは言えないと思います。何となれば、このような窮極目標に到達するには、われわれ教師としては、少なくとも三つの段階を通過しなければならぬからであります。

ではその三つの段階とは、一体どのようなものかというに、その一つは、生徒たちの一人びとりを、一箇の生きた魂としてかき抱くということであります。ところがこの一事さえ実際には、必ずしも容易なことではありません。おそらくこの一事だけでも、十分にできるという人は、必ずしも多くを数え得ないでありましょう。

次に第二の段階というのは、自分の受け持っている子どもたちの一人びとりが、親の身としては実にかけがえのない大事なお子たちだということが、真に実感として分かるということです。実際親の立場としては、幾人わが子があったとしても、その一人びとりが真にかけがえのない大事な子どもであって、一人としておろそかな子はないのであります。

仮にできがあまりよくないとか、あるいは性質に問題のある子であれば、親の身としては一層いとおしくこそ感ずれ、決して他人の見るように厭わしいなどとは思わぬのであります。

ところが教師という立場に立ちますと、仮に五十人の生徒を受け持てば、その五十人がまるで碁石のように並んで見え、ともすれば「生徒」という一つの単位になりやすくて、親の立場に立って見るということは言葉の上で言うように、決してたやすいことではないのです。実際自分の受け持つ子どもたちの一人びとりを、親の身としてはかけがえのないお子さんだと痛感するところまでいくことは、教師として実に容易ならぬことだと思うのであります。

最後に、第三の段階というのは、最初に申したように、われわれ教師が、日々自分の眼前に居ならんでいる子どもたちは、その一人残らずが、やがては日本民族の一員として、極微的には、それぞれの角度から国家を支えるということであります。したがって国民教育の窮極目標としては、結局最後はこの立場に立つ外ないわけですが、しかしそれだけに子どもたちの一人びとりが、やがてはこの国家を担う大事な一人びとりだということを、骨身に染みて感じるということは、決して短い時日で到達し得ることではないでしょう。

それ故、もしこれをもって易々たることでもあるかに考えて、軽々しく口にし、もって能事畢れりと考える人があったとしたら、それは決して真の教育者と言うべき人ではないでしょう。実際もし生徒の一人びとりが、真にかけがえのない次代を担う小国民だということが真に分かったとしたら、常にわが身のいたらなさが省みられて、十分な資格のないことが感じられるはずであります。

そしてたとえば一人のひねくれた問題児がいたとしても、それが単に本人だけのことだとしたら、あるいは仕方がないとして投げ出しもしましょう。でも一たびそれを、その子の親の身になって見れば、決してそう簡単に投げ出すことはできなくなるはずです。

一人の親がその老い先の短い身を、このたよりない息子にたよる外ないかと思えば、一度は投げ出そうとした気持ちも変わって来ることでしょう。いわんやそのような子どもが、ひねくれたままに成人して大人となったあかつきのことを考えますと、どうしても、一人前の国民として恥ずかしくないだけの人間として卒業させねば、相済まぬという気になるはずです。同時にここに至って、教育的努力も真の源泉に触れるわけであります。

さて諸君らの身の上を考えてみますに、なるほど諸君らは現在こそ生徒ですが、その将来を考えれば、国家の義務教育の重責につく人々であります。それを思えば諸君らは、今日からその心構えの上に、確たる所がなくてはならぬはずであります。

もちろん諸君らの前途は、遠くして遙かであるとも言えましょう。しかしながら、おおよそ物には時期というものがあります。そうして諸君らの現在は、いわばその種子まきの時代と言ってもよいでしょう。実際諸君らは、将来この日本国家を支える小国民の人間的な基礎づくりをする重責を背負うわけであります。このことは言い換えれば、この日本の国には、諸君でなければどうしてもやれない仕事があるということであります。なるほどそれは形の上からは、微々言うに足りないものかも知れません。しかしそれは、どうしても諸君らでなくてはやれない仕事でありますます。

少なくとも諸君らが、今後真実に生きたならば、必ずやいつかは、この確信に達する時が来るはずであります。すなわち諸君らは将来国民教育者として、国民最下の地盤固めをする大役を受け持つわけであります。しかし同じく小学校教師として生きるにしても、その生き方は諸君ら一人びとりが、それぞれ異なる独自のものがなくてはならぬはずであります。

すなわち諸君たちが教育を通して国家社会に尽くす角度は、各人がそれぞれ独特の角度があるはずであります。しかもそれは、何人にも最初から分かっているわけではなくて、各自がその与えられた道を力の限り歩み行くところに、一歩一歩開かれ実現せられていくのであります。

かくして、諸君らとして最も大切なことは、教育者として人生の本腰を決めてかかるということであり、そして一人びとりの子らの魂に、生命の息吹を吹き込むことでありましょう。そして諸君らの教えた一人びとりの教え子たちが、将来起ち上がって、その生涯を国家社会のために尽くすというに至って、初めて諸君らも、生涯を教育の一道にささげた甲斐があったと言えましょう。

先生、いつものように一礼の後、静かに教室から出ていかれる。冬ではあるが、しばらくセキ一つする者がない。

第40講——わかれの言葉

さて、この時間は、いよいよ諸君らに対する最後の時間になりましたから、ここにお別れの意味で、最後のお話をしたいと思います。

それにしても私が、今年諸君らの修身を受け持ったということは、諸君らにとってもまた私にとっても、外面上からは、一応偶然的な出来事とも言えましょう。すなわちお互いに、前もって予定せられていた事柄ではなかったのであります。

なるほどこれまでとても私は、三年生を受け持ったことが比較的多かったこと故、あるいは今年もそうなるかも知れないという予感はあったにしても、いよいよの確定は、学校全体の事情によって決定されることでありますから、事前に分かろうはずはありません。おそらく来年は、ひとり諸君らの組を受け持つわけにいかないばかりか、都合によると、一部生は一組も持てないようにならぬとも限りません。

かようなわけでありまして、過去一年間における諸君らと私との関係は、その成り立ちから言えば、まったく偶然と申してよいわけです。すなわち私から諸君らの組の受持ちを申し出たというでもなければ、またもとより諸君らが私を求めて、こうなったというのでもないわけです。しかしながら、私にとってもまた諸君らにとっても、この一年間を共に過ごしたということは、お互いに一生の上で必ずしも無意味ではなかったと思うのです。否、お互いに無意味たらしめてはならぬと思うわけです。

そもそも普通の立場からは、教師は教えるものであり、生徒はそれによって学ぶと言ってよいでしょう。そこで一人の教師と一組の生徒とが、縁あって一カ年の歳月を共に過ごしたという場合、生徒はその教師から何物かを得るところがあり、その中には、あるいは生涯忘れがたいものを得る場合もないとは言えないでしょう。

ところが教師の方となりますと、どの組を受け持ったということが、その教師の生涯の上に重大な影響を与えられるということは、教師の方でよほどの心がけをもっているのでなければ、必ずしも常に得られるとは限らないでしょう。それというのも、教師と生徒とでは、根本的に立場が違うからであります。しかしながら教育の本来から申せば、一つの組を受け持った場合、そこには他の組を受け持った場合と違うところの、独特な収穫がなくてはならぬはずであります。

では私はこの一年の歳月を、諸君らと共に過ごすことによって、果たして何物を諸君たちに与え得たかはもとより知るところではありませんが、少なくとも私自身には、わが心の上に生涯忘れがたい一つの足跡を刻むことができたと思うのであります。そしてその足跡とは、申すまでもなくこの記録を通して印せられた、私自身の心の歩みを言うわけであります。

それと申すのも、私のこの修身の講話というものは、縁あって諸君らという組が与えられて、過ぐる一年間を、諸君らと相対することによって生まれたものであります。したがってもし相手が諸君らの組でなかったとしたら、私のこの講話も多少はその趣を異にしていたに相違ないと思うのです。

たとえば相手が二部の人々だったり、あるいは一部生でも、一、二年生とかまたは五年生などでしたら、そこには必ずや違ったものが生まれたに相違ないのであります。さきほども申したように、都合によると来年は、一部三年の人を受け持つわけにはいかないかとも思うのですが、仮に来年もまた三年生を受け持ったとしましても、来年の講義は今年の講義と同じというわけにはいかないでしょう。

相手が違い、また私自身の心の歩みが違ってくる以上、必ずやそこには違ったものが生まれるはずであります。現にこのことは諸君たちが、現在四年の人々の昨年度の私の講義筆記を見られたら、ただちに分かることであります。

それ故私にとっては、諸君らと過ごしたこの一年間の足跡は、永く忘れがたいものとなることでしょう。すなわち、ささやかではありますが、それは私の魂が、ある一時期に歩んだ如実な足跡だからであります。それ故私としては、今や諸君らと別れるに当たって、このような歩みをすることのできた因縁に対して、深く感謝せざるを得ないのであります。

というのもこの講話は、話というものの性質上、あらかじめ原稿をつくるわけにはいかないのでありまして、そのために私の手元に残る記録まで、一々諸君の労を煩わしたことに対しては、ここに改めて深く感謝せざるを得ません。が同時に諸君らと、この一年の歳月を共に過ごしたということは、単にこのような一巻の心の歩みの記録が残された、というだけにとどまってはならぬと思うのです。

単にそれだけならば、それは単に私という一個人の喜びにすぎないわけです。私が諸君らと縁あって、ここに一年の歳月を過ごしたということは、同時にまた諸君たちの今後の歩みの上にも、何らかお役に立つところがあってこそ、初めて教師としての喜びと言えるわけであります。しかしこの点になると、まったく将来の問題であって、今別れに臨んで確実に喜びとし得ることは、この一年間を互いに歩みを共にしたということであり、かつその足跡を、このように文字の上に残し得たというにとどまって、すべては将来に残された問題と言うべきでしょう。

おもうに諸君らの将来は、おそらく多忙であると共に、また多難でもありましょう。同時にその人生の難航路をいかに凌いでいくかということは、これ偏に諸君ら自身の問題であって、私としては、諸君らの真の教育的結実は、おそらくはまず見ることができないであろうと思うのです。

何となれば、諸君らの公人としての結実は、今後まず三十年後と言わねばならぬでしょう。ところが三十年後ということになりますと、私は齢すでに七十の坂を越さねばならないのです。「人生七十古来稀なり」と言われているように、現在の私としては、それはまず期しがたいことであります。しかしながら私は、これをもって必ずしも悲しむべきこととは思いません。何となれば元来教育というものは、その本質において、かくのごときものを含んでいるからであります。

すなわち教育の仕事というものは、常に種子まきであり苗木を育てるようなものであって、花実を見る喜びは、必ずしも教育に本質的なものではないからであります。それ故にまた、悲劇的と言えば、確かに悲劇的といい得るものがあるとも言えましょう。しかしこれをもって単に悲劇的とのみ思う程度では、実は真の教育者たる資格なきものと言わねばなりますまい。

というのも、現世的欲望を遮断しつつ次代のために自己を捧げるところにこそ、教育者の教育者たる真の使命はあるからであります。すなわち花実の見られる希望がなければ、真の努力ができないようでは、よし為政者ではあり得るとしても、真の教育者とは言いがたいからであります。

否、為政者としても真の為政者は、自己の努力が在職中にその全部の結実を見ることを念とせず、必ずや後に来る為政者に、自己の努力の収穫をゆずる程度の雅量と識見とがなければ、真に永遠の大計は樹てられないでありましょう。

かくして諸君らは、真に自分の道を開くものは、自己自身でなくてはならぬということを、今日から深く覚悟しなくてはならぬと思うのです。道を歩むにはどこまでもわが足をもって自から歩むの外ないように、いやしくも人間たる以上、自分の道は常に自己一人の力によって開かなければならぬのです。

が同時にまた、闇夜に燈火なくして、手探り足さぐりでは歩かれないように、人生の行路においても、なるほど歩むのは、あくまで自己一人の力による外ないのではありますが、しかし同時にそこには、何らかの意味で、自己の行手を照らす光を要するでありましょう。

かくして私が、過去一年の歳月を通して諸君らに話して来たことがらは、要するに諸君らは、すべからく起って自らの道を歩まねばならぬが、しかもそのためには諸君らはまず偉大な先哲の教えについて学ばねばならぬということであったわけであります。

私自身が諸君らに対して語った事柄が、それ自身果たしていかほどの力を持ち得るか否かは、はなはだおぼつかないことであります。しかしながら、もし諸君らにしてそれを手がかりとして、進んで先哲の教えの中に自らの光を求め、その光によって、自己の前途に横たわるもろもろの難局を打開せられるならば、拙い私の話も、また必ずしも無意味でなかったとも言えましょう。

少なくとも私自身としては、この一事だけは、多少ともこれを力説したつもりであります。それ故、もし諸君らと共に過ごした過去一年間の歩みが、その意味において、多少なりとも諸君らの将来に対してお役に立ち得るとしたら、まことに望外の倖であります。

とにかく諸君!! 人生の道は深くして、その味わいは実に窮りないのです。希わくば諸君!! この二度とない人生を、できるだけ真実に歩まれることを切望して已まないしだいです。

これまで私が、諸君らにお話して来た事柄は、現在の私の境遇上、遺憾ながら十分な用意をしてお話したとは言いがたいのであります。したがって足りないところ、不適当なるところも、多々あったことでありましょう。その意味からは、これがそのまま諸君らによって、筆録して残されるということは、私として気がかりな点がないわけではありません。

しかしながら、他面また現実の一面としては、人生の道は単に一度聞いただけで、真に深く身に徹して分かるものではないと思うのです。その意味からは、なるほど幾多不十分な点はありながら、しかもそこには、諸君らの将来を念じてやみがたい一念のこもっていることも、また認めて戴けようかと思うのです。

なるほど現在諸君らの年齢は若い。しかしながら諸君らもまた、日々人生の大海に向かって進みつつあるのです。それを思えば私として、そこに一片のやみがたき思いなきを得ないわけであります。

なるほど私の諸君らにお話し申して来たことは、今年四十三歳になる、私という一人の人間の歩んで来た道であり、その意味からは、現在の諸君らに、そのすべてがただちに肯ずかれないからとて、毛頭無理とは思いません。しかしながら、人間も四十にして悟り得る真理を、四十になって初めて聞いていたのでは始まりません。否、現在の私の気持ちでは、人間は四十の知恵を、すでに二十歳前後において、たとえ型だけなりともこれを捉えていたとしたら、けだし人生の理想というに近いかと思うのです。

これ私が、諸君らの若さを知りつつも、あえて人生四十の知恵の片鱗を、お伝えしようと努力したゆえんであります。とにかくに諸君!! たびたび申すように、この人生は二度と繰り返し得ないものであります。現在の私には、生命のこの根本事実に徹しない限り、たとえ国家民族のためにと言うても、真の力あるものとは思われないのです。

諸君!! 国のために自己の一切を捧げるということは、決して容易のことでないことを知らねばなりません。国家といい、民族というのは、単なる言葉ではありません。否、それどころか実にわが生命の根源であって、お互いに自己の生命の底に徹する時、初めてそこに開かれてくるのでない限り、わが生命の真の根源としての国家民族ではありません。

諸君!! 言挙げすることは、いともたやすいことですが、しかし真にわが生命の根源を把握することは、決して容易なことではありません。けだし真に生命を捉えるには、自らの生命に徹する外ないからであります。否、わが生命の根源に触れんがためには、その一分身としての私達は、文字通り自らの生命を捧げなければならないでありましょう。

諸君!! 古来言葉をたやすくするものは、多くはこれ自らの生命に忠実なる者ではありません。想えば諸君らに対する私の、過去一年間の講話も、畢竟するにまたこの「言挙げ」の域を脱し得ないものと言うべきでもありましょう。今や別れに臨んで私は、過去一年間にわたる自らの「言挙げ」に終末を告げると共に、私自身自らの生命の一道に、立ち返らなくてはならぬことを思うしだいであります。

先生の声低くして、ところどころ聞きとりがたし。第一教室はしんしんとして声なく、再びかくして聞くを得ない愛惜の情に堪えないものがあります。先生の懇々とさとされるあの御口調。私たちの前を行きつ戻りつされる先生の一挙一動、すべて忘れがたいものがあります。真に私たち三年生一同が、過去一年間、先生の深いご慈愛に浸って来たかと思うと、今さらのように辱けない気持ちで一杯であります。春立つといえどもまだ底冷えを感じます。

先生の最後のご講義を筆記させていただけたありがたいご縁を深く感謝しつつ。

第2部　修身教授録〈II〉

（昭和13年4月から昭和14年3月までの講義録）

第1講——挨　拶

「少しく考えるところがありますので、私の授業は一つ全部を書いて戴きます。そのわけは今は申しませんが、いつかは分かる時が来るでしょう」

今年、諸君の組の修身を受け持つことになったのは、実は私としても思い設けなかったことでした。と申しますのも、諸君もご承知のように、私は最近二、三年来引きつづいて、本科では一部三年の修身を受け持って来たのです。

ところが今年からは、私のこの学校における身分に変動がありまして、つまりこれまでは週三日こちらへ参り、あと三日は女子師範の方へ行っていたのですが、この四月からはこちらだけになって、女子師範の方へはわずか一日、しかも午前中専攻科の哲学だけに参ることになったのです。

さような次第で、この四月からは、こちらでどの組を、どのように受け持つかということについては、まったく見当がつかなかったのです。

そもそも受持ちの決定ということは、学校の組織全体から決められることですから、個人としての希望をかれこれ申すべき筋合のものではないのです。この点については、諸君も他日小学校に奉職したならば、深く心得ておかれるがよいと思います。すなわち学校というものは、それ自体が一つの組織体でありますから、一々個人の勝手な希望を聞いていたんでは、とうてい締まりがつかないのです。

そういうわけで、私とても、何ら希望を申し出ていないばかりか、実は三年生たる諸君の組を受け持つことについては、まず九分九厘までは断念していたのです。しかるに、今日ここに諸君と相見えることができたのは、少なくとも私自身にとっては大きな喜びです。

と申しますのも、現在この学校で一部生というものは、ご承知のように、人数が非常に少なくなっています。このことの可否については、もちろん、にわかに言い得ないものがありましょう。しかし今年さらに二部一年が一学級増級せられたということは、必ずしも二部生が優秀であるからという理由からではなくて、ただ府の予算上、やむを得ない事柄として決定せられたものと思われます。

事実がすでにかくのごとくでありますから、一部生としての諸君らの中には、あらわに口にはしないにしても、一種の感慨を持って、このことを感じつつある人も少なくないと思います。元来、私自身が師範の一部出身でありますが、しかし公平に見て、一部生と二部生とはおのおのその長短があって、しかもその長所短所は、それぞれ逆になっているように思うのです。

今日はそれらの点について、立入ってお話することは差し控えますが、とにかく、種々な事情からして、本校において一部生がきわめて少ないということは、諸君らにとっては、精神的にもよほど重大な問題であると共に、それだけにまた、大いに危険もあると思うのです。というのもすなわち、人はこうした状況の中に置かれる時、一歩をふみ誤ると、ともすれば反抗的な気持ちを抱きやすく、さらにひがみ根性にも、陥らないとは言えないでしょう。

これは人間として、とくに若い諸君らとしては、無理からぬことですが、しかし決してよいこととは言えません。もっともなことではあっても、決して正しいことではありません。そこでこういう時に、なるほど私自身、はなはだ力の及ばない者ではありますが、とにかく諸君たちとこの一年間を共に過ごし得るようになったということは、一種喜びの情を禁じがたいものがあるわけです。

しかも以上の事柄は、同じく一部生とは言いながらも、諸君らが三年生であるということによって、一層深いものがあると思うのです。というのも、私の見るところによれば、三年という学年は、一部五ヵ年の中でも、最も重要な学年と思われるからです。

すなわち私の考えでは、一部生が将来真の教育者になるか否かは、思うにこの三年生の一ヵ年をいかに過ごすかによって、ほとんど九分通りまでは、決定せられるかと思うのです。すなわち三年生というものは、一部生としては師範生活全体の中心であり、また実にその転換期でもあるからです。したがってまた言葉をきわめて申しますと、諸君らの一生の方向は、この三年生という一年間の過ごし方のいかんによって、大きく決定せられるとさえ言えるかと思うほどです。

私は、人生の真の出発は、志を立てることによって始まると考えるものです。古来、真の学問は、立志をもってその根本とすと言われているのも、まったくこの故でしょう。人間はいかに生きるべきであるか、人生をいかに生き貫くべきであるかという一般的真理を、自分自身の上に落として来て、この二度とない人生を、いかに生きるかという根本目標を打ち立てることによって、初めて私達の真の人生は始まると思うのです。このように私は、志を打ち立てるところに、学問の根本眼目があると信じるものです。その他のすべての事柄は、要するにこの根本が打ち立てられるところに、おのずからにしてできてくるのです。

そこで今後一年間、もちろんいろいろな問題についてお話し申すのではありますが、同時にその根本を貫くものは、実にこの「立志」という一事の外ないとも言えましょう。すなわち、以下私が諸君に対してのべようとすることは、諸君らにとっては、「われいかに生くべきか」という問題であり、さらにそれを突きつめれば、「国民教育者として真に意義ある人生を送るには、自分は今後一体どう生きたらよいか」という問題だと言ってよいでしょう。諸君らがこの根本の大道を、諸君ら自身の上に見出すために、これから一年間私のお話することが、多少なりともご参考になれば幸だと思うのです。

実際世の中のことは、今さら申すまでもないことですが、すべてが因縁でありまして、諸君らがこの学校に入学したということ、また私がこの学校に職を奉じたということ、さらにまた今後一年間を、諸君らと共に過ごすようになったということなど、そのいずれもがすべては因縁であって、深く考えれば、自分の力で得たことは何一つとしてないのです。かく考えて来ますと、お互いにこの因縁の持つ無限の意味をよく考えて、深くこれを生かさなければならぬと思うのです。

以上は、主として諸君らに向かって申したわけですが、しかし諸君たちを受け持つこの一年間は、私自身にとってもまた、そこに意味深きものがなければならぬと思うのです。すなわち、諸君らがこの私から何物かを得られると共に、私自身もまた、諸君らの組を受け持つことによって、そこに他のいずれの組を持っても得られないような独特な収穫を、私自身の心の上に得なければならぬと思うわけです。

では以上をもって、はなはだ不十分ではありますが、学年始めのご挨拶のことばに代えたいと思います。

「諸君も初めての筆記で慣れないでしょうが…」と言われながら、静かに机上を整頓され、「そこでですね。諸君に筆記はして戴きますが、浄書はしなくてもよろしい。少し考えがありますので――と申しますのは、今年は少し写本をして貰いたいと思うからです。なおこの講義は、諸君の方には控えが残りますが、私の方には何も残りませんので、はなはだご苦労ですがこれに――」と言って和綴じの大冊を示されながら――「順に一つ記入して戴きます。では級長は誰ですか。ではご苦労ですが、一つ君からお願いしましょう」以上で森先生の第一時限は終わる。

第2講——立　志

先生のご講話をお待ちするうちに、先生静かに入室せられ、一同起立。先生そのまま教室の右側に回られ、紙屑を拾って塵箱に捨てられた。つづいて左側の窓下に行かれたので、左側の列の者は、みな起って窓を開けようとしたところ先生は、「今日は風がありますから、よろしいでしょう」とピタリと閉ざされて、おもむろに教壇に上られた。

そして出席簿を中央に、チョーク箱を右端の上方に、中央には時計を置かれた。そして「立志」と板書された。

修身の最初の授業を、「立志」すなわち志を立てるということから始めることについては、諸君らの中には、あるいは異様な感じを抱く人があるかも知れないと思います。しかしながら、実はこれこそ最も大切なことであって、私の、これから一年間にわたる修身の講義は、ある意味ではこの「立志」の一事に尽きると申してもよいほどです。すなわち志を立てるということが、私の今後一年間を貫く話の根本眼目をなすわけです。

したがって極言するならば、もし諸君らが、この一時間の話によって、真に志を打ち立てることができたとしたら、少なくとも実質的には、私は明日から諸君らにとって必要のない人間と言ってもよいのです。すなわち、諸君らが真に人生の意義に目覚めて、この国家未曾有のときに際し、自分の生命の意義に徹して、自らの進むべき道を雄々しく踏み出すとしたら、もはや私という人間は、諸君らにとっては無用な人間となるわけです。また実にそのような日の、一日も早からんことを希望するしだいです。

しかしながら、翻って現実を顧みれば、われわれが真に志を立てるということは、決して容易なことではないと思うのです。すなわち真に志を立てるということは、この二度とない人生をいかに生きるかという、生涯の根本方向を洞察する見識、並びにそれを実現する上に生ずる一切の困難に打ち克つ大決心を打ち立てる覚悟がなくてはならぬのです。

もし立志の真の意味が、かくのごときものだとしたら、われわれは、真に志を立てるためには、どうしても人生を見通すような、大きな見識が必要だと思うのです。

もしそうだとしたら、失礼ながら諸君は、今日まだ真の意味において、志を立てているとは言えないでしょう。なるほど諸君らとしては、この学校に入学したということ自身が、すでにそれだけ人生のコースにおける重大な方向決定をしたとも言えましょう。すなわち諸君たちは、本校への入学によって、自分の生涯の運命に対して、一つの重大な自己決定をしたわけです。

いわんやすでに三年生ともなって、師範教育を受けてから、かなりな年数をへた現在では、もちろん諸君としては諸君らなりに、それ相当に、内に志を抱いていられることでしょう。したがってもし私が諸君に対して、諸君らには志がないと言ったとしたら、それは一応の意味では、確かに礼を失する言葉と言ってもよいでしょう。

しかしながら同時に、真の意味において志を立てるということは、決して容易なことではないのです。なるほど諸君らは、すでにこの学校に入学した以上、将来国民教育者たることを志しているに相違ないとは思いますが、しかし真の国民教育者とは、そもそもいかなるものであるかと、一歩その内面に踏みこんでみたら、諸君らの考えるところは、おそらくはまだ浅くかつ十分明らかだとは言えないものがありましょう。真に有為な国民教育者とは、そもそもいかなるものであるか。諸君は果たしてその面影を、日常明らかに自分の心のうちに思い浮かべていると言えますか。

そもそも真の志とは、自分の心の奥底に潜在しつつ、常にその念頭に現れて、自己を導き、自己を激励するものでなければならぬのです。書物を読んで感心したり、また人から話を聞いて、その時だけ感激しても、しばらくたつとケロリと忘れ去るようでは未だもって真の志というわけにはいかないのです。

いやしくも、ひとたび真の志が立つならば、それは事あるごとに、常にわが念頭に現れて、直接間接に、自分の一挙手一投足に至るまで、支配するところまでいかねばならぬと思うのです。

そもそも、人がその一言を慎み、一つの行をもおろそかにしないということは、その根本において、その人が、この人生に対して志すところが高く、かつ深いところから発するのだと言えましょう。何故私達は、一見些細とも見える、自分の一言一行を慎まなければならぬのでしょうか。

これ実に内に、遠大なる志を蔵するが故だと言ってよいでしょう。

これ私が、この修身の授業の始めに当たって、まず「立志」の問題からスタートするゆえんです。実際内に遠大な志がなければ、一言一行を慎まなければならぬというようなことも、単に人を拘束する外的繋縛にすぎないものとなるだけです。

ところで諸君らの人生コースは、外形の上からは、すでに一応決定しているとも言えるわけです。すなわち国民教育者となるということでしょう。では何故私は、その上さらに諸君らに対して、このように志を立てることを望むのでしょうか。諸君！　眼を上げて明治維新以後のわが国の国民教育界を大観してごらんなさい。そこに諸君たちがもって師とすべき、いかなる人傑があると言えるでしょうか。もっともかように申しても、諸君らには、私の申す真意が、十分にはお分かりにならぬかと思います。

しかし私自身、将来国民教育者たろうとしている諸君らに向かって、「この人を見よ!!」と言って、諸君らの前に掲げることのできるいかなる偉人も、明治以後の国民教育者の中には、見出し得ないのであります。すなわち換言すれば、われわれは、不幸にして明治五年に学校令の発布せられて以来、小学教師のうちで、真に「不滅の人」と言い得る人を知らないのであります。

しかるに今明治維新という一線を越えて、それ以前にさかのぼるならば、あるいは藤樹先生と言い、あるいは松陰先生と言い、さらに二宮尊徳翁と言い、また石田梅岩先生と言い（梅岩はほんとうは巌ではなくて岩だそうですね、と言われつつ書いて示された）、私共は、教育者として学ぶべき幾多民族の先哲を有するわけです。しかるにそれが維新以後となると、少なくとも小学教師のなかには、ほとんどまったく見出されなくなったのは、一体何故でしょうか。

私は今この時間では、それらの原因についてくわしくのべる暇を持ちませんが、しかしとにかく諸君らとしては、この二度とない人生を、教育者として生きると決めた以上、少なくともこれら民族の先哲の精神を継承しつつ、維新以後今日までついに実現せられなかった国民教育者としての道を開くという覚悟を決めて戴きたいのです。私から考えれば、このような大志を打ち立てることこそ、今日諸君らにとって、最も大切なことかと思うわけです。

そもそも世の中のことというものは、真実に心に願うことは、もしそれが単なる私心に基づくものでない以上、必ずやいつかは、何らかの形で成就せられるものであります。このことは、これを信ずる人には、必然の真理として実現するでしょうし、これを信じない者には、単に一片の空言として終わるのです。

総じて人間界の真理というものは、こうしたものなのです。少なくとも私自身は、この真理をかたく信じて疑わぬものであります。また実に今日まで私の見て来たところによれば、古来偉人と呼ばれるほどの人は、皆ことごとくこの真理を確信して、その生涯を生き貫いた人々のように思われます。

私は今、人間の至心に希うことは、それが私心私欲に基づくものでない限り、必ずやいつかは、何らかの形で、実現するものだと申しましたが、実際その通りであって、このことは、先に私の挙げたような民族の精神的偉人について、諸君らが今後研究せられたなら、私の申したことの決して誤りでないことがお分かりになりましょう。

かくして、われわれ人間は、その人の願いにして真に真実であるならば、仮にその人の肉体が生きている間には実現せられなくても、必ずやその死後に至って、実現せられるものであります。否、その志が深くて大きければ、それだけその実現には時を要して、多くはその肉体の死してのち、初めてその実現の緒につくと言ってもよいでしょう。そしてこれがいわゆる「不滅なる精神」、または「精神の不滅」と呼ばれるものであります。

今諸君たちは師範教育を受けること、すでに二ヵ年の歳月をへているわけですが、果たしていかなることをもって、自分の一生の志としていられるでしょうか。諸君らのうちに、果たして自分の死後においてその実現を期するほどに遠大な志を内に抱いて、その日常生活の歩みを進めている人が、どれほどあるでしょうか。

諸君!! この人生は二度とないのです。いかに泣いてもわめいても、そのわれわれの肉体が一たび壊滅したならば、二度とこれを取り返すことはできないのです。したがってこの肉体の生きている間に、不滅な精神を確立した人だけが、この肉のからだの朽ち去った後にも、その精神はなお永遠に生きて、多くの人々の心に火を点ずることができるでしょう。学年の始めに当たって、私は諸君らがまずこの根本の一点に向かって、深く心を致されんことを切望してやまないしだいです。

筆記が終わると先生は、机上を整頓せられて、しばらく教室内を見られながら、静かに口を切られた。

「諸君は家に帰ってから、ご両親に学校の様子を話されることがありますか。あったら手を挙げてごらんなさい。夕食の後など、少しでもよいから、お話してあげるがよいでしょう。それが諸君らのような年頃になった人のなすべき孝行の一つです。またそうすることによって、親子の間の意思の疎通も図れるのです。どちらも話さないでいると、肉親の間でありながら、いつしか理解が妨げられがちなものです。では今日はそれまで」と静かに礼をされた後、壇を降りられた。

下学雑話（11）

▼宴会では常に自己を失わず、自己を見るにおいて寸毫の隙も無かるべきなり。
▼酒宴の常の心得を説くこと、古来「葉隠」の懇切なる如くはなし。「葉隠」はこれだけでも、優に特筆に価せむ。
▼或は寝ね、或は厠へ行き、食をとり、更に学問をする等々、その外形は千変万化すとも、その根本に内在する一心の緊張は、常持続、常一貫を要すと知るべし。

第３講――人生二度なし

先生、今日はモーニングを着用して来られた。一礼の後「人生二度なし」という題と共に、次の歌を無言のまま板書せられた。

高山の頂にして親と子の心相寄るはあはれなるかな　島木赤彦

そしておもむろに出席を取られ、ついで口を開かれた。

諸君この歌のうちで一番いいところはどこだと思いますか。誰か分かりませんか。生徒の一人が立って「心相寄るは――というところが好きです」と答える。先生うなずかれてそうですネ。ここが一番よいところです。これは赤彦でなければ言えないところです。

ついでですが、赤彦については、図書室にある金原省吾という人の『表現の問題』という本があります。この人は歌人ではありませんが、おそらく赤彦の生命を真に伝えた第一のお弟子の一人でしょう。この書物の付録には、赤彦の人となりについて書いてあります。さほど詳しいとは言えませんが、大体のことは分かるでしょう。赤彦は学歴としては、諸君らのように、長野師範学校を出ただけです。それでいて、ついに万葉以後の歌人となったのです。それ故諸君が志を立てるには、明治以後の人のうちでは、最もよい目標の一人と言えましょう。

とかく人間というものは、地位とか学歴とかに引掛っている間は、真に徹底した生き方はできないものです。学歴というようなけち臭いものに引掛っている間は、その人の生命は十分には伸び切らないからです。もちろん一方では、人間は自分の地位、さらには学歴というようなものについての謙虚さがなくてはなりません。しかしながら、その内面精神においては、一切の世俗的な制約を越えて、高邁な識見を内に蔵していなくてはならぬのです。すなわち外なる世間的な約束と、内なる精神とを混同してはならぬのです。

そもそも人間というものは、その外面を突き破って、内に無限の世界を開いていってこそ、真に優れた人と言えましょう。同時にまたそこにこそ、生命の真の無窮性はあるのです。諸君らがそれぞれ自分の心を鍛錬して、そういう境に至ることが、私には修身科の真の眼目だと思われるのです。そしてそのための、最も優れたお手本の一つとして私は、ここに、十五年前までは、この日本の国土の一隅に呼吸していた赤彦という人間を、諸君らにご紹介するわけです。

赤彦は長野師範を出て、訓導もし、校長もし、視学（今で言えば指導主事）もやった人です。ですから諸君らには、最も縁の深い巨人と言ってよいでしょう。私は歌を詠むということも、修養上一つの有力なてだてだと思います。

さて、われわれのこの人生は、二度と再び繰り返し得ないものであると言っても、諸君らはあまりたいして驚かないかも知れません。またそれは一面からは、もっともなことでもあるわけです。現にかく申す私なども、諸君らくらいの年頃には、この人生の最大事実に対しても、一向に無関心でいたからです。しかしながら、たとえ諸君らといえども、自分たちの周囲を見回してみたら、この点に関する幾多の実例を見られるはずです。否、幾多の実例どころか、一体どこに、その例外と言い得るものがあるでしょうか。

そもそもこの世の中のことというものは、大抵のことは多少の例外があるものですが、この「人生二度なし」という真理のみは、古来只一つの例外すらないのです。しかしながら、この明白な事実に対して、諸君たちは、果たしてどの程度に感じているでしょうか。すなわち自分のこの命が、今後五十年くらいたてば、永久に消え去って、再び取り返し得ないという事実に対して、諸君たちは、果たしてどれほどの認識と覚悟とを持っていると言えますか。諸君たちが、この「人生二度なし」という言葉に対して、深く驚かないのは、要するに、無意識のうちに自分だけはその例外としているからではないでしょうか。

もちろん諸君らといえども、意識すれば、自分をその例外であるなどと考えている人は、一人もないに相違ないのです。だが同時に諸君は、自分もまたこの永遠の法則から免れないものだということを、どこまで深刻に自覚していると言えるでしょうか。これ私が諸君に向かって「人生二度なし」と言っても、諸君がそれほど深い驚きを発しないゆえんだと思うのです。

要するにこのことは、諸君たちが自分の生命に対して、真に深く思いを致していない何よりの証拠だと言えましょう。すなわち諸君らが二度とない一生をこの人の世にうけながら、それに対して、深い愛惜尊重の念を持たない点に起因すると思うわけです。

ところが諸君らは、平生何か自分の好きな物、たとえば菓子とか果物などを貰ったら、それのなくなるのが、いかにも惜しいと思うでしょう。そして少し食べては、「もうこれだけしかない」とか「もうこれだけになってしまった」などと、惜しみ惜しみ食べることでしょう。私達は、菓子や果物のように、食べてしまえば、ただそれだけの物に対してさえ、なおかつそれほどの惜しみをかけているのです。否、うっかりすると、そのために兄弟喧嘩すら起こしかねまじいほどです。

しかるに今この世において、最も惜しまねばならぬ自分の生命に対しては、それほど惜しまないと言ってよいのです。おそらく諸君たちの若さでは、今後自分は一体何年くらい生きられるものかなどということは、一度も考えてみたことさえないでしょう。もちろんそれは、普通の常識的な立場から申せば当然のことであって、諸君らのような若さにある人が、そうしたことを考えないのは、一応いかにも自然であり、また当然のことだと思います。

しかしながら、今自分の生命の意味を考えて、この二度とない人生を、真に意義深く送ろうとするならば、諸君らの生活も、おのずとその趣を異にしてくることでしょう。すべて物事を粗末にせず、その価値を残りなく生かすためには、最初からそのものの全体の相を、見通してからねばならぬと思うのです。

したがって今この二度とない人生を、できるだけ有意義に送ろうとすれば、われわれとしては何よりもまずこの人生が二度と繰り返し得ないものであり、しかも自分はすでに人生のほぼ三分の一とも言うべき二十年近い歳月を、ほとんど無自覚のうちに過ごしてきたということが、深刻に後悔せられなくてはなるまいと思うのです。同時に今後自分の生きていく生涯が、一体いかなるものでなければならぬかということについても、おおよその見通しがつかねばなるまいと思うのです。

もちろん、こうは言っても、未だ踏まない自分の前途については、直接には知るよしもないわけですが、しかしまたわれわれは、自分たちに先立つ先人の足跡によって、自分の前途についても、おおよその見通しをつけるということは、必ずしも不可能ではないでしょう。

われわれは、わずか一日の遠足についてさえ、いろいろとプランを立て、種々の調査をするわけです。しかるにこの二度とない人生について、人々は果たしてどれほどの調査と研究とをしていると言えるでしょうか。否、それどころか、この「人生二度なし」という、ただこれだけのことさえ、常に念頭深く置いている人は、割合に少ないかと思うのです。これ古来多くの人が、たえず生きかわり死にかわりするけれど、しかも深く人生の意義と価値とを実現する人の、意外に少ないゆえんかと思うのです。

そもそも人生の意義いかんということについては、いろいろの考え方がありましょうが、われわれ日本人としては、自分が天よりうけた力を、この肉体的生命の許される限り、十分に実現して人々のために尽くし、さらにこの肉体の朽ち果てた後にも、なおその精神がこの国土に残って、後にくる人々の心に、同様な自覚の火を点ずることにあるかと思うのです。

かくしてわれわれが、人間としてこの世に生まれてきた意味は、この肉体が朽ち果てると同時に消え去るのでは、まだ十分とは言えないと思うのです。というのも、この肉体の朽ちると共に、同時にその人の存在の意味も消え去るというのでは、実は肉体の生きている間も、その精神は十分には生きていなかったという、何よりの証拠と言ってよいでしょう。

尊徳翁はその「夜話」の中で、この点について面白いことを言っています。それは「生きているうちに神でない人が、死んだからといって、神に祀られる道理はない。それはちょうど、生きているうちに鰹でなかったものが、死んだからといって、急に鰹節にならぬと同じだ」という意味のことを言っていますが、さすがに大哲人の言葉だけあると思いますね。ですから、生前真にその精神の生きていた人は、たとえその肉体は亡びても、ちょうど鐘の余韻が嫋々として残るように、その精神は必ずや死後にも残ることでしょう。

こう考えてきますと、諸君らは生まれて二十年、今こそここに志を立てるべき時です。だが諸君！　諸君らは、誓って死後にも生きるような人間になろう、という大志を立てたことが果たしてあると言えますか。しかしこのような志が真に確立しない限り、諸君らは真に深く自分の生命を愛惜するとは言えないでしょう。何となれば、真の精神は不滅であり、いかに凡人といえども、その生涯を深い真実に生きたなら、必ずやその死後、何らかの意味でその余韻を残しているからです。

こういうわけですから、諸君らとしても今のうちに、この「人生二度なし」という真理を痛感して、いささかでもよいから、その精神が死後にも生きるような人間になって戴きたいと思うのです。でなければ、せっかくこの世へ人間として生まれてきた意義はないと言えましょう。

同時にこの際大切なことは、人間がその死後にも生きる精神とは、結局はその人の生前における真実心そのものだということです。すなわち、その人の生前における真実の深さに比例して、その人の精神は死後にも残るわけです。

かくして人生の真のスタートは、何よりもまずこの「人生二度なし」という真理を、その人がいかに深く痛感するかということから、始まると言ってよいでしょう。

と言われて、先生は黒板を正しく縦に消されて、一礼して静かに退室された。

第4講——生命の愛惜

この道や遠く寂しく照れれどもいゆき到れる人かつてなし　赤彦

先生、題目を板書された後やや考えられて、右の歌を板書され、初めて出席簿を開かれた。口を開かれたが、O君の欠席の事について、最初の記入が間違っていたので、次のような注意があった。

「出席簿の始めに、一人の人が出欠の記載場所を間違えると、その後、徹底的な人が出て来ない限り、後々まで間違うものです。世の中のこともすべて同様です。たとえば辞書とか古典の解釈のようなものでも、元になっている原典にさかのぼらないで、只先人の作をそのままねて書く人が多いのです。そこでいつまでたっても、同じ誤りを繰り返すのです。ですから、どこかで徹底的に、根本からやり直す人が出て来なくてはならないのです」

さてこの前の時間には、人間も「人生二度なし」という道理を深く考えない間は、真に意義ある人生を送ることはできないという話をしたわけですが、そもそもこの「人生二度なし」という真理は、真に深く自分の生命を愛惜する人には、必然に分かってくるものだと思うのです。

実際この世で何が貴いと言っても、生命ほど貴いものはないでしょう。仮に今諸君に十万円やるから、生命をよこせと言われたからとて、むろん承知する人なんか一人もないでしょう。しかしそれは金額が安いからではなくて、お互いに命というものが、自分にとっては絶対的なかけがえのないものだからです。ですから、たとえ十万円を百万円とし千万円としても、命との取り換えとあっては、何人もご免を蒙るに違いないですよネ。

かように、いよいよとなれば生命ほど貴重なものはないわけですが、しかもお互いに平素は、生命の大切なことを、それほどには気付かずにいるわけです。おそらく生命の真価ほど、平素疎んじられているものはないとも言えましょう。

なるほど諸君らは平生、あるいは成績がよかったとか、あるいは友人との間に面白くないことがあったとかなかったとか、こういうことばかりを気にしている人が多かろうと思います。実際こういう種類の事柄というものは、家へ帰ってからもなかなか忘れず、時には日を重ねても、なお忘れずにいることも少なくないでしょう。だが今日一日、わが生命をいかに過ごしたかということについて、日々深刻に省みつつある人は、諸君らの間にも、あまりないではないかと思います。

だが、諸君らが考えると否とにかかわらず、この二度とない諸君らの人生は、日一日と減っていくわけです。現に諸君らは、すでにその三分の一か四分の一を失っているわけですが、諸君らはそれに対して、果たしてどのような考えを持っているでしょうか。諸君らの若さとしては、もちろん無理のないことではありますが、しかしそれにしても諸君らは、人生のこの最大問題に対して、意外なほどに迂闊でいるのではないでしょうか。

おそらく諸君らには、過去二十年という人生の空費が、うっかりすると試験の成績とか、さらには運動競技で負けた口惜しさほどにも、心に響いていないではないかと思われるのです。もちろんこのことは、前にも申すように、諸君らの若さとしては、一応無理からぬことではあります。それというのも、われわれ人間は、普通のままに放っておかれれば、自分の生命に対して愛惜の念を起こすようになるのは、まず人生の半ばをすぎかけてからのことであって、普通にはまず四十歳前後からと言ってもよいでしょう。

このように人間も、三十五歳から四十歳にかけては、人生を二等分する分水嶺とも言うべき年齢であって、人間も四十の声を聞けば、かの一葉落ちて天下の秋を知るというように、落莫たる人生の秋風を身に感じ始める年配です。それというのも、四十の声を聞く頃には、たいていの人がまず肉体の秋を感じ始めるのが普通と言ってよいでしょう。ですから、人間も四十を超えてなおかつわが生命の愛惜に思い至らぬというようでは、よほどどうかしていると言われても致し方ないでしょう。

しかし人間も、四十になって、初めて人生に対して愛惜の念を起こしているようでは、実は手遅れだと思うのです。実際四十と言えば、人間もすでに人生の半ばを超える年配だからです。同時にこれこそ私が、ここに若い諸君らに向かって、大して好かれそうにもないと承知しながら、このような問題についてお話するゆえんです。ですから、私が今日かような問題についてお話するのは、実は私自身が、自分の還らない悔を、諸君たちに再びさせるに忍びないと思うからです。

そもそも真実の教育というものは、自分の失敗とつまずきとを、後に来る人々に、再び繰り返さすに忍びないという一念から起こると言ってもよいでしょう。したがって真の教育愛の生まれ出るためには、教育者は何よりもまず自分の過去の過ちに対して、痛切な反省と懺悔とがなければならないでしょう。同時に「わが歩みしがごとくにわれに従え」という立場には、真の愛とか慈悲とかいう趣は伴わないと言ってもよいかと思います。

ところで、私達が、自分の生命に対して、真に深い愛惜の念を持ち得ないのは、自分の周囲に無数の人々の生死を見ていながら、しかもそれをわが身の上に思い返さないからです。さらに一歩をすすめて申せば、わが身が人間として生をこの世にうけたことに対して、真の感謝の念を持たないからでしょう。

そもそも私達が、ここに人間として、この世に生命をうけることのできたということは、決して私たちの努力や計らいによるものではないわけです。すなわち私達は、自分の努力の報いとして、ここに万物の霊長たる人間としての生命をうけたわけではないのです。

諸君らは、あのお伽噺の中の話のように、悪魔が魔法の棒を一度振ることによって、自分もたちまち駝鳥や山羊にさせられるとなったらどうでしょう。おそらくそれを喜ぶ人は一人もないに相違ない。いかに人生が苦しいからといっても、馬や牛になることを希望する人は、一人もないに相違ない。仮に今自殺しようとしている人でさえ、蛇やみみずになれと言われて、喜ぶ者はないでしょう。実際いかに巨万の富をくれるとしても、人間以外の動植物にされるというんでは、たまったものでないでしょう。

思えば私達が、何ら自らの努力によらないで、ここに人間としての生命を与えられたということは、まことに無上の幸と言うべきでしょう。しかも私達は、これが何ら自己の努力によるものでないために、かえってこの生命の貴さに対して、深い感謝の念を持ち得ないのです。すなわち自分のこの生命に対して、真の感謝、愛惜の念を抱き得ないのです。

諸君、試みに深夜、一本のローソクを机の上に立てて、端座瞑目して、過ぎ去った自分の過去を顧みてごらんなさい。そして自分がすでに、人生の四分の一近くを空費したことに想い至る時、諸君は、果たしてどのような感慨に打たれるでしょうか。その時諸君らの人生は、初めて真に自覚的な一歩を踏み出すとも言えましょう。

今日われわれは、日本国民として一体どのように生きるところに、人生の究竟的意義が果たされると言えるか。それは右にのべてきたように、自らの生命に対する愛惜の念の深まるにしたがって、次第に明らかになって来るかと思うのです。少なくとも私には、そう思われるのです。

親は何故に大切にしなければならぬのでしょうか。それはわがこの生命を生み、かつ今日にまで育ててくれた大恩があるからです。しかもわれわれは、このようにひとりわが一身のみならず、わが生命の親たる父母も、またその親たる祖父母も、無窮の祖先から子々孫々に至るまで、無量の生命が存続して、今日に及んでいるのであって、ひと度このことを考える時私達は、無限の感慨に打たれずにはいられないのです。

何となれば、無窮なる民族生命の無限の流れの末端に、この私も生かされている一人だからです。それはあたかも、日本民族という無限に大きな巨木があって、私というこの一人の人間の生命は、いわばその一枚の木の葉に当たるとも言えるからです。しかもこのような感慨は、自分の生命に対して深い愛惜の念を抱き得ない者に、どうして、深い実感をもって感受することができましょう。

まことに天地を貫く人生一切の真理その真の把握は、畢竟自らの生命の真義に徹する外ないのです。実際私には、この天地人生の深い趣も、自分の生命の愛惜感に深く徹していくところに、しだいに開かれてくるように思われるのです。

先生教壇にかえり、机上を整頓されながら、微笑しつつ次のようにつけ加えられた。

「今年はこれまでと違って、二部生も教えていますので、同じ精神で教えたとき、一部生と二部生との間に、どんな違いが現れるかを見るのが、私の一年間の最大の興味と言ってよいのです。同じ力で、同じ撞木をとって打つとき、二つの鐘は、そこにどのような響きを発するであろうか——と。マア私は、結局鐘つき男のようなものです。鐘つきと言えば、尊徳翁の道歌に次のようなものがあります。

山寺の鐘つく僧は見えねども四方（よも）の里人時を知るなり

なかなか味わい深い歌です。では今日はこれまで」

第5講——一つの目標

先生、出席簿がないので「この前の時間は何でした」とお尋ねになる。Y君が「化学です」と答える。「先生はどなたでした」「長友先生です」「ハアそうですか。では週番は——」Y君起立す。「ハテ君ですか。ではチョット長友先生の所へ行って、出席簿を尋ねて来て下さい…」先生、正面に座っているO君が、耳に繃帯しているのを見られて「君、中耳炎ですか、大丈夫ですか。中耳炎は気をつけないといけませんよ。案外油断のできない病気ですからね——」と言われながら、題目を板書せられて、「週番が来るまで、何か質問はありませんか…」と言われる。最後の席のN君が、腕に繃帯しているのを見られて「N君は一体どうしたのです」と尋ねられる。N君起立。しかし柔道で折ったとは答えにくかったのを、周囲の者がたって言った。「君は段があるのですか」「ハイ初段です」「アアそうですか。では名誉の負傷という所ですね。大事にしなさい」とニッコリしながら一同を見回される。そこへ週番が出席簿をもって来る。先生、出席簿を机上に置かれる。

私が諸君に対して希望するのは、諸君が将来国民教育者として、その一生を真に力強く生きていく人になるということです。昨日も専攻科で或る人が「どうも先生は、文検（旧制中学の教師になる試験)など受けることを、あまり喜ばれんように思いますが、それはどういう根拠からですか」という質問があったので、申したことですが、つまり文検を受けることそれ自身は、何も悪いことではないのです。それればかりか、大いによいこととも言えましょう。

だが、もし文検を受けることをもって、教育者としての唯一最高の目標と考えるとしたら、これは善いの悪いのという以上に、私は悲しむべきことだと思うのです。さらには憐れむべきことというべきかも知れません。この二度とない人の世に生まれてきて、しかも人間の魂に自覚の火をつけるべき教育者の道を選びながら、たかが中等教員（新制高校にあたる）の免許状を一、二枚取ることとくらいに、教育者としての最高の目標を置き、それが終生の目的というんでは、実際「情けない」という一語の外、言うべき言葉を知らないのです。

そこで、もし諸君にして文検を受けようとするなら、すべからく朝飯前の一仕事、否、煙草好きの朝起きぬけの一服というくらいの気持ちで一気に片付けて、その後は教育者としての大道を進んで貰いたいものです。しかるに、いわゆる文検受検者というものの多くは、単に資格を取ることをもってその最終目標として、その先に無限の大道のあることに気付かない人が多いのです。これ文検の合格者のうちに、優れた教育者の比較的少ないゆえんです。もっとも例外がないわけではありませんが——。

では私が、諸君らに向かって奨めようとする教育者としての道とは、いかなるものでしょうか。それを手取り早く申せば、もし今の世に二宮尊徳というような人が、身を国民教育界においたとしたら、一体どういう生き方をされるでしょうか。そこに一体いかなる道を開かれるでしょうか

――このような問題を、根本的に考えてみるということです。あるいはまた吉田松陰先生というような方が、今日国民教育者になろうとして、師範生であり、さらに諸君らのような一部生になっておられたとしたら、一体いかなる生き方をされるかという問題です。

文検の試験委員などという人の中には、死後その名の残りそうな人は、ほとんど絶無と言ってよいでしょう。いやしくも人間、二度とない生をこの世にうけた以上、その程度の人の書いた書物を、最高の書物ででもあるかに考えて、しかも一たび合格すれば、それで鬼の首でも取ったかのように喜んでいるということは、それこそ志が小さいというか、それとも欲がないというか、さらには人間がちとお目出たいというか、とにかく情けないしだいで、今さら問題として取り挙げるまでもないことです。

古人は学と言えば、必ず聖人たらんことを志したものです。しからば今日われわれ日本人として、いやしくも学問修養に志す以上、われわれのもつ偉大な先人の踏まれた足跡を、自分も一歩なりとも踏もうと努め、たとえ一足でも、それににじり寄ろうとする気魄がなくてはならぬと思うのです。

しかるに明治以後、教育が学校教育になってからは、わが国の教育は、その伝統的な深い精神力を失ってしまったようです。とくに国民教育界において、このように深く志を内に抱いて、生涯を生き貫いたという一人の巨人さえ、見出すことができないように思うのです。

かように考えて来ますと、諸君らの前途は、もっとも希望に満ちた世界と言ってもよいでしょう。明治以後今日に至るまで、その人の足跡が、死後に残るほどの歩みをした小学校の教師は、まずはないと言ってもよいでしょう。しかるに他の世界を見ますと、政治家にしても軍人にしても、あるいは学者や芸術家にしても、後世にその名の残る人々が、明治以後それぞれの世界に必ず多少は出ているのです。しかるにそれが国民教育界となると、ほとんど一人もないと言ってよいでしょう。

強いて申せば、今年六十六歳のご高齢でありながら、なお日々全国を行脚して、見知らぬ子どもたちに国語を教えていられる、一人の芦田恵之助先生くらいのものでしょう。この方は確かにお偉いです。師範学校さえ出ていられないで、生涯はほとんど小学校の教師をされながら、ついに国語教授を通して、一つの不滅な道に達せられつつあるのです。おそらく先生のお書物は、先生の死後といえども、多くの心ある人々によって読まれるに相違ないでしょう。

そこで私は、諸君たちに対して、ここに一つの中間目標を掲げてみましょう。それらは諸君らは一つ四十になったら、必ず一冊の本を書く覚悟を、今日からしておいて戴きたいのです。そしてその頃まだ私が生きていたら、ぜひ一冊頂戴したいものです。マア、私のことは当てになりませんから、どうでもよいですが、とにかく諸君らは、四十になったら一冊本を書くんです。そしてその決心を、今日からしっかりと打ち立てるがよいと思うのです。

ではどういう本を書くかということになりますが、諸君は本を書くなどと言えば、それは学者の仕事であって、われわれ師範学校を出たくらいの者の、することではないと思われるかも知れません。しかし私から言えば、そこがすなわち志の狭小なるゆえんであって、意気地がないというのです。人間が二十年もの歳月を一つの事に従事して、その程度のことのできないということがあるでしょうか。できないというのは、本当にする気がないからです。

では、どういうことを書いたらよいかというに、それにはちゃんと書けるような事柄があるのです。たとえて申せば、尊徳翁とか松陰先生のような方の精神を、一つの学級において実現しようとした自分の努力の足跡を、ありのままに書いてみたらいかがでしょう。これなら、いやしくもそうした努力をした人なら、誰にだって書けないというはずはありません。それは、必ずしもむずかしい学理を書くに及ばんからです。そういうことは、世間で学者と言われている人たちに委せておけばよいのです。

諸君らとしては、そういう大学などで西洋の書物ばかり読んでいる学者先生なんかには、どうしたって書けないような書物を、一人の小学教師としての立場から書くんです。それにはわが国の偉大な先哲の精神が、一人の教師の人格を通して小さな子どもたちの上に、いかなる変化と影響を及ぼしたか、という如実な足跡を記録するがよいのです。これなら必ずしも大学や高等師範などを出ていなくても、その志さえ真に堅確なら、今後二十年もたてば、諸君らの誰にだってできぬということはないでしょう。

もちろん本を書くということは、必ずしも教育者としての最高目標ではないでしょう。だが同時にまた真に力強い歩みは、自ずとその足跡を大地の上に印するように、もし諸君にして、将来真に教育者として力強い道を歩まれたならば、不惑の齢に達する頃ともなれば、書物の一冊くらい生まれないはずがないと思うのです。

大学や高等師範を出ていても、すべての人が本を書くとは言えないのです。もしそうだとしたら、上級学校へ行ける人は、もちろん行くに越したことはありませんが、たとえ上級の学校へは行かなくても、今日からこの目標を心中深く秘めて歩んだとしたら、二十年後の諸君は、大学あるいはその他上級の学校へすすんだ昔の友人たちを顧みて、自分の歩んだ道が必ずしも誤りでなかったと信じるようになりましょう。

これここに私が、「一つの目標」と題して、諸君らに呈するゆえんです。この一時間の話だけでも、諸君に本当に分かって貰えたら、私の授業は、もうこれだけでもよいようなものです。

第6講――意地と凝り性

「これまでこの帳面を書いて下さった人は、手を挙げてみて下さい」九人が挙手。「自分が当番になった時に、それまでの記録を読んだ人がありますか。諸君は私が、なぜこういうものを書き残して貰っているか分かりますか……」一同沈黙……「イヤそれでよろしい。そのうちに、あるいは分かる時も来ましょう」と言われながら、題目を板書せられた。

おおよそいつかひとかどの人物になる人は、小さい頃から、いろいろその特徴が出ているようですね。その中から今一つ二つ取り出してみると、意地とか凝り性とかいうものも、その一つと言うてよかろうと思います。むろんこれはまだその人が偉くならないどころか、偉くもなりかけない本当の生地とか地金という状態の頃のことですから、それ自身決して手放しにほめるわけにはいかない性質のものですが、しかし偉くなった人には小さいうちから、何らかの意味で、こういう性質があったと言うてよかろうと思うんです。そしてその人物が偉大であればあるほど、この二つの素質は、大きかったと言ってよかろうと思うのです。

もちろん凝り性というのと意地というのとでは、必ずしも同じものとは言えないでしょう。それというのも凝り性というのは、自分の勉強なりその他何でも、自分の仕事に打ち込むことであるのに対して、意地という方は、そこに対他的な意味が含まれているからです。すなわち他人に対して、さらに申せば、自分の競争相手に対して、「何くそ！　負けるものか。今に勝って見せるぞ!!」というふうに、人を相手として現れる負けじ魂の根性を言うのでしょう。

むろん凝り性にも、ある意味ではそういうところがないわけではないでしょう。しかし意地に至って、とくにその傾向がいちじるしいのです。それゆえ意地というものは、そのままのむき出しでは、どうもお座へは出せないしろものです。そこで本当に偉い人は「自分が今日あるのは、まったく意地の強かったお陰です」とか、あるいは「これで私もなかなかの負け嫌いだったものです」というようなことは、滅多に言われないのが普通です。

もちろん人間、意地だけでは決して真の偉さとは申せませんが、同時に偉くなった人の生地とか地金としては、ある意味でこの意地というものが、その不可欠の要素としてあると言ってもよいでしょう。そこで余程しっかりしていないと——つまり人間がお目出たいと、偉人と言われるほどの人が、どれほど負け嫌いであったか、またいかに意地の強い人間であったかなどということには、ともすると気付きにくいものです。そこで修養などというと、とかくお目出たくて、去勢されたお人好しになることででもあるかに、勘違いしている人が少なくないのです。同時にそのために、生悟りの修養屋と言われるような人間は、大抵はミイラのようなでくの坊になってしまうのです。

そもそも偉人と言われるほどの人間は、何よりも、偉大な生命力を持った人でなくてはならぬはずです。しかもそれが、真に偉人と呼ばれるためには、その偉大な生命力が、ことごとく純化せられねばならぬのです。

　ですから生命力の大きさ、力強さというものを持たない人間は、真に偉大な人格を築き上げることはできないわけです。そこでですね、さきほども申したように、凝り性とか意地とかいうようなものは――とくに意地というようなものは、それ自身としては、決して立派なものでないばかりか、むしろ醜いものとも言うべきでしょうが――しかしそういうものを足場とし、それをもとでとして純化するものでなければ、人格の偉大な内容というものはできようがないのです。

　そのことは、今たとえて申しますと、今日の軍艦は、諸君もご承知のように、重油を燃料として走るわけです。あの黒い、ドロドロした臭い重油は、もしそれだけだったら、実に始末におえないものでしょう。しかしながら、ひとたびそれに火を点ずるならば、重油は自らの一切の醜さを焼捨てることによって、そこに絶大な動力を生み出すことができるのです。

　同様に今われわれ人間においても、凝り性とか、さらには意地とかいうようなものは――今日はこの二つについてお話するわけですから、他の事柄については申しませんが、その外それ自身としては醜い色々な人間の欲望――これを仏教の言葉で申せば、もろもろの煩悩を多分に持っていながら、しかもそれをそのままに放って置かないで、常にこれを純化することが大切です。

　かくして初めて、その人の偉大な人格内容も生まれるわけです。ここに純化するとは、一面からこれを焼き尽くすと共に、他面においては、今までかつてなかった大きな力に転換するわけです。すなわち単に無力になったり、去勢されたミイラのようになるのではないのです。昨日も申したように、生涯をかけて生き抜こう、という大決心が生まれてくるんでなければ、真の修養とは言えないのです。否、一つの目標を目指して、生涯を生き貫くというにとどまらず、さらには希わくば、この肉体が朽ち果てた後も、その人の生前の歩みが、後に来る人々のために、多少なりともお役に立つようでありたいというところに、偉大な人々の志があり、またかくてこそその人生も、真に生き甲斐があると言えるのではないでしょうか。

われわれ教師としても、単に教職にある間だけの努力にとどまって、一たん職を退けば、もはや教育者として、国家社会に対する貢献がなくなってしまうというようなことでは、この二度とない人生を、教師として生きるには、あまりに情けないことではないでしょうか。

そこで前にも申したように、やはり凝り性というようなことが、お互いに将来力強く生きるための、一つの足場と申しましょうか、踏み台と申しましょうか、とにかく一つの出発点になると申してよいかと思うのです。むろん凝り性というような名は、その人の性分に対してつけた名前ですが、同時にまたそういう自分の持っている性分の意味を自覚して、いよいよその本来の意味に徹していくということが大切だと思うのです。すなわち、単なる気質とか気分というだけでは、深みもなく、また片寄りやすいでしょうが、それを鍛錬することによって、しだいに浄化していくことが大切だと思うのです。

自覚しない単なる性分だけですと、時としては、そのために人と衝突するような場合もありましょう。とくに意地というものは、さきほども申すように、凝り性とは違って対他的なものですから、そのままですと、人との間に摩擦を引き起こす元にもなりましょう。が同時にまた、それを自覚することによって浄めて行けば、さきほど来申すように、人間の人格を形成する上での重要な一要素ともなり、さらには人格の偉大さを形成する根本動力に転ずるとさえ言えましょう。

では、かように醜いものが浄められるということは、そもそも何によってできるかと申しますと、直接には、やはり反省の働きという外ないでしょう。では一歩すすめて、反省を怠らないようにさせるものは何かと申しますと、それはどうしても教の力による外ないと思うのです。

すなわち偉人の残された偉大な言葉、さらにはその残された力強い人生の歩みというものが、私共にたえざる反省を促してやまないのです。かような点については、いずれしだいにお話するつもりですが、とかくわれわれ凡人は、偉人の教というものを、常にわが身から離さないようにしていないと、わが身の反省ということも、十分にはできがたいものであります。ところが反省をしないと、せっかくの燃料としてのこれらのものも、ただ汚いまま、臭いままで終わってしまいます。そこでわれわれは、もちろん意地や凝り性のままでとどまっていてはなりませんが、同時にこれらのものが、人間形成の上からみて、案外馬鹿にならない大事な要素だということを知る必要があると思うのです。

実際修養ということさえ、ある意味では負けじ魂がなければ、なかなかできるものではありません。その点からは、偉人とは道を履み行う上で、何人にも負《ひ》けをとるまいと、生涯覚悟して生き貫いた人と言ってもよいでしょう。少なくとも、そう言って差し支えのないような一面があると言えましょう。諸君、いつまでもボヤボヤしていないで、一つしっかりと考えるんですね。

「一同起立!!」——先生の大きな凜とした声に一同起立。呼吸運動をしてから一同着席。

「何か質問がありますか。この時間お話したことでも、またその外のことでも宜しいです。まだ二、三分ありますから……。どうです諸君。四十になったら本を書く決心がつきましたか。二十歳近い今日までボンヤリ過ごして来たんですから、いい加減に眼を醒まさぬといけません。しかし諸君らも、今後二十年の努力が積まれれば、必ずや何らかの実を結びましょう。実際この世は正直そのものなんですからネ。では今日はそこまで——」

下学雑話（12）

▼人は生命の振幅広きがよし。坂上田村麿は怒れば鬼神も挫き、笑えば三歳の童子もなつしきという。『翁問答』『都鄙問答』『鳩翁道話』等の書は、無限なる人生内容を、その大慈悲心よりして、最低最下の表現をもってせるものなり。誠に振幅広き書と言うべし。

▼人は試験管中の蛋白質をなめては、生活することを能わざる如く、単に概念的書籍のみでは心の養いとならず。故に徒なる専門意識に跼蹐せずして、広く生ける書籍を読むべきなり。

第7講――大志を抱け

先生「ボタンをはずしたい人ははずしなさい。遠慮はいりません。第一時間目は何でしたか」一同「習字です」と答える。「諸君の習字はどなたです」一同「近藤先生です」先生「ハアそうですか。では二時間目は――」「科学です」先生「N先生ですね」どうも出席簿の未記入を書き入れられるらしい。「今日は欠席はありませんか」

諸君らは現在どういうことを、自分の一生の志としていますか。どうです。イヤこれは元来言葉に出して、人に言うべきことではないのですから、私も、諸君にお尋ねすることは差し控えましょう。しかし諸君たちが、もし私のこの問いに対して、心中単に「将来立派な教育者になるのが自分の志だ」という程度に漠然と考えているとしたら、それではいけないと思うのです。というのは、立派な先生になるなどということは、ていのよい一種の逃げ言葉とも言えるからです。何となれば、いかなる人が真に立派な教育者であるか、これは決して簡単ではないからです。自分がそういうていのよい言葉に、ごまかされているとも気付かないで、いい気になっているということは、そもそも人間のお目出たい何よりの証拠です。

そういう捉えどころのない、さればといって非難のしようもないような言葉の陰にかくれて、居眠りをしているような人間は、自分の使命の貴さについて、何ら自覚していない人間であって、実に遺憾とも何とも言いようのないことです。

ついでですが、小学校の修身の本についても、同様のことが言えるようです。それというのが、小学校の「修身」の教科書を見ますと、どの本も終わりはみな「よき日本人」という課で結ばれていますが、私の考えるのに、この課を真に力強く教え得る教師は、全国にもあまり沢山はあるまいと思うのです。いろいろな徳目を並べて来た最後に、その総決算として、「よい日本人になれ」と教えるのは、外面的には一応適切なこととも言えましょう。しかし、かようなもっとも至極なことを、ほんとうにつかむということは、けだし容易なことではないのです。

私から申せば、修身書の最後のしめくくりとしての「よき日本人」という課は、ただ一年間に教えた徳目を、みな兼ね備えた円満な人間になれというだけでは、真の魂は入らぬと思うのです。

すなわちそこには、もちろん年齢に応じて程度の差はありましょうが、自分の将来に対して、何らかの意味での決意が含まれていなくてはならぬと思うのです。すなわち、いわゆる「よき日本人」なるものの内容を、子どもは子どもなりに、自分の生涯をかけて実現しようとする決心を打ち立てさせるのでなくては、ならぬと思うわけです。

すなわちそこには、すでに将来への志がタネまかれ、さらには二葉が出かけるようでなくてはならぬと思うのです。と申すのも、結局人間の一切の徳目は、一箇の「志」によって初めて生きた統一が与えられるからです。

このことはまた、諸君らにおいても同様であって、ただよい先生になるの、立派な教師になるのという程度では、まだ真に十分とは言えないと思うのです。ですから諸君らは、かような「よい先生」だの「立派な教師」などというていのよいヴェールをはいで、その真の中身を、もっと具体的に、的確につかまねばならぬのです。

たとえて申せば、生徒に嫌われないで、懐かしまれるのもよい先生であれば、またひとり子どもたちだけではなく、さらに父兄までも推服するというのもよい先生でしょう。さらには、自分の教えている生徒たちに、おのおの志を立てさせて、将来一かどの人間にさせるというのもよい先生であれば、さらには一町村の人々が、挙げてこれに服するというのも立派な先生でしょう。否、その人の徳化が、その町村を越えて一郡に及ぶのも立派な先生であれば、さらにはその人の一言一行のえがく波紋が、一府県に及ぶというのも、また立派な先生でしょう。その人の歩みが、広く全国の心ある教育者にとって、光となり力となるというのも立派な先生と言えましょう。否、さらには、その人の生きていた間の足跡が、その人の肉体が朽ちはてた後にもなお、後にくる多くの国民教育者にとって、大きな光となり力となるというのも、また立派な先生という概念のうちに入るわけです。諸君は「よい先生」「立派な教師」という名にのって、これらのうち果たしてそのいずれを取ろうと考えているのですか。

そもそも人間が志を立てるということは、いわばローソクに火を点ずるようなものです。ローソクは、火を点けられて初めて光を放つものです。同様にまた人間は、その志を立てて初めてその人の真価が現れるのです。志を立てない人間というものは、いかに才能のある人でも、結局は酔生夢死の徒にすぎないのです。そして酔生夢死の徒とは、その人の心の足跡が、よたよたして、跡かたもなく消えていくということです。

そこからしてまた私達は、また野心という言葉と「志」という言葉との区別をせねばならぬでしょう。野心とか大望というは、畢竟するには自己中心のものです。すなわち自分の名を高め、自己の位置を獲得することがその根本動機となっているわけです。ところが、真の志とは、この二度とない人生をどのように生きたら、真にこの世に生まれてきた甲斐があるかということを考えて、心中につねに忘れぬということでしょう。ですから結局最後は、「世のため人のために」という所がなくては、真の意味で志とは言いがたいのです。

第8講——気品

山かげに松の花粉ぞこぼれけるここに古りにし御仏の像　　赤彦

先生朗々と詠まれてから「どうもこの歌はよいですナア」と言って、壇を降りられてしばらく歩かれてから、「諸君の中で新町通り五丁目の近くの人はありませんか」と尋ねられる。しばらくして、皆の中からK君が起立する。「ハア、君が近くですか。君どこですか」K君「北堀江の御池通りです」先生「君のところから新町五丁目の仏教会館まではどのくらいありますか」K君「五町ほどです。電車の停留所を二つほど向こうです」先生「そうですか。ではすみませんが、一つ慈雲尊者のことで、仏教会館までお願いしたいことがあります、後で私の所まで来て下さい」と言われて微笑せられた。

さて今日は、「気品」という問題についてお話したいと思うのですが、そもそも気品というものは、ある意味からは、人間の値打のすべてを言い表すと言ってもよいでしょう。人間の人格的価値を言い表す上において、この気品という言葉ほど適当なものは、ちょっと外にはないでしょう。

なるほど一面からは、気品とはいかなるものかということを、個条的分析的に申すことは容易ではないでしょう。しかし、それだけにかえって、この気品というものが、ある意味では、全人格の結晶だと言うこともできましょう。実際気品というものは、その人から発する、いわば内面的な香りとでも言うべきもので、ここぞと、形の上にいって捉えることのできないものです。

しかしながらそこがかえって深く、その人の人柄を示すものだとも言えるわけです。花などでも、なるほど見た目の美しさということも大切でしょうが、しかし真の床しさということになりますと、どうしても色や形よりも香りということになりましょう。同様に人間の人格的な価値というようなものも、その人が、かようかようのことをしたとか、言ったとかいうことよりも、そうした見えるものを越えて香る気品の床しさにこそ、その根本はあると言えましょう。

さて気品というものは、かように、その人の最も深いところから発するものであるだけに、これを得るのに一体どうしたらよいかということが、いわゆる知識の修得などのように、簡単にはまいりません。おそらく気品というものほど、われわれ人間にとって得がたいものは、外にないかも知れません。というのも気品というものは、これをその根本から申せば、単に一代の修養だけでは、十分には得られないとも言えるからです。すなわちそこには、遺伝とかあるいは生まれつきとか、とにかくそこには、ある先天的なるものが働いているわけであって、それに対しては、後天的な人間一代の努力や修養だけでは、どこかに及びがたいところがあると言えましょう。

かようなことを申さねばならぬということは、お互いに辛いことではありますが、しかしわれわれは、どうしてもこのきびしい現実の前に眼をおおうてはならないと思うのです。

しかしながら、仮に遺伝と言ってみた所で、ではその遺伝は一体どうして生じたかと、さらにさかのぼって考えてみれば、やはりそれは、祖先代々の修養の集積と言う外ないでしょう。してみれば、真の気品というものは、人間一代の修養のみでは、その完成に達し得ないほどに根深いものであると同時に、他面また気品を身につけるには、依然として修養によって心を清める以外に、その途のないことが明らかなわけです。

　かように、気品が身につくようになるには、やはり修養による外ないと分かったとしても、ではいかなる修養が、人間の気品を高める上に役立つかと申しますと、もちろんそれが修養と言われるものである以上、いかなる修養も、気品を高める上に役立たないものはないでしょう。しかしそのうちでもとくに根本的なものは何かというと、私の考えでは、内心のけがれを除くということかと思われます。すなわち「慎独」、つまり独りを慎むということでないかと思うのです。

　ただ今も申すように、いかなる修養もそれが修養である以上、いずれもその人の気品を高める上に、役立たないものはないわけですが、しかし先ほど来申して来たように、気品というものが、いわばその人の背後から射してくる人格的な光背のようなものとすれば、気品を高める工夫は人格の最奥所、すなわち何人も容易に窺い得ない心の奥底の曇りを拭って、その乱れを防ぐということではないかと思うのです。ですから、外側に現れた形の上からは、ほとんど同一と見える行においても、それをする人の心の曇りのいかんによって、気品という上からは、そこに大きなひらきを生じてくるわけです。かような事柄は、諸君ら自身にも、しばしばその実例に出合う場合も少なくないことでしょう。

　さて以上は、われわれが気品のある人間になるためには、何よりもまず根本のこころの曇りを拭うようにしなければならぬと申したわけですが、しかしさらに大切なことは、慎独、すなわち、人間がただ一人いる場合にも、深く己れを慎むということです。他人と相対する場合、わが内心の曇りをはらって、常にそのこころの清らかさを保つということも、もとより大切ですが、しかし気品を高める上から申せば、独りを慎むということの方が、ある意味ではより大切だとも言えましょう。

そもそもこの「慎独」という言葉のうちには、どこか宗教的な趣があるとも言えましょう。すなわちこの慎独という言葉は、ご承知のように儒教の言葉であり、しかも工夫としては、儒教において最も根本的なものですが、しかし真に独りを慎むということは、結局は天を相手にしなくてはできないことだからでしょう。

私としても、かようなことは、ちょっと申しにくいことですが、しかし諸君にとっては大事なことと思いますのであえて申すのですが、先日も池田師範で研究会の開かれた際、校長先生のお供をして参る途中、校長先生のおっしゃるには、「どうも学校の先生は品が悪くて困る。宴会の席などでも、学校の先生の宴会よりも、会社員の宴会の方がよほど上品である。師範学校の教育なども、卒業生の気品を高める点で、大いに力を注がなくてはならぬと思う」という意味のお話がありましたが、これは私自身、わが身を顧みても、その通りだと痛感したしだいです。

そこで諸君らも今日から、どうしたら気品を高めることができるかということを、常に心の根本に置いていていただきたいと思うのです。それには只今も申すように、まず慎独ということを、その中心とされるがよいでしょう。

先にも申したように、気品というものは、少なくとも素質的には遺伝する一面もありますから、諸君たちがその生涯の修養によってかち得た気品は、やがてまた諸君らの子孫にも伝わると言ってよいでしょう。とくに諸君らのように、将来教育者として立つ人には、気品こそ、最も力強い教育的感化の源泉と言うべきでしょう。しかるにそれが、他の営利を職とする人々より、かえって品が悪いというようなことでは、ほんとうに困ると思うのです。しかもそれが、お互いに他人事でないことを忘れてはならぬと思います。

第9講——情　熱

ここにして遙けくもあるか夕くれてなほ光ある遠山の雪　赤彦

先生一礼の後「今日は九ですか」と尋ねられ、一同が「ハイ」と言えば、先生うなずかれて、黒板に向かい「情熱」と書かれる。今日はT君が黒板をきれいに拭いておいたので、「どうも黒板がキレイだと心が澄むようですなア……」と気持ちよく赤彦の歌を板書された。そして「どうもうまいものでしょう。赤彦でなければとうていこうは歌えません。まったく独壇場ですなア……」としきりに感歎の声を発せられる。

諸君はこの「情熱」という題を見て、あるいは不思議に思われるかとも思います。つまり「修身」の時間の題にしては、ちとおかしな題であるとですね。つまりふつうの「修身」の教科書には、ちょっと見られない題だと思う人があるかも知れません。そしてそれも一応もっともだと思います。が同時に私には、そこに問題があると思うのです。すなわちかような題は、修身的でないんじゃないかという感じを与えるところに、今日のいわゆる修身教授というものの無力な、根本原因があると思うのです。

私の信ずるところによれば、修身科というものは、何よりもまず人間をして、力強くこの人生を生きるような、覚悟をさせるものでなくてはならぬと思うのです。すなわち、これまで眠っていた魂が、一箇の人格を通じて、人生の大道に触れることにより、俄然として自己に目覚めて、自らの力の限り力強く、その人生行路を歩み出すようでなければならぬと思うのです。すなわちそれによって、新たなる人生のスタートが切られて、そこに魂の新生が始まるようでなくてはならぬと思うのです。

今かような立場に立ちますと、情熱というような問題も、われわれ人間生活においては、一つの重要な意味を有するものと思うのです。これまでのいわゆる学校修身なるものが、ともすれば情熱というような問題に触れなかったのは、ただ情熱の否定を説くに急であって、それが人生の動力となるという、つまり人生をほんとうに生きていく根本的な原動力としての情熱の意義を十分に認めないからでしょう。

そもそも人間の偉さというものは、大体二つの要素から成り立つと思うのです。すなわち一つは、豊富にして偉大な情熱であり、次には、かかる豊富にして偉大な情熱を、徹頭徹尾浄化せずんば已まぬという根本的な意志力であります。

かくして情熱というものは、人間の偉大さを形づくるところの素材であり、その基礎と言ってもよいでしょう。したがってまた始めから情熱のない干からびたような無力な人間は、いわば胡瓜のうらなりみたいなもので、始めから問題にならないのです。なるほど情熱は、それがいつかは浄化せられるのでなければ、真の人格内容とならないことは、今さら申すまでもないことですが、しかし他の半面、情熱のない人間は、いわばでくの坊であって、何ら手の下しようがないとも言えましょう。なるほど情熱は、それ自身では汚くもあって、そのまま人様の前へむき出しに、露出することのできるしろものではないのです。しかしながら、一たびそれに浄化の火が点ぜられたならば、そこには俄然として、大なる人格活動が開始するのです。

かくして人間は、軍艦が重油の切れたときストップするように、内なる情熱の枯れ果てた時、その進行は止まるのです。すなわちその時人間は、生きながらミイラとなり、文字通り生ける屍となるのです。教師というものは、とかくこういう種類の人間になりやすいものですから、お互いに深く注意を要すると思うのです。

ところで情熱というものは、まず物に感じるという形をとって現れるもののようです。したがって感激とか感動とかいうものは、その人の魂が死んでいない何よりの証拠です。ですからわれわれ人間は、感激や感動のできる間は、まだその人は進歩する可能性を持っていると言ってもよいでしょう。世間では時々感激屋などと言って、ひやかす人もありますが、しかしこれをもって、感激そのものが無価値であるとか、さらには有害であると誤解してはならぬのです。私の考えでは、感激屋などという悪口は、その人が感激しやすいのを譏《そし》ったというよりも、むしろその感激の仕方に、どこか浅薄なところがあり、しかもそれが安っぽく外面に現れることに対する非難だろうと思うのです。

私は先ほど来、感激という言葉と、感動という言葉とを、不用意に混同して用いて来ましたが、これら二つの言葉の間には、たしかに深さの違いがあると思うのです。すなわち感動は深くして内面的であるが、感激はこれに比べれば浅くて外面的なものと言ってよいでしょう。そもそも真に深い感動というものは、外に現れるものよりも、内にこもるものの方が大きいのです。これに反して感激という方は、内にこもるものより、外に現れるものの方が大きい場合を言うようです。この点については、島木赤彦がその『歌道小見』や『山房漫語』、あるいは『万葉集の観賞及びその批評』などの中に詳しくのべていますから、いつか読まれるがよいでしょう。

　かようなわけですから、世間で感激というものを、まるで悪いことででもあるかのように言われるのは、何も感激そのものが悪いのではなくて、それが安っぽく現れて、感動のような真の深さに至らない点を言うのでしょう。諸君らの中にも、あるいは「感激屋」と言って、友人達からひやかされている人があるかも知れません。しかし私は、その人は必ずしもそれを悲観するには及ばぬと思うのです。青年のくせに、物事を妙に白じらしく、批評的に見る人間の方が、遙かに悪いと言ってよいでしょう。そういう人間は、ませた利いたふうなことを言っていても、そのうちに成長の止まる人間です。

　真に大きく成長してやまない魂というものは、たとえ幾つになろうと、どこかに一脈純情な素朴さを失わないものです。そこで諸君たちとしては、自分に情熱の乏しいことを悲しむ必要こそあれ、自分は感激家であるということに対して、ひけ目を感じる必要はないと思います。その上、さらに一歩をすすめて、感激を安っぽく仰山そうに現さないで、内に深く燃やしつづけるような工夫をこそなすべきでしょう。

世間では、哲学者というものは、冷静でなくてはならぬと言われていますが、そしてそれにも一面の道理がないわけではありませんが、しかしこの言葉をもって、哲学者とは何ら情熱も感動もないもののように考えたら、それは大きな誤りだと言えましょう。それというのも、真の哲学の世界は、実に果てしも知れぬ深くして、かつ大いなる感動の世界でなければならぬからです。そして真の哲学とは、このような偉大な情熱の澄み切るところに、初めて生まれ出るものだからです。

実際人間が、真に自分の内容と言い得る世界は、ただ感ずることによってのみ得られる世界です。このことはもっとも理知的と言われる幾何学などにおいてすら、諸君らは問題解決のヒントをつかんだ一瞬の、あの一種独得な喜びによっても分かることと思います。実際人間が偉大になるということは、その感動の世界が、果てしもなく深大になるということでしょう。そしてそれが年と共に、しだいに澄んで来るということでしょう。

もしもこの際、感動がしだいに澄んでいくことをもって、無力になることだなどと考えたら、それはとんでもない間違いです。すなわちそれは、力がいよいよ内に張りきって、安っぽく外に現れなくなったということです。

さて最後に、諸君の現実問題の一つとして、自分の情熱を深めていくには、一体どうしたらよいかというに、それはやはり偉人の伝記を読むとか、あるいは優れた芸術品に接することが、大きな力になることでしょう。そしてそれを浄化するには、宗教及び哲学が大いに役立つものです。もし諸君たちが、他日の悔を招くまいとするなら、若さを失わない今日、これらの事柄について、深く考えられるがよいと思います。

「赤彦の教育論である『山房漫語』は、もう出版社の古今書院では品切れのようですが、三島の本屋（学校出入りの書店）は、まだ数冊持っているようですから、心ある人は至急求められるがよいでしょう。これを見ますと赤彦という人物の、とくに教育者としての赤彦の識見のほどがよく分かります。何しろ赤彦は長野師範を出ただけで、万葉以後の歌人となったんですからナア。あれで非常な情熱の人なんですよ」と先生は感慨深げに言われた。

第10講——三十年

さて諸君たちはこの題を見て、ちょっと異様な感じがするでしょうが、実は私がこの一年間諸君らと接することによって諸君に希望し、また多少とも諸君の収穫となり得るものがあるとしたら、それはある意味ではこの「三十年」という一語の中にこもると言ってよいかも知れません。と申すのも、そもそも人生というものに関しては、そこに色々な考え方がありましょう。しかし、それはそれとして、とにかく人生の味わいは深いのです。

このように、人生の味わいが限りもなく深いということは、同時にまたその味わいが、限りもなく複雑だということでもあります。もちろん人生は、これを外側から見れば、きわめて単純なものとも言えましょう。つまり生まれて、食って寝て大きくなって、そして結婚して人の子の親となり、最後は年をとって死ぬ——これをもっと簡単に言えば、結局人間は生まれてそして死ぬ——という、ただそれだけのことだとも言えましょう。

実際、人生と言うてみたところで、つまるところ、この「生まれて死ぬ」という「生から死へ」の間にすぎぬとも言えるのです。したがってまた偉人と凡人の差も、結局はこの生から死への間を、いかなる心がけで過ごすかという、その差に外ならぬとも言えましょう。

さてこのように人生を、「生から死への間」というと、諸君たちは「なるほどそれはそれに違いないが、しかし人生はざっと見積っても、まず七十年近くはあるのに」と、こう考える人が多かろうと思います。しかしですね、人生の正味というものは、決して七十年もあるわけではないのです。否、おそらく五十年とはない人が多いでしょう。諸君はまずこの点について、迷いの霧を払わねばならぬでしょう。

私がここに「三十年」という題を掲げたのは、実は人生の正味というものは、まず三十年くらいのものだという意味です。実際人間も三十年という歳月を、真に充実して生きたならば、それでまず一応満足して死ねるのではないかと思うのです。

かように申すと諸君は、私という人間は、平生諸君に向かって、人間はすべからく大志大欲を持たねばならぬと言うていながら、一方には何と欲の少ない人間かと、意外に思われるかも知れません。しかし私は、そうは考えないのです。人間が真に充実した歳月を三十年も生き得たとしたら、それで一応は十分と言わねばなるまいと思うのです。これに対して諸君らは、どう思われるか知りませんが、私としては、それ以上の望みはないと言ってもよいのです。

それにしても私が、この人生に対して、多少とも信念らしいものを持ち出したのは、大体三十五歳辺からのことでありまして、それが多少はっきりしてきたのは、やはり四十を一つ二つ越してからのことであります。ですから、もし多少とも人生に対する自覚が兆し出してから、三十年生きられるということになりますと、どうしても六十五、六から七十前後にはなるわけです。もし今年から三十年ということになると、七十三歳になるわけで、そうなるとまず肉体的生命の方が先に参ってしまいそうです。このように考えて来ますと、人間も真に充実した三十年が生きられたら、実に無上の幸福と言ってもよいでしょう。否、私の現在の気持ちから申せば、それはずい分ぜいたくな望みとさえ思われるのです。

このように人間の一生は、相当長く見積ってみても、まず七十歳前後というところでしょうが、しかしその人の真に活動する正味ということになると、先にのべたように、まず三十年そこそこのものと思わねばならぬでしょう。一口に三十年と言えば短いようですが、しかし三十年たつと、現在青年の諸君たちも五十近い年頃になる。その頃になると、諸君らの長女は、もうお嫁入りの年頃になるわけです（一同笑う。先生も微笑されながらつづけられる）。長男はまず中等学校を卒業する。あるいは専門学校を卒業するかも知れません。少なくとも諸君らの息子の方が、現在の諸君よりも大きくなる頃です。

道元禅師は「某《それがし》は坐禅を三十年余りしたにすぎない」と言うておられますが、これは考えてみれば、実に大した言葉だと思うのです。本当に人生を生き抜くこと三十年に及ぶということは、人間として実に大したことと言ってよいのです。そこで諸君たちも、この二度とない一生を、真に人生の意義に徹して生きるということになると、その正味は一応まず、三十年そこそこと考えてよいかと思うのです。

ついでですが、私は、このように、人生そのものについて考えることが、私にとっては、ある意味では、自分の使命の一つではないかと時々考えるのです。ただ漠然と「人間の一生」だの「生涯」だのと言っていると、茫漠としてとらえがたいのです。いわんや単に「人生は――」などと言っているのでは、まったく手の着けどころがないとも言えましょう。そうしている間にも、歳月は刻々に流れ去るのです。しかるに今「人生の正味三十年」と考えるとなると、それはいわば人生という大魚を、頭と尾とで押さえるようなものです。魚を捕えるにも、頭と尾とを押さえるのが、一番確かな捕え方であるように、人生もその正味はまず三十年として、その首・尾を押さえるのは、人生に対する一つの秘訣と言ってもよいかと思うのです。

かように申しましても、なお若い諸君らには、「人生の正味は三十年しかない」などと言われるのは、やはり何か物足りない感じがするでしょう。これは若い諸君らとしては、一応もっともな話です。しかし先ほど来申すように、よく考えてみれば、人生の真の正味は、結局三十年くらいということになるのです。それでまた、必ずしも足りないというほどでもないのです。

道元禅師はたしか五十三、四歳で亡くなられたかと思いますが、坐禅されること三十年にして、ついに曹洞禅という不滅の大道を、民族の歴史の上に築かれたのです。してみれば、その肉体的生命は、たとえ五十歳あまりで亡くなられたとしても、少しも遺憾はないわけです。否、さきほど来申すように、人生の正味を真に充実して三十年を生きようというのは、考えようによっては、ずい分ぜいたくなこととも言えましょう。

というのも諸君、試みに小楠公をご覧なさい。あるいはこの間六百年祭の行われた北畠顕家卿にしても、これらの方々というものは、諸君たちもご存じのように、いずれも二十歳そこそこの若さで、亡くなっているのです。しかもその芳名は、千載の後にも薫っているのです。では死後に芳名が薫るとは一体どういうことでしょうか。それはその人の偉大なる真実心が、死後六百年の現在でもなお人心を動かして已まぬということでしょう。

これらの人々が、身を捧げて尽くされたその忠誠の精神の偉大さは、もとよりいうまでもありませんが、仮に小楠公が後醍醐帝から、弁内侍を給わるというお言葉のあった際、私は明日にも陛下のために、戦場の露と消えるかも知れない身でございますから、それを思えば、せっかくのお言葉ながら、ご辞退申し上げますとお断りした、あの一事だけをとって考えても、その真実心は六百年後の今日なお、私共の心の最も深いところに触れるのではないでしょうか。

かように考えて来ますと、人生の正味を一応三十年と考えても必ずしも不足でないことがお分かりでしょう。ですから私達は、外面的な生命の長からんことを求めるよりも、人生を生きることの深からんことを求めるべきでしょう。単にその生命の長さから言えば、植物の中には、人間よりも遥かに長寿な物も少なくはありません。さらに鉱物に至っては、その存在はほとんど皆半永久的と言ってもよいでしょう。

かくして人生の真の意義は、その長さにはなくて、実にその深さにあると言ってよいでしょう。ではそのように人生を深く生きるとは、そもそもいかなることを言うのでしょうか。畢竟するにそれは、真実に徹して生きることの深さを言う外ないでしょう。もし真実に徹して生きることが、真にその深さを得たならば、たとえ二十代の若さで亡くなったとしても、必ずしもこれを短しとはしないでしょう。その点は啄木などについても、ある意味では当てはまると言えましょう。

孔子は「朝に道を聞かば夕に死すとも可なり」とさえ言われています。これ人生の真意義が、その時間的な長さにはなくて、深さに存することをのべた最も典型的な言葉と言ってよいでしょう。そこで諸君らも、なるほど現在の諸君はまだ若いのですが、しかしこの人生を、そう果てしもなくあるものと考えないで、本当の正味は、せいぜい三十年くらいのものでしかないと、今のうちから考えてかかるがよくはないかと思います。

下学雑話（13）

▼天下第一等の師につきてこそ、人間も真に生き甲斐ありというべし。

▼人はすべからく終生の師をもつべし。真に卓越せる師をもつ者は、終生道を求めて留まることなく、その状あたかも北斗星を望んで航行するが如し。いくら行っても、到りつく期なければなり。

▼師説を吸収せんとせば、すべからくまず自らを空しうするを要す。これ即ち敬なり。故に敬はまた力なり。真の自己否定は、所謂お人好しの輩と相去ることまさに千万里ならむ。

第11講——長所と短所

お互いに人間である以上、それぞれ長所短所のあることは免れません。そこでこの長所短所に対して、われわれは一体いかに対処すべきであるか。この点を明らかにして置くことは、これまたわれわれにとっては、大切なことの一つかと思うのです。

しかしながら、この問題は、実際にはなかなかむずかしいことでありまして、もちろん理想論としては、「長所はいよいよこれを伸ばし、短所はできるだけこれを補うように勉める」と、こう言ってしまえば、なるほどそれに相違ないわけです。しかしさればといって、いざこれを実地に行うということになると、なかなか容易なことではないのです。すべて物事は、理想論を説くだけなら、誰にだって一応できることですが、しかしいざ実行ということになると、なかなか容易ではないのです。

かように実行が容易でないという原因は、もちろん色々あるに相違ないですが、その一つは、なるほど理想は掲げてみたものの、いざこれを実行するとなると、一体どこから着手したらよいか、その着手点というものを、しっかりとつかんでいないからです。そこで一般的な理想論は述べてみても、実現の着手点を明らかにしない話というものは、まだ真実のものとは言えないのです。

そこで、人間の長所短所の問題についても、長所はこれを伸ばし、短所はこれを補うと言ってしまえば、それまでのことですが、同時にその程度のことなら、わざわざ人から聞かなくても、何人にも分かっている事柄だとも言えましょう。そこでわれわれにとって、真に必要な知識というものは、そのように、どこに一点も非の打ちどころはないが、さりとていざ実行となると、何の役にも立たぬというような、通り一ぺんの知識ではないのです。

われわれは、そういう通り一ぺんの、無力な平面的な知識から一歩をすすめて、どこか一個処から手をつけて、実地に掘り下げてみなくてはならぬのです。かくして初めてそこに、現実の生々しい血が噴き出すわけです。

ではこの問題に対して、一体どのような点からメスを入れたらよいかというに、この人間の長所短所の問題については、私は平素から大体次のように考えているのです。それは知識とか技能というような、いわば外面的な事柄については、一般的には短所を補うというよりも、むしろ長所を伸ばす方が、よくはないかと考えるのです。ところがこれに反して、自分の性格というような、内面的な問題になりますと、私は、長所を伸ばそうとするよりも、むしろまず欠点を矯正することから始めるのが、よくはないかと考えるものです。以上が、人間の長所、短所の問題に対する、私のかねてからの考えなのです。

もちろん、かように申したからといって、必ずしもそれに固執するわけではありません。たとえば生徒としての諸君らにしてみれば、できのよくない学科は、ある程度これを補わなければなりますまい。でないと、下手をすれば落第さえしかねないですからね。またそういうことは別にしても、一般に小学校の先生というものは、あらゆる方面の知識技能を、一応万遍なく教えねばならぬわけです。そこで、落第というようなことは別にしても、いちじるしく不得手な学科があるということは、決して好ましいことではないわけです。

しかしこれは、小学校教師という立場から要求せられる事柄であって、もちろん、あらゆることが円満にできるということは、人間として望ましいことであり、またいちじるしく不得手なものがないということも、人としては必要なことですが、しかし今大きな立場から見ますと、知識や技能の場合は、欠点を補うという努力は、そのわりに効果が少ないが、これに反して長所の方は、わずかの努力でも大いに伸びるものであります。もちろん、学校で落第点を取らないくらいのことは、少しく努力すれば、誰にだってできることであって、ここではそういう落第をするせぬというようなことを主にして、考えているのではありません。

ところが、一たび性格というような精神的な問題になりますと、この長所、短所という問題は、よほどその趣が変わってくると思うのです。と申すのも、知識技能においては、その長所とする所と短所とする所とは、その性質がまったく別だからでしょう。たとえて申しますと、理科的なもののよくできる人は、ともすれば人文的なものが不得手になりがちであり、これに反して文科的なものに長じている人は、ともすれば理科的なものが不得手になりやすいようです。

またこのように知的な学科のできる人と、体操や音楽、手工というような、技能的なものののできる人とは、ともすれば分かれやすいようであります。すなわち知識技能の場合には、その長所短所とする方面が、違うのが普通なようです。ところが、性格というような内面的な事柄になりますと、その趣は一変して、長所がすなわち短所とも言える趣があります。

たとえて申せば、いま一人の人が非常に能弁であるということは、一歩を誤ると多弁饒舌になりやすいということです。また、厳格ということは、たしかに一つの美徳でしょうが、しかしこれも一歩を誤ると、ともすれば冷酷になりやすいのです。さらにまた勇気などということも、非常に大切な徳目ではありますが、しかしこれも、一つ踏み外せば粗暴となりがちです。その外一々挙げれば際限がありませんが、要するにこれら精神上の問題においては、長所というものも、一歩調子に乗って度を過ごすと、たちまちにして欠点となるわけです。

すなわち知識技能の場合には、長所の方向と短所の方向とは全然その方面が違いますが、それが精神上の問題となりますと、長所と短所とは、いわば同一物の表裏と言ってよく、その方向を一つにしているわけです。そしてこの点が、同じく長所短所と言いながら、知識技能の場合と、性格というような精神上の問題の場合とでは、まったくその考え方を別にしなければならぬわけです。

しかし、それはそれとして、精神上の場合においても、短所を矯《た》めようとすれば、やはり長所が伸びないではないか、と言う人があるかも知れません。一応もっともらしく聞こえますが、しかし事実は必ずしもそうではないようです。と申すのも、そもそも精神というものは、それが真に伸びるためには、必ずや何らかの意味において、一種の否定を通らねばなりません。すなわち、この否定という浄化作用、すなわち自己反省というものを通らずに伸びたのは、精神としては真に伸びたのではなくて、かえって度のすぎたものとして、結局欠点になるわけです。

そこで、こういうことになりましょう。すなわち人間の性格上の問題としては、自分の欠点を反省して、これを除くという努力が、実はそのまま、長所を伸ばすということになるわけです。すなわち精神界にあっては、長所と短所とは別物ではなくて、同一物であるが、ただそれが反省によって浄められるか否か、ただそれだけの相違にすぎないというわけです。そしてこの点では、知識技能における長所と短所は、まったくその性質を異にすることを知らねばならぬでしょう。

そこからして、始めにも申したように、知識技能の方面では、一般的には短所を補うというよりも、むしろ長所を伸ばす方を考えるのが、よかろうかと思いますが、これに反して、精神上の問題になりますと、長所を伸ばそうと考えるよりも、むしろ短所を除くように努力する方が、よくはないかと考えるわけです。それというのも、それがそのまま、長所を伸ばすゆえんに外ならぬからであります。

第12講――偉人のいろいろ

点呼の後、先生やや引き締まられて「諸君の組の〝感想〟はまだですか――」と言われ、一同何のことやらと目を見合わす。すると先生はさらに「諸君の組の感想は何でしたか――」と言われ、そこで級長が提出物のことと分かって「まだ聞いていません」と答える。すると先生は「そうでしたか。実は諸君の組にも、本を読んで感想を書いてもらうつもりでいたんですが……」と言われた。そしてこちらを向かれて「では、級長はどう思いますか」と問われたので、T君起立し、一同T君に注目。T君、ややあって、「先生の講義の感想でも――」と言うと「ハア」と少し考えていられたが、「ではそうして戴きましょう」と言われ、一同しばらくどよめく。「なおついでにノートも見せて貰います」の一言に、一同目を見合わして私語。

「人間はつねに誠実と見識との両方面から見ていくことが大切です――」しばらくしてK君起立「ノートも出すんですか」とお尋ねする。「そうです。もっとも君の様な人は困るでしょうが――」と笑われながら「君のような人は感想のほうが得意でしょう。しかし人間はまじめに黙ってコツコツやる人の努力を見ることも大切ですから」とお笑いになった。一同顔を見合わせていると、

「もちろん偉い人は君のようでもよいのですが、また毎日コツコツと励んでいる人も見てやるべきで

す。毎日よくやっていると、たとえその人の素質は、それほどなくても、堅実な道が開かれます。そこで教師としては、どうしても才能と勤勉、まじめと見識という両方面を知らねばならぬのです。世の中へ出ても、まじめでコツコツやっていれば間違いはないのですが、才能のある人は、うっかりすると踏み外しやすいのです。私が採点に当たっても、ただノートだけとか、または感想だけとしないのはそのためです。私としては、諸君の在校中だけでなく、少なくとも諸君らが私の年頃になるまでは、考えているつもりですが、しかし若い諸君にその気持ちを察せよと言っても、それは無理というものでしょう」

と言って、先生特有の微笑をせられた。

さてこの間も、ある方とお話をしていた際、われわれ日本人の持っている先哲のうちで、私達の学ぶべき人は、むろん沢山あるわけですが、しかしそれらの人々の中で、誰が一番優れているか、もっとも誰が一番優れた人かというと支障があるかも知れませんが、それなら普通一般のわれわれ日本人の立場から見て、誰が一番難のない偉人と言えるかという問題について、色々と話をしたことでした。そしてその際話の落ち着いた所は、結局それは二宮尊徳だろうということになったのです。

なるほど私達は、古くは聖徳太子から、近くは明治維新の志士に至るまで、あるいはさらに近くは東郷、乃木の両将軍をも含めて、ずいぶん多くの優れた偉人を持っていると言えましょう。今一々その名を列挙することは控えるとしても、われわれはずいぶん沢山の優れた偉人を持っているわけです。そしてまたそのどの一人も、それぞれの優れた人々であって、とくに聖徳太子の如きは、おそらく臣下としては最大な方と言ってよいでしょう。

しかし今われわれが、とくに国民教育者として、わが身を修める上から見て、あるいはまた、子どもや生徒たちを導く上からいって、手本としてもっとも適当な人となると、ただその人物が偉大であるというわけでは、困るところもあるのです。すなわちそこには、修養の手がかりになるような点が、大いに必要なわけです。

先に聖徳太子をもって、臣下としては最大の方と申しましたが、それは太子が天皇の位にはついに就かれなかったという意味から申したことで、太子はご承知のように皇太子であり、かつ摂政でもあられたのですから、純粋な意味で臣下というわけにはいかないからです。人間は、どの人が真に優れているかということになると、それは標準の置き方しだいで、色々とその見方は違って来ましょうが、しかし大きく民族全体の上から考えたら、やはり聖徳太子などが、一番偉大な方と言ってよいのではないかと思います。

それというのも、聖徳太子のお仕事というのは、ある意味から申せば、われわれのこの日本国家の基を築かれた方と言ってもよいからです。諸君もご存じのあの十七条の憲法というものをつくられることによって、日本国家の骨格をお決めになられたと言ってよいでしょう。また聖徳太子は、ご承知のように、わが国に仏教を取り入れられた最初の方としても、そのご功績は大きいと言えましょう。有名な「三経義疏」というのは、法華経と維摩経と勝曼経という三つのお経の註釈をなさったわけですが、それらは、当時仏教としては先進国とせられていた中国の註釈よりも、そのご見識が深かったと言われているのです。

かように聖徳太子の偉大さは、その根底において、深く人間としてのあらゆる方面をそなえていられたわけですが、しかしわれわれとしては、聖徳太子があまりにも偉大なのと、かつまた、その生きていられた時代が、あまりにも遠いために、直接私共が自分の修養のお手本とするには、あまりにも高すぎて、手が届かぬという処があるわけです。

ところがそういう点では、二宮尊徳翁となるとまったく一個の平民として終始し、さらには一人の農民として終始した偉人です。ですから社会的地位としては、聖徳太子などとは、とうてい比較にならない微賤な地位に終始した偉人です。そしてそこが、われわれのような凡人が手本とするには、どこか親しみやすい所があるわけです。すなわち翁は、かような微賤な身分から身を起こして、しかもある意味では、終生その位置にとどまられた偉人と言ってよいのです。

すなわち今日の言葉で申せば、一平民として人間の大道を示された偉大な人物と言ってよいでしょう。同時にそのために、われわれのような者にも分かるような、色々な修養上の手かがりを伺うことができるわけです。おそらく古来尊徳翁ほどに微賤な身分から身を起こして、一般の庶民大衆にも近付きやすい大道を示された偉人は、比類がないと言ってもよいでしょう。

そこで、次には眼を転じて他の国々の偉人を見てみますと、もちろん人によって色々な見方はありましょうが、最も優れているのは、何といっても世界の三聖または四聖と言われる人々でしょう。しかしそれらの人々のうち、われわれにもっとも親しみの深いのは、何と言っても孔子であると思います。というのも孔子の生涯は、これを他の三聖と比べる時、いわば平凡な偉大さを持っているからです。釈迦やキリストなどは、宗教家として、いわゆる世を捨てて偉くなったわけですが、孔子だけはそうではありません。そこでその教えなり生活などが、われわれにとっても比較的に近いわけです。ですからそういう点では、わが尊徳翁に通ずるものがあるとも言えましょう。

実際この二人の偉人には、色々と共通点が見出されます。ことに『論語』と『二宮翁夜話』は、その趣において、よほど似通うところがあると言えましょう。実際私は『二宮翁夜話』は、ある意味では、われわれ日本国民の『論語』と言ってよいかとさえ思うほどです(ついでですが、『詩経』はわが国で言えば『万葉集』にあたりましょうし、また『書経』は、わが国では『日本書紀』にあたりましょう。そして『春秋』は、まず『大日本史』という所でしょうか)。

ただ孔子と尊徳と違うところは、孔子は何といっても家柄の人で、その社会的位置が高いのです。ところがこれに反して尊徳翁となると、極貧ではないですが、まず中の上くらいの家柄の農民です。つまり自作農で、ちょっとゆとりがあるというくらいの農家です。同時にここに尊徳翁が、広く日本国民の手本となりうるゆえんがあるわけです。総じてその実質が同じ程度の偉大さであるならば、その人の社会的位置が低ければ低いほど、後世におけるその感化影響の力は、大きいと言えましょう。

世間の人々は、多くはこの道理を知らないで、ただ位置さえ高ければ、それだけその影響力も広く及ぶように考えがちですが、それはただ物事の上面だけを見ているにすぎないのです。そこで国民最下の現実に立って、国民としての大道をタネまく立場の諸君としては、まず手始めに尊徳翁あたりから、その研究を始められるがよいでしょう。そしてそれには、今も申すように、孔子と照らし合わせて考えるのが、最も妙味があるかと思うのです。

時間があるので、ついでにちょっと申しておきます。諸君らのうち家の事情等で、どうしても上級学校へいけない人は、小学校で本腰を据えて、中等学校の教師以上に優れた人になる決心をすることです。文検では宙ぶらりんです。小学校の教師として、徹底して生き抜く決心をする人が出てきたら、世の中も面白くなるんですがネ。そして死後その人の伝記が、全国の小学校の先生たちに読まれるような生き方をすることです。そのとき文理大や中等教員など、もはや問題でなくなります。これこそ最も男らしい生き方ではないですかネ。

第13講——伝記を読む時期

諸君らは何事をするに当たっても、一目見て、その人の特徴が分かるようでなくてはならぬでしょう。たとえば提出物の綴じ方一つにも、その人の人柄は分かるものですからネ。

読書ということは、われわれの修養の上では、比較的たやすい方法だと思うのです。したがってそれさえできないような人間ではてんで問題にならないわけです。つまり真の修養というものは、単に本を読んだだけでできるものではなくて、書物で読んだところを、わが身に実行して初めて真の修養となるのです。それゆえ書物さえ読まないようでは、まったく一歩も踏み出さないのと同じで、それでは全然問題にならないのです。

そこでわれわれとしては、仮に日々善行はできないとしても、せめて書物だけは、毎日多少でも読むように努めねばならぬと思うのです。ところが食物ですと、一食たべなくてもすぐに体にこたえます。否、一食どころか、一時間遅れても大不平でしょう。おそらく諸君も、食堂をあけるのが十分遅れても文句たらたらでしょう。ところが肝心の心の食物となると、何日抜けようと、一向平気な人が多いようです。しかし人間も、読書をしなくなったら、それは死に瀕した病人が、もはや食欲がなくなったのと同じで、なるほど肉体は生きていても、精神はすでに死んでいる証拠です。ところが人々の多くは、この点が分からないようです。それというのが、人々は、欲をもって心と誤り考えているからでしょう。だから「お前の心はもう死んでいるぞ」と言われても「何、そんなことがあるものか」と一向平気でいるのですが、心が生きているか死んでいるかは、何よりも心の食物としての読書を欲するか否かによって、知ることができるのです。これこそ自分の心の死活をはかる、何よりのバロメーターと言ってよいでしょう。

さて一口に書物と言っても、いろいろ種類があるわけで、そこで、何から読んだらよいかということになると、なかなかむずかしい問題です。しかし諸君らの年頃としては、何と言っても一番大切なのは、やはり伝記でしょう。少なくとも先ず伝記から出発するというのは、動かぬところと言ってよいでしょう。それというのも、偉人の伝記というものは、一人の偉大な魂が、いかにして自己を磨きあげ、鍛えていったかというその足跡を、もっとも具体的に述べたものですから、抽象的な理論の書物と違って誰にも分かるし、また何人にもその心の養分となるわけです。あらゆる知識のうちで、われわれにとって一番根本的な知識は、この二度とない自分の一生を、いかに送るべきかという問題、すなわちこれを一言で申せば、われいかに生くべきかという知識だと思うんです。

しかるに今日の学校教育では、この最も大切なものが比較的閑却せられつつある現状です。そこで諸君としては、自分たちの努力によって、この欠を補わねばならぬわけですが、それにはまず偉人の伝記から入るのが、一番適当でしょう。それというのも、われらいかに生くべきかという問題に対して、端的明白にその道を示してくれるのは、何と言っても伝記の外にないからです。して見れば、優れた伝記の書物というものは、いかなる種類の人間も読むべきだと言えましょう。また人生のいかなる時期においても読むべきです。かくして優れた伝記というものは、一切の書籍のうちもっとも根本的、かつ基盤的な意味を持つと言ってよいでしょう。

さて以上申したように、伝記は何人にとっても必要であり、またいかなる年齢の人も読むべきであって、たとえばもはや老年になって、ほとんどなすべきことのないような人でも、偉人はその晩年をどのように過ごしたかということを知る意味で、伝記は決して無意味ではないわけです。否、臨終の近付いたような場合すら、かつての日読んだ偉人の臨終の模様を想い浮かべることによって、人生の最期における人間的態度を教えられる最も力強い教えとなることでしょう。このように伝記というものは、われわれにとって、人間の生き方を教わる意味において、いついかなる時期に読んでも、それぞれ深い教訓を与えられるわけですが、しかし私の考えでは、人間は一生のうち、とくに伝記を読まねばならぬ時期が、大体二度はあると思うのです。そして第一は大体十二、三歳から十七、八歳前後にかけてであり、今一つは、三十四、五歳から四十歳前後にかけてです。そのうち最初の方は立志の時期であり、また第二の時期は発願の時期と言ってよかろうと思うのです。すなわち人間は十二、三歳から十七、八歳にかけては、まさに生涯の志を立てるべき時期です。すなわち一生の方向を定め、しかもその方向に向かっていかに進むべきかという、腰の構えを決めるべき時期です。しかもこの時期において、最も大なる力と光になるものは、言うまでもなく偉人の足跡をしるした伝記であります。

そもそも偉人というのは、自己の生命を最も深大に生きた人と言ってもよいでしょう。われわれのこの肉体的生命の長さは限りがありますが、しかし、これをどのように深く生きるかということについては、何らの制限も置かれてはいないわけです。もしそこに制限があるとしたら、それはあきらめというたがを、われとわが心にはめるからのことです。「どうせ自分は師範を出ただけの学歴だから――」とか、「どうせ自分は小学校の教師だから――」とか等々。しかしこれらは、すべて自分は一歩も踏み出さないでおいて、すでに自ら断念する者の言葉です。ちょうどこれは戦争で言えば、未だ戦わずしてすでに戦意喪失して、敵の軍門に降るというわけです。

およそ人間というものは、できるかできないかは、生涯を賭けてやってみなければ分かるものではないのです。ですから、できるかできないかは、一生の最期に至って初めて分かるわけです。しかるにどうです。未だ一歩をも踏み出さないうちから、「自分にはとても駄目だ」などと言って投げ出すに至っては、実に意気地のない限りではありませんか。否、このような態度は、自己に与えられたこの生命の尊さに気付かない者の言葉であり、それはある意味からは、忘恩の徒とさえ言えるでしょう。

かくして人間は十二、三歳から十七、八歳辺へかけては、自分の生涯の方向を定めるために、偉人の伝記を読むに最適な時期かと思うのです。ところが私は、これまで伝記を読むに最適の時期は、いわゆる立志の時期であって、大体十二、三歳から十七、八歳辺までと考えて、その時期をすぎ去ったものには、さほどの意味はないと考えていたのです。むろんその以後でも、読めばそれに越したことはないが、しかし是非とも読まねばならぬとまでは思わなかったのです。ところが、近頃になって私は、そういう自分の考えが、大いに誤っていたことに気付き出したのです。そして人間は、三十五、六から四十前後にかけて、もう一度深く伝記を読まねばならぬということに気付き出したのです。

ではそれは何故かと言うに、人間はその年頃になったら、自分の後半生を、どこに向かって捧ぐべきかという問題を、改めて深く考え直さねばならぬからであります。その意味において私は、もう一度深く先人の足跡に顧みて、その偉大な魂の前に首を垂れなければならぬ、と考えるようになったのです。先の第一期を立志のためとしたら、今度は発願のための読書であります。同時にそういうわけですから、この第二の時期に読む伝記は、第一期のような、いわゆる偉人の伝記というよりも、もう少し自分に近い人々の伝記がよいと思います。いわば凡人の伝記と言ってもよいでしょう。たとえば国民教育者として、深い生き方をした人の伝記などは、最適と言えましょう。それというのも、もうその頃になれば、自分の力の限界も大体見当がついて来て、藤樹先生や松陰先生などのような生き方のできないことが、分かり出してくるからです。

そこで、こういうことになるわけです。すなわち、今や諸君らにとっては立志のために、そして私自身にとっては発願のために、お互いに心を潜めて、優れた人々の伝記を読まなければならぬ時期だと思うわけです。したがって諸君らが、この二度とない人生を、意義深く生きようとせられたら、忙しいではありましょうが、その忙しい中からも時間をさいて、まず古人の伝記について学ばれるよう、切望してやまないしだいです。

追記　今日これを読んでみると、人間が伝記を読むべき時期として、もう一度あることが抜けていることに気付く。それは六十歳前後であって、それは自分の一生のしめくくりをいかにすべきかを学ぶために、われわれはもう一度先人の生き方について深く学ぶ必要があると思う。しかもそれがここに説かれていないのは、相手が若い青年たちだからというよりも、当時の私が、まだ四十歳前後だったために、そこまで考え及ばなかったせいである。

（昭和四〇・七・二日　信記）

下学雑話（14）

▼肉体の弾力は年と共に衰えるも、精神の弾力は、怠らざれば年と共に増大す。同時に若き人々に対しては、たとえ好ましからざることにても、相手の気持を察した上で、適宜処置すべきなり。「吾々の若い頃は」とか、「今時の若い者は」等と言うことは、その人自身が、すでにその停滞凝固を示す何よりの証左というべし。

▼老剣客や老農の働きは、往々青壮年者を凌ぐものあり。これ深き自覚の故にして、その働きに無駄なきが故ならむ。

第14講——人生の深さ

先生、教壇の上の綿屑を拾って、後方の塵箱に捨てられる。そしてチョークを出しながら「実は今出席簿がなかったんですがネ、職員室になかったんですが……」と言われ、週番がとりに走る。

われわれ人間の一生というものは、諸君もご存じのように、大体決まったものなんです。すなわち七十年前後というのが、大体人間の寿命と言うてよいでしょう。稀に長生きする人があるとしても、まず百歳までであって、百歳を超える人に当たっては、古来きわめて稀と言ってよいでしょう。

このように、人生というものは限りあるものであり、しかもそれは、二度と繰り返すことのできないものです。してみると、そこに許された人生の真の生き方というものは、この限られた年限を、いかに深く生きるかということの外ないわけです。というのも平面的な延長線として考えれば、万人ほぼ一定の年数に限られているわけですが、ひとたびどのように深く生きるかということになりますと、各人千差万別だからです。そしてそこには、寿命のような制限というものは一切ないわけです。そこで人間の偉さは、結局この人生を、どれほど深く生きるかということだと言ってもよいわけです。したがってまたわれわれ人間の根本問題は、いかにしてより深く人生を生きるか、ということの外ないとも言えるわけです。ではわれわれは一体どうしたら、この人生をより深く生きることができるでしょうか。

この問いに答えるに当たっては、そもそも人生を深く生きるとは、一体いかなることであるか。言い換えれば、人生を浅く生きるということと、深く生きるということとの間には、一体いかなる相違があるかということについて、一言申して置かなくてはならぬでしょう。でなければ、人生を深く生きるには、どうしたらよいかと言っても、本当に分からぬからです(先生しばらく考えられて後)。

人生を浅く生きるのと深く生きるのとは、そこにいかなる相違があるかという問題ですが、人生を深く生きるというその深さとは、一体何について言うのでしょうか。この点については、人によって色々と考え方があるとは思いますが、私はこれに対して、大体次のように考えているのです。すなわち人生を深く生きるということは、自分の悩みや苦しみの意味を深く噛みしめることによって、かような苦しみは、必ずしも自分一人だけのものではなくて、多くの人々が、ひとしく悩み苦しみつつあるのだ、ということが分かるようになることではないかと思うのです。これに反して、人生を浅く生きるとは、自分の苦しみや悩みを、ただ自分一人だけが悩んでいるもののように考えて、これを非常に仰山なことのように思い、そこからして、ついには人を憎んだり怨んだりして、あげくの果ては、自暴自棄にも陥るわけです。これはちょうど、あの河の水が、浅瀬において波立ち騒ぐにも似ているとも言えましょう。

これに反して、人生を深く生きるということは、自分の苦しみ、すなわち色々な不平や不満煩悶などを、ぐっと噛みしめて行くことによって、始めのうちは、こんな不幸な目に出合うのは自分だけだと思い、そこでそのことに関連のある人々に対して、怒りや怨みごころを抱いていたが、しだいにそうした苦悩を噛みしめていくことによって、かような悩みや苦しみを持っているのは、決して自分一人ではないということが分かり出して来るのです。そして広い世間には、自分と同じような苦しみに悩んでいる人が、いかに多いかということがしだいに分かり出して来て、さらに、それらの人々の悩みや苦しみに比べれば、自分の現在の悩みや苦しみの如きは、それほど大したものでもなかったということが、分かり出して来るのです。

かように、自分の悩みや苦しみを噛みしめていくことによって、周囲の人々、さらにはこの広い世間には、いかほど多くの人々が、どれほど深い悩みや苦しみをなめているかということに思い至るわけです。私には、人生を深く生きると言うても、実はこの外にないと思うのです。したがって人生を生きることの深さは、実は人生を知ることの深さであり、人生を内面的に洞察することの深さと申してもよいでしょう。

そこで今かような立場から、諸君らの現在の生活を深めるというのは、一体いかなることかと申せば、まず相手の気持ちを察することから始めたらと思うのです。すなわち、これまでは、物事をとかく自己中心的に、ただ自分だけのことしか考えない生活だったのは、実は狭くて浅い生き方だと気付くということです。お目出たいと言えば、実にお目出たい生き方だったわけです。

というのも相手が自分に対して、どんなに考えているかなどということに関しては、てんでチンプンカンプンでいたからです。ですから他人の気持ちが分からぬというのは、その人のお目出たさを語る何よりの証拠です。

そこで、人生を深く生きるということは、かような意味でのお目出たさから、脱却する道と言ってもよいでしょう。すなわちそれは、常に人々の心持ちを考えて、人々に対する察しを忘れぬということです。たとえば三年生としての諸君は、二年生時代の自分の気持ちを忘れずに、現在の二年生をいたわって、親切に穏やかに導くということでしょう。しかるに自分が三年生になってしまえば、目の前に二年生を見ていながら、もはや自分の二年生時代に苦しかったことなどは忘れてしまって、少しも思いやりがないというのは、つまり人間がお目出たくて浅薄な、何よりの証拠と言ってよいでしょう。

そこで、そういう点からは、人間の真の偉さというものは、その人が自分のすぎさった過去を、現在もどの程度忘れずにいて、これを生かしているか否か、ということによって、決まるとも言えましょう。言い換えれば、自分がこれまでたどって来た、あらゆる段階で経験した事柄を、少しも忘れずに、現在それぞれの段階にある人々に対して、十分な察しと思いやりのできるということが、すなわちその人の人生内容の深さと、豊かさとを語るわけであって、すなわちまたその人の偉さを示すわけでしょう。

したがって真に偉大な人格というものは、決して自分自身を、偉大であるなどとは思わないでしょう。何となれば、現在自分のなめている苦しみを、単に自分一人だけのものとは思わず、世の多くの人々が、自分と同様にこのような苦しみをなめていることを深く知っているからです。すなわち真に偉大な人というものは、つねに自分もまた人生の苦悩の大海の裡に浮沈している、凡夫人の一人にすぎないという自覚に立っているのです。

このように真に偉大な人というものは、人生をあらゆる角度から眺めて、自分もまたそのうちの一人にすぎないと見ていますから、その人の語る言葉は、色々な立場において悩んでいる人、苦しんでいる人々に対して、それらの人々の心の慰めとなり、その導きの光となるのです。

かくして、あらゆる人間の苦しみと悩みとに同感し得る人は、それらの人々にとっては、その苦しみと悩みとを救う力となるわけです。そしてかような教えは、いやしくも聖賢哲人と言われるほどの人々の、いずれも深く体験せられたことでしょうが、とくに親鸞聖人においては、ひとしおその趣の深いものがあるようです。

そこで諸君らは青年期の去らないうちに、親鸞聖人についても多少研究しておかれるがよいでしょう。さし当たってはまず伝記を一、二種と、『歎異抄』の講義でも読んだらよいでしょう。伝記では、福島政雄先生の『親鸞聖人の生涯』が、色々な意味で諸君には手頃でしょう。

また『歎異抄』の講義では、私は金子大栄師のものが最も親しみ深いのですが、しかし諸君らには少しむずかしすぎるかも知れません。諸君らには、案外暁烏敏さんの『歎異抄講話』あたりが向くかとも思います。書物の適否ということは、結局はその人の肌に合うか否かによって決まることで、外側からかれこれ申すことのできないものです。

付記 問題は、『親鸞聖人伝』と『歎異抄』の講義であるが、それはここに掲げた書物以外にもその後色々と刊行されており、今はそれらの一々にわたって紹介することのできないことを遺憾とする。ただ初めて親鸞に近付こうとされる人には、亀井勝一郎氏の『親鸞』や、川上清吉氏の『歎異抄私解』(京都百華苑)などがよいであろう。

(昭和四〇・七・三日　信記)

第15講——一時一事

先生、出席簿を記入の後、題目を板書された。そして、しばらくの間無言で壇上を歩かれながら——。

われわれの修養については、色々の工夫がいりましょう。そこで、今日はそれらのうち、事に処する工夫の一つとして、「一時一事」ということについてお話してみたいと思います。

ところで、この「一時一事」の工夫ということについては、すでに諸君らも、文字によって大体の推察はおつきでしょうが、人間というものは、なるべく一時《いっとき》に二つ以上のことを考えたり、あるいは仕事をしないように、ということです。

すなわち、ある一時期には、その時どうしてもなさなければならぬ唯一の事柄に向かって、全力を集中し、それに没頭するがよいということです。もっともかようなことは、道理としては、何ら事新しいことではないでしょう。だが、いざ実行ということになりますと、諸君はおろか、相当の年配に達している人々でも、必ずしも十分に行えているとは言えないようです。

かように一応道理としては何人も分かっていながらいざ実際問題となると、なかなか行えないというのは、結局道理を実行に移すための工夫のつめ方が足りないからだと思うのです。総じて理屈としては分かっていながら、実行がむずかしいというのは、それがただ一応の理屈だけにとどまって、実行にまで詰めて行く工夫が足りないからだと思うのです。

今「一時一事」の工夫について考えてみるに、われわれが何か事をなすに当たって、現在自分のなすべき仕事のうち何が一番大切であるか、一体何から片付けて行ったらよいかということを、まず見定めなければならぬでしょう。そしてその判断は、特別の場合を除いては、大体誰にもはっきりと分かるものです。すなわち、今自分は何を真先にするのが本当かということは、それほど迷わなくても分かるものです。ですから、困難なのは、むしろその次にあると言ったらよいでしょう。それは自分が現在なさなければならぬと分かった事をするために、それ以外の一切の事は、一時思いきってふり捨てるということです。

このように、自分が現在なさなければならぬ事以外のことは、すべてこれを振り捨てるということと、なすべきことに着手するということは、元来、一つの事の両面とも言うべきであって、この点は、おそらくわれわれが仕事をし果たす上で、一番の秘訣かと思うのです。

そこで今思いきって着手する方の工夫から申せば、それはちょうどあの水泳で飛び込みの際、「キャタツ」の上から飛び込む際のあの呼吸です。つまり思いきって踏み切り、実行のただ中へ、ざんぶとばかり飛び込むのです。踏み切ってしまえば、その時すでにわれわれは海中にあるわけです。しかしその踏み切りの一瞬には、われわれはそれ以外のすべてのことを断念して、振り捨てねばならぬのです。

すなわち着手の直前に、すべての欲望を断ち切る覚悟ができなければ、どうしても踏切りはできないのです。「キャタツ」の上までは登ってみても、恐ろしいとか何とかと、気が散っていたんでは、とうてい身を翻して、水中に飛び込むことはできないのです。ですから、この一時一事の工夫は、また言い換えれば、「一気呵成」の工夫と言ってもよいでしょう。

すべて実行的な事柄というものは、もちろん多少の例外はあるとしても、原則としては「一気呵成」ということが、事を成す根本と言ってよいでしょう。何となれば、われわれ人間というものは、実際儚《はか》ないものであって、時の移るとともに考えも色々と違ってくるものです。そこで昔から「鉄は熱しているうちに打て」とも言われるように、すべて物事も自分の気持ちの白熱している間に、一気呵成に仕上げることが、事を成就させるに当たって大切な秘訣と言ってよいでしょう。

翻訳としては、明治以後の大事業の一つと言われるあの鷗外の「ファウスト」も、実際にはわずか八ヵ月くらいで仕上がったということですが、これは実際驚歎すべきことだと思うのです。が同時にまた考えてみれば、実際そうでもしないことには、あのような大作の翻訳には、どれだけかかるか分からぬでしょう。ですから一気呵成ということは、ちょっと考えますと、粗末なぞんざいな仕方のように聞こえるかも知れませんが、事実は必ずしもそうでないのです。それというのも、一気呵成ということは、十二分に力の充実している人でなければ、とうていできることではないからです。

たとえば、自動車でさえも、百里の道を一気に突っ走るというには、よほどガソリンの容量が多くなければ、やれることでないでしょう。ですから磨きをかけることは後回しにしても、一応の仕上げは、どうしても、一気呵成でないと、事は捗らないものです。

このようなわけで、この「一時一事」ということは、これを「一気呵成」と言ってもよいわけですが、またこれを他の方面から申せば、「三昧」とか、あるいは「没頭」と言ってもよいでしょう。われわれが真に、自己の充実を覚えるのは、自分の最も得意としている事柄に対して、全我を没入して三昧の境にある時です。そしてそれは、必ずしも得意のことではなくても、一事に没入すれば、そこにおのずから一種の充実した三昧境を味わうことができるものです。現に私が今、こうして話に没頭しているのも、一種の三昧境です。つまり話三昧です。これに反してわれわれが、同時に二つ以上の事柄に対して、そのどちらを採ったものかと、その取捨に迷うている間は、そこに悩みがあり迷いがあるわけです。つまり取捨に迷うということが、すなわち迷いそのものです。

そもそも迷うということは、人間が一つのことに没頭できなくて、あれこれと取捨の決定に躊躇することを言うわけです。ですから、人間一たん取捨に迷い出すと、どんなに自分の得意な事柄でも、苦痛となり悩みとなってくるものです。そしてイライラして来て、自分の空虚感を感ぜずにはいられなくなるのです。否、人間の悩みと苦痛とは、その場合、自分の得意とする事柄であればあるほど、かえって深刻になるのが常です。

たとえば剣道などにおいても、面へ行こうか胴へ行こうかと、迷いの状態が長びくのは、竹刀を取る人にとっては、最も深刻な苦痛の瞬間と言ってよいでしょう。同時にそういう時に、えてしてこちらが一本とられるのです。

今剣道のことについて申しましたが、すべて武道の修練というものは、この「一時一事」の工夫において、大いに教えられる場合の多いものです。もちろんこれは、武道以外の他の競技においても同様ですが、すべて敵と争そう場合には、迷った方が負けになるのです。

ですから、この「一時一事」の原則を、最も敏速に、かつ徹底して生かした方が勝を占めるのです。そしてこれは、ひとり武道や競技のみならず、実は人生そのものが、またこうしたものと言えましょう。否、人生の方がより深刻であって、武道や競技というようなものは、実はその顕れの一部に外ならぬでしょう。もっとも、武道や競技の場合には、敵は常にわが眼前にあるわけですから、そこでこの真理が、最も充実した緊張した相で現れるわけです。そしてここが、古来わが国において、武道がわれわれ人間の修養上、一つの重要な工夫とせられてきたゆえんです。

しかし武道にしても競技にしても、畢竟するにそれは、われわれ人間生活における一部分にすぎません。ですから、もし武道や競技をもって、生活から遊離し孤立させて考えるとしたら、いかにその技を練ったとしても、人間の全体的な修養の上には、さしたる影響を持たないと言えましょう。

そこで諸君らは、現在は、武道や競技などにおいて、この「一時一事」の修練をしているわけですが、その呼吸をさらに日常生活上の、あらゆる事柄において生かさなければならぬと思うのです。同時にまたこの点の工夫をするか否かが、武道や競技においても、真に上達するか否かの岐れ目となるとも言えましょう。けだし古来名人と言われたほどの人は、一ふりの剣に全生命を集中してその生涯を、生きて来た人に外ならないのです。

板書を消されてから先生、例の凜とした声で、「一同起立!! 回れ右!! 深呼吸始め!!」と次々に命令せられる。そして「諸君があくびをしてもよいために今『回れ右!!』をかけたのですよネ」と言って、カラカラと笑われる。「では終わった人は、こちらをお向きなさい。ハア、ではでは今日はそこまで」と例により丁寧に一礼された。

第16講——良寛戒語

先生、今日は、大きな本を二、三冊持って来られて机上に置き、一礼の後「諸君は読本で〝良寛の童心〟という課を習いましたか。覚えのある人は、手を挙げてごらんなさい」と言われ、大部分のものが手を挙げる。「ハイよろしい」と言いながら、今日の題目を板書せらる。

今お聞きしてみると、すでに諸君は国語で良寛禅師のことを教わっているようですから、ちょうど好都合で、諸君らの習ったのとは、多少違った側面から、良寛禅師の他の一面のことをお話しようと思います。

普通に良寛というと、大抵の人がすぐ童心ということを考えて、子どもたちと一緒に、ひねもすスミレをつんで遊ぶ姿を思い出すようです。おそらく諸君らにしても同様だろうと思いますが、しかし良寛がそのような世界にまで達したのは、決して生やさしいことではなかったのです。人は良寛の修業期のことは、一向に知らないで、ただその晩年における円熟境のみを、しかも単に外側から見ているにすぎないようであります。一般に、道行きを抜きにした見方というものは、結局外側からの見方にすぎません。

菊の花の美しさを真に味わうのは、自ら菊をつくっている人たちです。そして素人は、花が咲かなければ目をとめないですが、自ら菊をつくっている人は、菊の生長して行くあらゆる段階において、心を楽しませているようです。すなわち芽生えのうちから、すでに、秋咲く花のよしあしを想定するのです。げに愛あるものは、葉のうちにすでに花の盛時を想い浮かべているのです。

他の例で申せば、素人は剣道の達人の試合を見ても、ただその腕前の鮮やかさしか気がつかない。然るに、自ら剣道を学びつつあるものは、優れた試合を見ることによって、その技の鮮やかさの背後に隠されている、血のにじむような修業のほどをしのぶのです。

そこで今良寛禅師に対しても、その晩年の円熟境を単に外側から眺めて、思いをその修業期の工夫の上に致さない者は、良寛の童心などと言っても、これを甘く解して、その背後に湛えられているものの深さを知らない人々です。良寛は二十四、五歳から四十二、三歳まで、大よそ十七、八年の永い間を、備中玉島の円通寺という寺で、禅の修業をされたのです。そして師匠の死によって故郷へ帰られてからも、ひたすら禅の修業の一道を歩まれたのです。しかるに残念なことには、このような修業期の趣をつぶさに記したものは、ほとんど見当たらないと言ってよいのです。そしてそのために、童心などという言葉も、とかく上すべりに甘く解されているのです。

ところが幸いにも、修業期の良寛の心構えが、いかにきびしく、かつ細やかだったかということを窺うべき、一つの手掛りがあるのです。それは『良寛禅師戒語』と呼ばれるものです。何歳頃にできたものか、おそらく相当の年配になってからのものでありましょう。とにかく、まとまったのは、老年に入ってからであるとしても、要するにこれは、若い時代からの修業上の工夫の、生涯の決算と見てよいかと思うのです。くだくだしい説明よりも、実物に触れた方が手っとり早いと思いますから、次にこれを書きますから、何なら諸君も写しておかれるがよいでしょう。

戒　語

一　ことばの多き
一　口のはやき
一　とわずがたり
一　さしで口
一　手がら話
一　公事の話
一　公儀のさた
一　人のもの言いきらぬ中に物言う
一　ことばのたがう
一　能く心得ぬ事を人に教うる
一　物言ひのきわどき
一　はなしの長き
一　こうしゃくの長き

一　ついでなき話
一　自まん話
一　いさかい話
一　物言いのはてしなき
一　へらず口
◎一　子供をたらす
この項は◎をつける値打があるでしょう。とにかく、終日子らと遊び暮らしたと言われる良寛にこの語あることは、よほど深く考えてみなければならぬことでしょう。
一　たやすく約束する
一　ことごとしく物言う
一　いかつがましく物言う
一　ことわりのすぎたる
一　そのことを果たさぬ中にこの事を言う
一　人のはなしのじゃまする
一　しめやかなる座にて心なく物言う
一　事々に人のあいさつを聞こうとする
一　酒にえいてことわり言う
一　さきに居た人間にことわりを言う

一　親せつらしく物言う
一　人のことを聞きとらず挨拶する
一　悪しきと知りながら言い通す
一　物知り顔に言う
一　ひき事の多き
一　あの人に言いてよきことをこの人に言う
一　へつらう事
一　あなどる事
一　人のかくすことをあからさまに言う
一　顔をみつめて物言う
一　腹立てる時ことわりを言う
ことわりを言うとは理屈を言うことです。
一　はやまり過ぎたる
一　己が氏素性の高きを人に語る
一　推し量りのことを真事になして言う
一　ことばとがめ
一　さしたることもなきことをこまごまと言う
一　見ること聞くことを一つ一つ言う

一　役人のよしあし
一　子どものこしゃくなる
一　わかいもののむだ話
これは諸君にはよくこたえるでしょう。
一　首をねじて理くつを言う
一　ひき事のたがう
一　おしのつよき
一　いきもつきあわせず物言う
一　好んでから言葉をつかう
一　くちまね
一　都言葉などをおぼえしたり顔に言う
一　ねいりたる人をあわただしくおこす
一　説法の上手下手
一　よく物のこうしゃくをしたがる
一　老人のくどき
一　しかた話
一　こわいろ
一　口をすぼめて物言う

一　めずらしき話のかさなる
一　品に似合ぬ話
一　人のことわりを聞き取らずしておのがことを言いとおす
一　田舎者の江戸言葉
一　よく知らぬことを憚なく言う
一　きき取り話
一　人にあうて都合よく取りつくろうて言う
一　わざと無ぞうさに言う
一　貴人に対してあういたしまする
一　学者くさき話
一　風雅くさき話
一　さしてもなき事を論ずる
一　人のきりょうのあるなし
一　幸の重りたる時、物多くもらう時、有難き事を言う
一　くれて後人にその事を語る
一　おれがこうしたこうした
一　あいだのきれぬように物言う
一　説法者の弁をおぼえて或はそう致しました所でなげきかなしむ

一　さとりくさき話
一　茶人くさき話
一　くわの口きく
一　ふしもなき事にふしを立つる
一　あくびと共にねん仏
◎一　人に物くれぬ先に何々やろうと言う

この言葉が何を意味しているか分かるでしょう。お互いに気をつけんといけないですね。

一　あう致しました、こう致しました、ましたましたのあまり重なる
一　はなであしらう

——以上

これで終わりました。どうです諸君!!　まったく驚き入る外ないでしょう。自己を磨く工夫を、これほど細やかに記したものは、ほとんど他に類例がないでしょう。つまり終日子供らと遊び暮らすには、先ずこの程度の修業をして、徹底的な人間のあく抜きをしてからでないと、本当にはできないことです。もしこれなくしてただ子どもたちと遊んでいるというんでは、それこそ大馬鹿者です。

ここに掲げた九十ヵ条にも及ぶ良寛の心がけについては、私達も一つひとつ思い当たることばかりなので、それらについてもお話したらと思わぬわけではありませんが、しかしそれはやり出

したら際限のないことですから、一応これだけと致します。どうぞ諸君たち一人びとりが、よく嚙みしめて味わって戴きたいものです。

先生例によって黒板をきれいに拭い終えられて、

「特別な場合の外は、黒板は必ず教師が拭かねばならぬものです。このことは、とくに小学校では大切なことです。それは生徒が小さいからです。黒板一つ拭えないようでは、授業の徹底しようはずがありません。ところが案外これの守れない教師も少なくないようです。そのために小さな子どもたちが、腰掛けをもって来て拭いているようですが、そんなことではね。では今日はこれまで」

第17講——質　問

先生礼を終えられてから「今日は一つ質問に致しましょう。ところで、今日当番に当たっている人は誰ですか。今日は当番の人だけに書いてもらって、外の人は書かずに質問して下さい」

その前に、この『野口英世』（岩波書店）を読んだ人、ちょっと手を挙げてごらんなさい（数名挙手）。アアそうですか。実際この本には感動させられますね。つまりこの本を読むと、偉業をなしとげるような人は、どういう風格を持っているかということが、よく分かりますね。

試みにその一つ二つを申してみますと、第一は、自分のやりたいことはすぐにやる。つまり自分が本当にしたいと思ったことは、何物をなげうってもただちにそれをやる。たとえば本が読みたくなれば、たとえそれが真夜中でも、すぐに飛び起きて読むといった調子です。

どうもこの辺に、偉大なる人に共通した特徴があるようです。そしてもう一つは、夢中になるということです。夢中になることのできない人間は、どうも駄目なようですね。

それからもう一つは、最後までやり抜くということです。人間が偉いか偉くないかは、これで岐れるのです。大体物事というものは、七割か七割五分辺までいくと、辛くなるものです。富士登山でいえば、胸突き八丁です。そこをしゃにむにやり通すか否かによって、人間の別が生じるんです。ですからたとえフラフラになっても、ぶっ倒れるまでやり抜くんです。そしてこのような頑張りこそ、最後の勝敗を決するんです。

それからもう一つ。それはこの本の中に、野口博士のお母さんのことを書いた章がありましょう。もし諸君が他日女生徒、とくに上級の女生徒なんかを受け持ったら、こういう文章をプリントにでも刷って読ますがよいでしょう。たしかに一つの力になるでしょう。野口英世博士のお母さんは、日本婦人の一典型と言ってもよいでしょう。今日婦人向きのよい書物が少ないことは、ある意味では、国家的な問題と言ってもよいでしょう。

それはそれとして、実際野口博士は偉いですね。実験室に入ったら洋服を着たなりで四時間ぶっ通しで、ごろりと寝る。普通の日の睡眠は、三、四時間だというんですね。ついでですが、私の知っている範囲内で、もう一人睡眠時間三時間という人があります。それは森鷗外です。だからこそ、あのような超人的な偉業もできたわけです。

私は、夜遅くなったなと思うと、なるべく時計を見ないで寝ることにしています。でないと朝起きてから、「昨夜は何時間しか寝ていないんだから——」と、つい睡眠不足が気になって、余計に疲れるからです。つまり、われわれは時計を見て、人間はどうしても、八時間寝なければいけないように思っているのです。しかし睡眠も、いたずらに長いばかりが能ではなくて、深い眠りなら八時間眠らなくてよいのです。

とにかく人間は徹底しなければ駄目です。もし徹底することができなければ、普通の人間です。とにかく人生は二度ないのですから、諸君らもしっかりやるのですネ。私くらいの歳になってから気付いたんでは、いささか手遅れですよ。

では、前置きはこれくらいにして、さあ誰でもよいから質問して下さい。サア、どうです。（しばらくしてT君挙手。そして次のような問答が始まる）

T　良寛禅師の『戒語』のところで、七番目「公儀のさた」とありましたが、あれが分かりません……。

森　ハアそうですか。あれはですね、お役所ですること、つまりまあ政治のことです。それを人民の分際で、かれこれ取り沙汰をしないということでしょう。

N　あの『戒語』の中に出ていることは、みんな、してはいけないことですか。

森　本当はそうでしょう。

N　では、顔を見つめて物を言ってはいけないのですか。人と話をするのに顔を見ないでは、かえって失礼に当たると思うんですが……。

森　それは顔を見つめてというところに、問題があるのでしょう。つまり余りにじっと、相手の顔を見つめて物を言うのは、本当の作法ではないのです。諸君らとしても、余りにきっと見つめて言われるのは、余り気持ちのよいものではないでしょう。では次の人――。

S　僕はこの頃、人が自分に親切にしてくれると、イヤになって来ますがなぜでしょう。

森　人というのは友達ですか。それともどんな人です？

S　始めは友達でしたが、この頃では、どんな人でもイヤになってきます。

森　あなたの質問の意味が、私にはよく分かりません。それ故、もう少し立入ってお尋ねした上でないと、よく分かりませんが。こういう問題については、私は大体次のように考えているのです。つまり人の親切に対しては、いい気になって甘えたりして、もたれてもいけないが、さりとてむげにこれを退けるのも本当ではない。そこで人様の親切は、ありがたくお受けするということが大切でしょう。ところが、このお受けするということは、自己が確立していないとなかなかできないことです。

　私の考えは、大体以上のようですが、今度家へ帰ったら、一つお父さんのご意見も伺ってごらんなさい。そうしてお父さんのお考えが、私の右の考えと、大体一致したらそれでよいし、もし食違ったら、君ももう一度考え直してごらんなさい。ではその問題はその辺で。次は——。

K　私の知っているある日蓮宗の人で、その人はつねに外の宗派の事を悪く言っていますが、これは悪口を言ってもよいのでしょうか。私は、外の宗派の立場も考えねばいけないと思うのですが——。

森　この問題は、なかなかよい問題です。同時にむずかしい問題です。この問題については、一休禅師の『阿弥陀裸物語』というものの中に、徹底した意見が出ています。もしどこかで見つかったら、読んでごらんなさい。だが今は直接私自身の考えをお答えいたしましょう。たとえば、ここに一つの宮殿があるとして、そこに至る門はいくつもありましょう。しかしいざ入るとなると、やはり一つの門からでなければ、入るわけにいかないのと同じでしょう。

K君、ちょっと廊下へ出てごらん。君こちらの入り口と、あちらの入り口とから、同時に入ってごらん(K君、頭を押さえて困る)。そうでしょう。人間は、心も一つ身も一つで、一人の人間が、同時に二つの門をくぐるわけにはいかないのです。そこで、どの門がよいかということになると、結局、その人の性格に合ったのが一番よいということになるのです。つまり、日蓮にとっては法華宗が一番よく、親鸞のような性格の人には、真宗が一番よいということになるのです。

そこで人間を大別すると、親鸞型とか道元型とか、日蓮型というふうに、それぞれ分けることができるわけです。つまり一宗の開祖とか、一つの学派の創始者と言われるような人は、いわばかような、人間のある共通的な型の代表者であって、その型に属する一群の人々は、その人の教えによって、それぞれ自己の悩みを脱却することができるのです。つまり宗祖自身が悩みを免れた仕方によって、自分も救われるわけです。そこで親鸞型に属する人々にとっては、親鸞が最も偉大な人となるわけです。道元、日蓮またしかりです。

そこで第三者の立場からは、どれが一番よいとは言えないわけです。王城の南に住むものは、南門が一番近いと言うし、東に住むものは東門だと言い、西、北それぞれの門が近いと言うでしょう。ではなぜ他宗をくさすかというに、どの宗派もそれぞれよいと言ったんでは、まだフラついている初心者には、どの門から入ったらよいか、見当がつかないでしょう。そこで一つをとって他を捨てさせるために、時には他宗を譏る場合もあるのでしょう。そしてこれが一宗の開祖と言われるほどの人でも、時に他宗の悪口を言うように聞える場合のあるゆえんでしょう。いかがです、分かりましたか。

K　法華宗は、日蓮という人が現れたのでできたわけで、それ以前にはなかったのですか。

森　もちろんそうです。法華宗は日蓮上人の開かれた宗派です。つまり日本仏教の一つです。それは日蓮が法華経というものを（この経はずっと昔からあったのですが）日蓮独特の角度から味わわれた。そしてそこに、従来何人も気付かなかった大精神を発見せられたのです。そこで、日蓮が出るまでは救われなかった日蓮型の人々が、それによって救われ出したというわけです。

実は私も、この「教えと教えとの衝突」という問題では、ずいぶん長い間苦しみましたが、結局は唯一の真理を、色々の角度から捉えたものだということが分かったのです。それはちょうど、ある人は前から撮ったこの学校の写真をもって、これがこの学校だと言うし、また他の人は、横から撮った写真をもってこの学校だと言い、また後から撮ったのも同様です。即ち一人の釈尊の教えを、色々の人が、種々の角度から受け入れたところに、仏教の各宗派が生まれて来たわけです。

そこでですね。自分の肌に合う、合わぬということは言えますが、優劣ということになると、簡単には言えないというのが本当でしょう。

K　では、他の宗派はみな間違っていると言ったのは、その人の肌に合わなかったからでしょうか。

森　そうです。ですから「他の宗旨は、どうも自分のような者にはしっくりしない」と言えば、何ら差し支えないわけです。それを他宗はみな間違いだというから問題となるわけです。いやしくも、宗教と言われるほどのものは、みなそれぞれ真理を宿しているわけですから、どの宗教でも、それに徹しさえすればよいのです。しかしそれには、自分の肌に合ったものでないと、入りにくいわけです。宗教は学校の教科とは違って、どれか一つに徹すれば、それでよいのです。分かりましたか。もし分からなかったら、後で聞きにおいでなさい。

「ではそこまで」と言われて、先生おもむろに黒板を消されて、一礼の後、出て行かれた。

第18講――忍　耐

先生、教場に入られるや、紙片に万年筆で記入せられ、それからチョークを取られたが、黒板が汚れていたので、拭いをていねいに黒板の下部ではたいて、それを中庭に面した窓のところではたかれた上、黒板を何度も何度も拭われた。そして拭いを黒板に置かれて、やや右寄りのところへ題目を板書された。

「忍耐」というようなことについては、諸君はこれまでに何度となく聞いたことがありましょう。(先生、セキ払いをされながら黒板の他の部分を消しつづけられる)したがって今ここに、私が「忍耐」という題目を書いても、諸君らにはあまりパッとした印象を与えないかも知れません。しかし、諸君らにして、ひとたび自分を顧みて「自分は忍耐ということについて、これまで果たしてどの程度守れたか」と反省してみられたら、この忍耐という徳目一つさえ、決して卒業できていないことが分かるだろうと思います。

もちろん徳目というものは、決して個々別々に切り離されたものではありませんから、一つを片づけてから、次の徳目へいくというわけには、いかないものです。もちろん実行上の工夫から申せば、ある期間、とくに一つの徳目に力を注ぐということは、非常に大事なことですが、しかしさればと言って、それである時期が来たら、まるで学校でも卒業するように、「もうこれでよし」という時があるかと言うに、もちろん、そういう時はこないのです。それ故諸君としても、また私も、この忍耐という徳一つさえ、卒業しているとは永久に言えないわけです。

さて忍耐ということにはどういう意味があるかと申しますと、大体二つの方面があるかと思うのです。すなわち一つには、感情を露骨に現さないようにする、とくに怒りの情を表さないように努めるという方面と、今一つは、苦しみのために打ちひしがれないで、いかに永い歳月がかかろうとも、一たん立てた目的は、どうしても、これを実現せずんば已まぬという方面とです。

もちろんこの二つは、全然別物ではなくて、そこには深い関係がありましょう。そこで普通には、この二つをいずれも「忍耐」という一つの言葉で表しているわけですが、しかし分ければ、以上のような二つの方面があると言えましょう。そこで今この両面を区別して名付けるとすれば、前のを堪忍と言い、後の方を隠忍と呼んでもよいでしょう。しかも「忍」の一字に至っては、深く両者に共通しているわけです。

ではそのような忍とはそもそもいかなることかというに、結局それは己に打ち克つということでしょう。とくにそれを工夫の上から言えば、怒りの情に打ち克つということです。そもそもこの怒りの情というものは、諸君も知ってのように爆発性のものであり、したがってまたこれを激情とも呼ぶのです。そこで怒りを抑えるには、この激情の爆発を抑えるだけの、強力な克己心が必要なわけです。

ところが、よほどの人でも、この怒りの情は抑えにくいものですが、それはこの怒りの情が爆発的なものだからでしょう。同時にまたそれだけに、この怒りの情に克つ人は、心の広やかな人と言ってもよいでしょう。すなわち怒りの情をわが心の内に溶かし込むだけの、深さと広さとがなければ、できることではないからです。

次に隠忍とは、永く耐え忍ぶということです。そこで隠忍には、持ちこたえるという特徴があるわけです。ですからまた隠忍とは、じっと我慢しつづけることと言ってもよいでしょう。とにかく隠忍というからには、必ずそこに時間というものが入って来るわけです。もちろん忍耐ということも、時間と関係がないわけではありません。しかし隠忍ほどに、直接時間を予想するものではないのです。

そこで隠忍とは、いかに辛くとも投げ出さないで、じっと持ちつづけていくことを言うのです。もうやり切れなくなったと思っても、さらにもう一息頑張るのです。しかもその頑張りを、外に現さないようにするわけです、かくして、隠忍と頑張りとの間には、一脈の共通点があるとも言えますが、しかも両者は違うんです。というのも頑張りとは、へたり込まないで努力を継続することであって、その頑張りが、人に見えようがどうあろうが、それは問題ではないのです。ところが隠忍となると、我慢や頑張りが表面に現れないで、しかもそれが持続しなければならぬのです。すなわち外側からチョット見ただけでは、何ら事なきが如くでありつつ、しかもその内面には、一貫した忍耐力が貫いているのでなくては、真の隠忍とは言えないのです。

ところで、このような忍耐の両面としての堪忍と隠忍とは、先にも申すように「忍」の一字、つまり自己に打ち克つ点においては、まったく同じです。すなわちこの二つは、それが激情の際に現れるか、はたまた持続的な艱難《かんなん》に対して現れるかの差こそあれ、それが自己に打ち克ち、自らこらえようとする努力たる点においては、相通じるのです。そこでまた、忍耐の実行上の工夫としては、つねに「ここだ!! ここだ!!」という意識がなければできることではないのです。つまり怒りの情を爆発させて、たとえば弟妹などに対して怒りの言葉を、遠慮会釈もなく言い散らしておいて、後になってから「アッ、しまった」というのでは遠く遅いのです。最初の一語が、うっかり飛び出したその刹那に「そうそう!! ここだ!! ここだ!!」という、反省の閃きが現れるようでなければだめなんです。

すべて物事は、三段階に分けて考えることができましょうが、この場合、最もいけないのは、口汚く叱りながら、後になっても、一向悪かったと思わない人間でしょう。次は事がすんでしまってから、「アアまで言わなくてもよかったのに」と後悔する人間。その次は、怒りの言葉が出そうになったその瞬間「アッここだ!! ここだ!!」と喰い止める人間というふうに、大別してこの三種に岐れるでしょう。そして最後の、まさに怒ろうとするに先立って「イヤイヤここだ!! ここだ!!」と自ら制し得る人、これはよほど修養の至った人でないと、なかなかそこまではいけないですね。

さて最後に、では忍耐の工夫によって到達すべき理想はどうかというに、このことについて思い出されるのは、『心学全集』という書です。この『心学全集』は、石田梅岩先生が、その門人の人々と取りかわされた問答の詳細な筆録が集められたもので、普通に出ている五冊本の道話ばかりを集めたのとは、まったく別のものですが、これには、師匠と弟子との問答が、そのままに記録せられているので、なかなか面白いのです。

ところでその中に、ある一人のお弟子が――もっともお弟子と言ってもなかなか偉い人ですが――梅岩先生に「忍ということの極致はどういうものでしょうか」とお尋ねしたところ、梅岩先生答えて曰く「忍は忍なきに至ってよしとす」と言うておられます。すなわち忍耐の理想は「やれ我慢する」の「やれ忍耐する」のという意識がなくなって、それが何でもない、至極当たり前となるのが理想だと言われるわけです。

これは、いかにもそれに相違ないですナ。実に千古の名言と言うべきでしょう。つまり我慢の意識とか、こらえる意識のある間は、その人の心の充実に未だしき所があるというわけです。そこで、かようなところが一切なくなり切ったところ、そこが最高の境地に相違ないですね。

しかし、われわれ人間は、一足飛びに二階へは上がれないように、結局は一つ一つ階段を登っていく外ないでしょう。そして最も大事な点は、現在自分の立っている段階は、全体の上から見て、おおよそ何段目くらいかということを、はっきり自分で承知しているということでしょう。

「諸君らも多少は会得したかと思いますが、他日小学校で修身を教える場合には、ただ教科書に書かれていることを型通りに教えるだけではだめです。そうではなくて、この自分というものが、教科書に示されている真理にぶつかって、そこにいかなる響きを発するか、それを語るでなくては、生徒の心には響かないでしょう。ですから、いかに詳細に調べていっても、それだけじゃだめなんです。それによって、自分の「心の闇」が、照らし出される所まで行かなくてはいけません。では今日は多少早目ですが、これで終わりにしましょう」先生急いで机上を整頓せられて礼をされる。教壇を降りてから「ではベルの鳴るまで静かにしていて下さい」と言われて退場さる。

第19講——自修の人

先生おもむろに入室され、この録本を開かれて、「今日は十何課ですか」と言われ…「十九自修の人」と板書さる。そうして窓際に行かれて……。

諸君がこの学校へ入ってからでも、もう二年半近くになるわけですね。いわんや小学校へ入ってから数えたら、すでに十年以上の歳月を、学校で過ごしているわけですね。ところが、その永い学生生活の間、諸君は直接には、何ら家のためにも社会のためにも、尽くしているわけではないのです。

ところが諸君らの小学校時代の同級生のうちには、六年を出ただけで、すでに世の中へ出て働いている人もありましょうし、また高等小学校時代の友人の中にも、そういう人が少なくないでしょう。そこで問題は、それらの人々に対して、果たして恥ずかしくないだけの修得をしているか、どうかということです。

もちろんこれは、形の上での数量的な問題ではありませんから、正確な比較のできることではありません。しかしこれは、諸君としては時々、思い出して考えてみなければならぬことかと思うのです。つまり先方は、すでに何ほどかの給料を貰い、給料の少ない人でも、せめて食費だけでも、ご両親に厄介をかけないようになっているわけです。ところが諸君らはそれに反して、月々ご両親から、相当多額な学費を出して戴いているわけです。

ですから諸君らとしては、自分とそれらの人々との違いを、常に心の底に収めているんでないと、諸君たちの生活は、真の充実を期しがたいではないかと思うのです。

さてそれについて、まず問題となるのは、学生生活というものは、とかく受身的になりやすいということです。この点については、よほど注意していないと、ただ学生生活をしているんでは、すなわち学校教育というものだけでは、本当の人間ができないという結果に、なりやすいと思うのです。それについて、私の考えるところでは、諸君らが学校において習うことは、諸君らが人間として収穫すべきもののうち、まず半分くらいにしかすぎないと思うのです。

仮に時間の上から考えても、一日を二十四時間として、その三分の一近くを睡眠に充てれば、残るところは十六時間。そのうち諸君が教室で過ごす時間は、まず六時間程度のものでしょう。そうしますと、たんに時間の上から言っても、諸君らがこの学校にいるのは、一日のうちまず、半分そこそこのものと言ってよいでしょう。ところが私は、人間の厚みというものは、このような教室以外の時間における、その人の心がけのいかんによって、できもし、できずもすると思うのです。

ですから、もちろん教室で緊張して勉強しなければならぬことは、言うまでもないことですが、同時に教室以外の生活も、諸君にとっては、教室におとらず大切なものと思うのです。というのも、つまり教室以外の生活というものは、実地に自己を磨き、自分を鍛える道場だからです。人間のほんとうの味わいとか、真の貫禄というものは、決して教室だけでできるものではないのです。否、それはかえって、教室以外の生活、すなわち教師の目の届かないところにおける生活によって、作られる場合が多いと思うのです。

　私思うんですが、どうも学生時代というものは、この点に関する心がけが、とかくおろそかになりがちです。それというのも、学生生活というものは、その根本が元来受身的なものだからです。そこで実業界などで、腕一本でたたき上げた人と比べて、いわゆる学校出というものが、どこか鍛えのかからぬ感じがするのもこの故でしょう。

　そこで今、諸君らにとって何よりも大事なことは、真に自己をつくるものは、自分以外にはないということです。すなわち自己を鍛え、自分というものを、一個の人格にまで築き上げていくのは、自己以外にはないということを、深く認識し決心するということでしょう。

　いかに立派な教えを聞いても、「ハハアなるほど」とその場では思っても、それが単にその場かぎりの感激に終わって、一度教場を出ればたちまち元の木阿弥に返ってしまうようでは、何年学校に行ったところで、ただ卒業という形式的な資格を得るだけで、自分の人格内容というものは、一向増さないわけです。それはちょうど、伏せられた茶碗に、上から水をかけるようなもので、なるほど水をかけた当座はしばらく湿りもするが、たちまちのうちに、また干上がってしまうんです。ところが、茶碗を仰向けにしたらどうでしょう。水を入れるごとに、水はしだいにふえていくことでしょう。

諸君らの場合でも、学生生活の年数が重なると共に、しだいにその蓄積がふえて行かねばならぬわけです。ところがそれには、どうしても茶碗を仰向けにする必要があるように、諸君自身の心の態度を、根本からひっくり返さねばならぬわけです。それには、結局真に自修の人、すなわち自分で自分を修める人間となる覚悟を、根本から打ち立てることが大切です。自分を養うものは結局は自分であり、自己を築くものもまた自己である。この根本のところを、しっかり押さえていないと、いくら注いでも水はとっとと外へ流れてしまうだけです。

私は近頃地下鉄から上がる時、人のこんでいる場合には、時々エスカレーターに乗らないで、階段を歩いて上がっています。これはごく近頃のことで、それまでは、エスカレーターがあるのに、歩いて上がるというのは、馬鹿げ切ったことだと思って、どんなに混雑していても、必ずエスカレーターに乗ることにしていたのです。ところが最近、少々感ずるところがありまして、時々歩いて上がることにしているのです。

歩いて上がってみると、エスカレーターに乗った時とは、違う一種の愉快さが味わえるのです。エスカレーターに乗ることに決めていた頃は、「せっかくこれがあるのに、歩いて上がる者の気が知れん」と思うこともあったのですが、さて自分が歩いて上がってみると、そこにはまた一種の味わいがあるのです。

まず第一に歩いて上がるということは、エスカレーターに乗っていた頃考えていたほど、遅いものではないということです。大勢の人が待っている場合などには、もう階段の半ばくらいまで行っている場合も少なくありません。すると上まで上がっても大して遅れもしないというわけです。その上に、どこか気持ちが積極的になって、自分の力で来たという一種の愉快さが湧くんです。そしてそれがまた、上へ上がってからの歩みぶりにも影響するのです。

以上のべたことは、単にエスカレーターだけの問題とすれば、これは何でもない話です。否、ある意味では、実に馬鹿げ切った話とも言えましょう。しかしながら、一たびそれが現実の人生そのものに対する態度となると、そこには笑えない一つの真理が含まれていると思うのです。

なるほど学校には、学校独特の長所のあることは申すまでもありません。しかしながら、人は決して学校だけで完成されるものではないのです。人間としての深みや味わいは、学校のみにたよらず、常に他の半面、自ら自己を築いていく覚悟によって得られるものです。

つまり諸君らが教場において学ぶことは、いわば青写真のようなもので、それによって実地の建築を始めるには、どうしても教場以外の生活によらねばならぬのです。そしてこの教場以外の生活を大きく分ければ、結局は読書と実行と言ってよいでしょう。そのうち実行はとくに大事です。

とにかく人間は、「自己を築くのは自己以外にない」ということを、改めて深く覚悟しなければならぬと思います。すなわち、われわれの日々の生活は、この「自分」という、一生に唯一つの彫刻を刻みつつあるのだということを、忘れないことが何より大切です。そしてこれすなわち、真の「自修の人」と言うべきでしょう。

先生、窓の方へ行かれて「何か質問がありますか。なければそれまで——。しかし鐘が鳴ってからお出なさい。他の教室のじゃまになりますからネ」と言われて、例により清々しく黒板を消されて静かに退場された。

下学雑話（15）

▼親の恩が解らなかったと解った時が、真に解り始めた時なり。親恩に照らされて来たればこそ、即今自己の存在はあるなり。
▼我は不孝者と分かって初めて親の生命との連続を実にし得るなり。糸を切ろうとして、その切れざるを悩む者にして、初めて糸の強さも分かるなり。深刻なる不孝の自覚に即して、初めて親子一貫の生命に目覚めるものというべし。
▼われ今ここにかくの如きに在りということこそ、実に一切親恩の最終的結晶なり。

第20講――老木の美

先生「二十　老木の美」と板書されてから、頭をもまれながらしばらく考えられて……。

どうもお互い人間というものは、自分の姿が一ばん見えないものであります。したがって私達の学問修養の眼目も、畢竟するに、この知りにくい自己を知り、真の自己を実現することだと言ってもよいでしょう。実際われわれ人間は、わが顔でありながら、自分の顔を直接に見たものは、この地球上ただの一人もないわけで、見たと思っているのは、ただ鏡に映ったわが顔にすぎません。

そこでわれわれは、つねに周囲の事物によって、自分を磨かねばならないのです。ところが、かような立場に立って眺めますと、われわれは自己をとりまくいかなる物の上にも、自分の面影を見、自己の片鱗を窺うことができるわけです。

さてかような意味において、私は老木を見ることが好きであります。鬱然たる老木の姿に接する毎に私は、そこに完成せられた人間の内面的な消息を、まざまざと形の上に見る思いがするわけです。同時にまた、自分も年老いたならば、あの老木の持つような味わいを、多少なりともわが身の上に得られるようでありたいと思うのです。

そもそも植物というものは、動物、とくに人間から見れば、生命の最も低い発現段階といってよいでしょう。すなわち、宇宙の大生命は、植物としては、その最も単純な姿を示すわけです。が同時にまたすべて単純なものは、つねに自己の全体の姿をはっきりと現すと言えましょう。

いわゆる文化に毒せられた人々は、複雑な網の目の中に頭を突込んでしまって、ともすれば、単純素朴なものの持つよさを忘れがちになるものであります。なるほど単純素朴なものには、いわゆる複雑さからくる美はありません。だが同時に単純なものは、その単純なるが故に、常にそこには全体の姿を宿して、最も基本的なるものを露呈するのであります。

かような意味からして、私達は生命の真の趣を知るには、動物よりもかえって植物による方が便利だとも言えるわけであります。そこでかの尊徳翁のごときも、その偉大な悟りの世界は、もちろんその根本は、翁自身の深い体験によることではありますが、しかしその手掛りとなったのは、おそらく農業だったと言ってよいでしょう。

すなわち農作物という、若干の限られた植物の上に現れた宇宙的生命の相のうちに、あの深遠無比な哲理を感得せられたものと思われるのです。なるほど、あれほどの偉人であれば、たとえ羊飼いや鶏飼いをしていても、必ずやそれらを通して、そこに天地の理法を悟られたには相違ありません。しかしながら、翁が一介の農夫であったということが、翁の世界をしてより雄大に、またより透徹したものにしたことは、けだし疑いのないことであります。

そこで動物にも、なるほどそれぞれ面白いところはありますが、しかし私は植物を見る方が好きであります。もちろん、植物といっても色々の種類がありますが、しかしそれぞれに私はそのよさがあると思うのです。この頃咲き出した菊のよさなどは言うまでもありませんが、しかし野に咲く雑草の可憐な姿にも、また捨てがたい趣があると思います。

しかし植物のうちで私の最も心を引かれるのは、何といっても巨然たる老木の持つ美しさであります。それというのも私は、老木を見るごとに、常に生涯を通して道に徹した優れた人々のことが思われてならないからであります。あるいは剣の道に、あるいは学問の道に、はたまた芸能の道に、とにかく一派を成したほどの人々には、そこにおのずからなる風格とも言うべきものが、自然と滲み出ているものであります。そしてそれを形の上に、最も明らかに窺い得るのは、けだし老木の持つ趣でありましょう。

私は老木を見ていますと、その枝の一つひとつが、いかに多くの風雪にたえて来たかということを、しみじみと感ぜしめられるのであります。いやしくも老木といわれる以上は、ただ木が大きいというだけではなくて、そこに一種いいがたい気品とも言うべき趣がなくてはなりません。そしてその趣は、風雪によって鍛えられて、いわばその生なところがことごとく削りとられて、残すところがなくなったものであります。それ故植物でありながら、永年の風雪の鍛錬によって、そこには一種精神的ともいうべき気品が現れて来るのであります。

このようなことは、またわれわれ人間の世界についても言えるようであります。すなわち一人の優れた人格というものは、決して生易しいことでできるものではありません。その人が、現実生活においてなめた苦悩の一つひとつが、その人を鍛えて、その人から生なところを削りとっていくわけです。すなわち生活の鍛錬が、その人からすべての甘さを削り取っていくわけです。

その意味において優れた人の顔には、いわば一種の芸術品とも言うべき趣が出て来るようであります。私は十数年前、日本で一番の狂言師といわれる茂山某という方の狂言を数回観たことがありますが、この方は都合によると、近く校長先生のご配慮によって催される、能の会に出られるかも知れません。もしそうにでもなったら、よく注意してご覧なさい。とにかく私はこの方を、十数年前初めてお見受けした際、その顔の得もいわれぬ美しさに深く感動させられたのであります。

私のその時受けた印象は、いかなる名人の刻んだ面も、この方の顔面の美しさには及ばないだろうと感じたことでした。実際その一筋一筋の皺、眉、眼、口、否、頭髪の霜のおき加減すら、一点の隙間もない芸術の至品でした。けだしそれは六十余年の生涯を通して、日夜に肉を割き、骨を削るような芸道の修業によって、刻み上げられた顔だからであります。

もとよりこれは、ひとり茂山さんだけのことではありません。いやしくも一道に徹し、一世の人と言われるほどの人は、必ずや何らかの趣において、この老木の持っているような精神的な美を、その風格の上に帯びてくるはずです。この意味において私達は、そういう優れた方々に接する機会のあった場合には、その完成された老境の美を見逃さないように注意すると共に、又そこまで到達せられた生涯の惨苦に充ちた歩みにまで、思い至るでなければならぬでしょう。というのも、古来人生の惨苦をへずして偉大になった一人の人間も、かつてなかったことに想い至らないで、ただ「偉い偉い」というだけでは、真に偉人を敬仰するゆえんではないでしょう。

しかしながら、このような精神的偉大さに達した方にしばしば接するということは、普通には容易に許されないことであります。しかしながら老木の美ともなれば、少し心していたならば、随処にこれに接し得るわけです。

この意味からして私は、諸君らが老木に接した際には決して迂闊でなく、つねに精神的な偉人と一脈相通ずるもののあることを見、さらにはそこに、自己が生涯を通して至り求むべき終世の目標をも見るようでありたいと思うわけです。一見ささやかとも思われることながら、いささか平素の所懐の一端をのべて、諸君のご参考に供するしだいです。

先生、講義が終わると、静かに窓際の椅子に倚られて、私達に向かって「一体諸君はどういう木が好きですか」と尋ねられた。まずK君に尋ねられると、K君は「私は樟が好きです」と答えた。そこで先生が「樟の好きな人は」と尋ねられて手を挙げた者が十数名あった。次にT君に尋ねられた。するとT君は「私は杉の老木が好きです」と答えた。これにも賛成者が十数名あった。すると先生は「松の老木もよろしいですが、若い諸君にはまだ分からんですかね――」と言われた。するとサイレンが鳴ったのでそこで話も終わった。先生は教壇に帰られて、黒板の文字をきれいに拭かれた後、ニコニコとほほ笑まれて、「黒板がこんなに美しいと、心はもちろん肉体までが引き締まるようです」と言われた。

第21講——故人に尽くす一つの途

一人の人間が亡くなるということは、言うまでもなく非常に悲しい出来事であります。そこで生前故人と親しい関係にあった者としては、いろいろと故人のために尽くす途を考えるべきでしょう。そしてその途にもいろいろありましょうが、今日私が諸君にお話し申そうと思う事柄は、もちろん何ら珍しいことではありません。

が、さりとてまた、必ずしもあらゆる人の場合に行われているとも、言いがたいかと思うのです。では何かと申しますと、それは故人の書き残したもの、並びに生前故人と親しかった人々の、故人に対する思い出などを掻き集めて、それを何らかの形で印刷して、故人の生前を知っている人々の間に頒つということであります。

そもそも故人を偲び、故人のために尽くす途は、いろいろとあり得ることでしょう。試みに申してみても、まず差し当たっては、その葬式を立派にするということもその一つでしょう。もちろんこれも結構なことであり、考え方によっては大事なことでもありましょう。

諸君らはまだ若いから、こういうことは分からないでしょうが、葬儀委員長などというものは、相当の人物でないと、なかなか手落ちなく仕果たしがたいものです。しかし葬式というようなことは、結局はその時限りのものと言えましょう。もっとも、だから粗末でもよいなどとは断じて言えませんが、同時に葬式さえ立派にすれば、それで事がすむというものでもないでしょう。と言うのも場合によっては、遺児のために教育資金を募るというようなことの必要な場合もありましょう。そして時にはこの問題が、故人のいまわの際における、一番の心残りのことだったというような場合もないわけではないでしょう。

またその人が功労のあった人の場合には、胸像を建てるということなども、これまた故人に尽くす一つの途であることは、申すまでもないことでしょう。現に私の郷里では、人の記念碑を建てた人は、その人自身もやがてまた記念碑を建てられると言い伝えられています。もちろんそうしたことを、功利的な気持ちですることの、本当でないのは申すまでもありませんが、しかし実際問題として多くの人々と語らって、先人の遺徳を顕彰するために一つの記念碑を建てるということは、なかなか容易ならぬ苦心のいるもので、故人に対してよほどの深い尊敬心なくしては、できがたいことであります。

またその人自身としても、人々からよほどの信用を得ていなければ、事をはこびがたいものであります。すなわちその人もまたその人の死後において、記念碑を建てられるほどの人でなければ、先人の記念碑のお世話などできるものではないのであります。

さて以上のべたように、記念碑とか胸像などということになりますと、もちろんその人によることであり、またそれをしようとしてもできない場合も多いことでしょう。ところが先ほどのべたような、故人の遺稿とか面影などの出版というようなことは、しようとすれば、多くの場合、できないことではないはずです。

もっとも遺稿といえば、ある人もない人もありましょう。しかしその人の生前の面影を伝え、その逸話を集めて印刷に付するという程度のことなら、必ずしもその人の学識のいかんを問わず、またその人の社会的な身分の高下を問わず、決してできないことではないはずです。

ところが世間を見ると、かようなことすら、案外、人がしようとしないようであります。しかし私は、故人の精神を生かす途としては、この方法がもっとも本筋ではないかと考えるのであります。そこで最近も諸君にはご紹介しなかったのですが、かつて私の教えたことのある、一人の立派な女の先生が亡くなった際にも、このことがすぐに問題となって、葬式の翌日からすでに遺稿出版の決意を固めて、原稿の整理に取りかかり、その後一ヵ月にして印刷屋に渡し、それから更に一ヵ月して、丁度二ヵ月をへて出来上がったのが、諸君らの中にも知っている人があるかも知れませんが、あの池辺恵子さんの『人及び女教師としての記録』という本であります。

すべてこういう事柄は、時がたつと、とかくやりにくくなるものであります。「去るものは日々にうとし」という諺もあるように、何としても世の中のことは、時期を失ってはいけないのです。そこで今も申したように、葬式の翌日から着手して、一瀉千里の勢いで仕上げたしだいでした。

それに次いで私は、最近今一つの遺稿集の編集に着手しかけているのです。それは昨年の夏、女子師範の先生で出征せられた吉岡健太郎という人が、この八月末に丁度まる一ヵ年の出征から帰られて、家へつくと同時に発病され、二日後に入院せられましたが、腸チブスであって、二週間後にはお気の毒にも、ついに亡くなられたのであります。

この人はなかなか立派な方でありまして、受持ちは物理化学の先生でしたが、つねに心を精神的な方面に向けていられて、いつも私に書物のことなどを尋ねられ、またいろいろ疑問としていられたことを問いただされたのです。

あれほど筋目の通った書物を求められた人は、師範の先生のうちにも沢山はないでしょう。一例を申せば『藤樹先生全集』とかまた明治の傑僧西有穆山《ぼくさん》禅師の『正法眼蔵啓迪《けいてき》』（道元禅師の正法眼蔵を解釈した本）というような高価な書物を、どしどし買われたものです。

私はこの人の場合にも、少々早すぎるとは思いましたが、葬式の翌日すでに遺稿出版のことを申し出たのですが、その後、最近に至るも、どうも一向に議が捗らないのです。そこで、とにかくまず原稿だけでもと思って、今一瀉千里の勢いで手を下しつつあるしだいです。

すべて世の中のことというものは、一人の人の熱心さのいかんによって、事が運ぶという場合が少なくないようであります。もちろん遺稿の出版というような仕事は、お金のいることですから、とうてい一人の力でできるものではありません。が同時にまた実際には、誰か一人、二人口を切って、事をはこぶ者が必要です。そして、ともすればだれようとするところを、最後まで持って行くということが大切です。

遺稿の出版が、意義あることだということは、誰しも分からぬわけではないでしょうが、しかし何しろなかなかの大仕事ですから、誰でも責任の中心に立てるとは言いがたいのです。そういう点からして、相当の人が亡くなられた後でも、この遺稿出版ということは、なかなかされない場合が多いのです。ですから諸君たちも、今からこのことを心の片隅におかれて、他日そういう場合に出合ったら、故人のために骨折ってあげるような人になって貰いたいと思うのです。

以上のべてきたように、遺稿出版ということは、故人の精神を生かすには最もふさわしい途とは思いますが、それにつけても思い出されるのは、この間も諸君等にお話した例の三浦渡世平先生のことです。今から十年ほど前、先生の七十七のお祝いに、名古屋師範の校庭に先生の胸像を建てるという議が起こったのです。

その時私は「なるほど胸像もけっこうではあるが、しかしできることなら、この際、先生の言行録を出して戴きたい。胸像というようなものは、その人の徳を知っている人にとっては意味があるが、しかしその人を知らない者にとっては、ただ一塊の金属の塊にすぎないのだから――」という意味をのべて、先生の言行録出版のことを、人を通して同窓会の幹部の方々にお願いしてみたのですが、何しろ私のような者、とくに県外にいる者の言葉などは、結局採用されなかったのでした。しかしその際、もし将来先生がお亡くなりになられるようなことがあったら、その時こそ、伝記や言行録も出したいものである、という旨を伝えたのです。

ところがこの五月、先生にはついにお亡くなりになったのですが、しかし十一月にもなる今日まで、ついに何の音沙汰もありません。この調子では、恐らくこのまま永久にできないでしまうのではあるまいかと案じられるのです。実際三浦先生のような優れた方の言行録が、出ないで了《おわ》るということは、たしかにわが国の教育界にとっては、一大損失と申さねばなりません。

思えばまことに残念至極であります。何しろ私も、かように遠隔の地にいますので、いかんともしがたいのであります。三浦渡世平先生の教え子の一人で、前広島高師の教授であった長谷川乙彦という人は、三浦先生をもって、ペスタロッチー以上の大教育者であると言うていられますが、著述を残されなかった先生のご精神は、せめて今のうちに言行録なりとも残さない限り、ついには湮滅《いんめつ》して行く外ないでしょう。

最近この種のもので注意すべきものは、短いものではありますが、小西重直博士の新著の中に載せられている二高の教授、粟野健次郎先生、及び御影師範の岡田五兎先生の追憶の記事でありましょう。諸君もついでがあったら、ぜひ一つ読んでご覧なさい。この粟野先生という方は、仙台の二高の先生で大へんお偉い方で、生涯独身で過ごされ、生徒から絶大な尊敬を受けた方です。英語を教えていられたのですが、文字通り学東西にわたり、識古今を貫くという方で、英語の中等教員の試験を受けられた際、その抜群の成績に驚いて、時の試験委員だった外山正一、神田乃武のお二人によって、二十一、二歳の無名の青年が、一躍して一高の講師に推薦せられたということです。

昔は時々こういう美談があったものですが、近頃ではほとんどなくなって、たまに役人の推薦する人など、概してつまらぬ人間が多いようです。これは役人に、真に学問見識のある人物がなくなって来たからでしょう。

さて余談にわたりましたが、先生は後二高に転ぜられてそこで終始せられ、大学から招かれてもとうとう動かれなかったということです。なかなか辛棘な方で、春になって人々が花見にいく頃になると、「花の生殖器を見て何が面白いですかねえ」といった調子だったそうです。

粟野先生については、登張竹風先生の『人間修業』という本の中にある「粟野健次郎先生のこども」を読むとよく分かります。また岡田五兎先生は、最近まで御影師範の先生でしたが、小西博士のかつての先生で、これもなかなかお偉い方のようです。この二人の方は、わが国の教育界において、独特の風格を持って生きられた方と言ってよいかと思います。総じてこういう方々については、お弟子の人々が心してその言行を録して、広く天下に公にすべき義務があると思うのです。

先生はしきりに言行録の必要なことを強調せられ、かつ三浦先生の言行録のないことを慨嘆のおもちで語られつつ終わる。

付記　故人に対する追悼録として、最近できたものでは、柳川重行君のが見事である。柳川君は、広島高師時代に私の最も親しかった友人である。戦前わが国のペスタロッチー運動の一中心だった『渾沌』の生みの親であったが、不幸にして敗戦を前にして亡くなった。時が時だったために、追悼録も出なかったのを、心友の松本義懿君の努力によって、最近二十三回忌を記念して『ある教師の生涯』と題して刊行せられた。（信記）

第22講――下坐行

すべて物事には、基礎とか土台とかいうものが必要です。そして土台のしっかりしていない家は、平生は何んともないように見えても、いざ地震となって一揺りくると、すぐに傾くのです。そもそも真実なものと、そうでないもの、ホンモノとニセモノとは、平生は一向にその相違は見えなくても、一たん事が起きると、まごうかたなくその相違が現れるものです。そこでホンモノとニセモノとの相違は、かように事が起きるとか、あるいはまた永い年月がたつか、そのいずれかによって、必ずはっきりしてくるものです。すなわちホンモノとニセモノの区別は、平生無事の際には、年月をかけることによって現れ、急変の場合には、立ちどころに分かるものです。たとえば鍍金などは、放っておいても時がたてば、いつしか剝げてきますが、薬品につけてみるとか、さらにはやすりに掛けるという非常手段に訴えれば、立ちどころに、そのニセモノたることが明らかになるわけです。

そこでわれわれ人間も、どうしても真実を積まねばならぬわけですが、しかし事を積むには、まずその土台からして築いてかからねばなりません。では人間を鍛えていく土台は、一体どういうものかというに、私はそれは「下坐行」というものではないかと思うのです。すなわち下坐行を積んだ人でなければ、人間のほんとうの確かさの保証はできないと思うのです。たとえその人が、いかに才知才能に優れた人であっても、またどれほど人物の立派な人であっても、下坐を行じた経験を持たない人ですと、どこか保証しきれない危なっかしさの付きまとうのを、免れないように思うのです。

ではここで「下坐行」というのは、一体どういうことかと申しますと、これは一寸説明しにくいことですが、そもそも下坐行というものは、その文字から申せば、下坐とは元来下座ということであって、つまり一般の人々より下位につくことを言うわけです。(このときY君が万年筆をふったので、先生注意せられる。「諸君万年筆をふるクセは、今のうちに止めなければなりません。元来クセというものは、場所柄をかまわず出るものですから——。万年筆をふるクセ一つにも、その人の人柄のほどは見えるものです)

さて下坐行とは、先にも申すように、自分を人よりも一段と低い位置に身を置くことです。言い換えれば、その人の真の値打よりも、二、三段下がった位置に身を置いて、しかもそれが「行」と言われる以上、いわゆる落伍者というのではなくて、その地位に安んじて、わが身の修養に励むことを言うのです。そしてそれによって、自分の傲慢心が打ち砕かれるわけです。すなわち、身はその人の実力以下の地位にありながら、これに対して不平不満の色を人に示さず、真面目にその仕事に精励する態度を言うわけです。つまり世間がその人の真価を認めず、よってその位置がその人の真価よりはるかに低くても、それをもって、かえって自己を磨く最適の場所と心得て、不平不満の色を人に示さず、わが仕事に精進するのでありまして、これを「下坐を行ずる」というわけです。もちろん人によっては、自ら進んで下坐の行を行ずる人もあって、たとえば一灯園などへ入って修業するというが如きは、これに当たるわけです。しかし現実には、かような場合はむしろ少ないのであって、もちろんそこに意味のあることは申すまでもありませんが、しかし一般的には社会がその人を、その真価の通りに遇しない場合にも、何ら不平不満の色を示さないばかりか、それをもって、却って自分を磨き、自己を鍛えるための最適の場所と心得て、これを生かして行くという、言わば受身的消極的な場合のほうが多いでしょう。この場合、受身的消極的とはいっても、その価値は少しも劣らぬどころか、ある意味では、自ら進んでそうした立場に身をおく以上に、深い意味があるとも言えましょう。

このように下坐行ということは、今も申すようにその人の真の値打以下のところで働きながら、しかもそれを不平としないばかりか、却ってこれをもって、自己を識り自分を鍛える絶好の機会と考えるような、人間的な生活態度を言うわけです。そこで、たとえば世間にしばしばあるように、自分よりつまらない人間の下につかえて、なんら不安の色を見せないということなども、一種の下坐行と言ってよいわけです。今これを諸君のような生徒としての場合について申してみますと、割合にそういう例は少ないでしょうが、それでも現在諸君等のうち一、二の人の経験しているように、かつては自分より下級生であった者の下になるとか、あるいはもと同級生であった者の下につくというような場合がそれでしょう。人間というものは、かような立場に身を置いてみて、初めて真に人間的鍛錬を受けることができるのです。泰山前に崩れるともたじろがない信念というものは、かつては自分と同級生であり、否、うっかりすると自分より下級生であった人の前に、頭を下げねばならぬような位置に身をおきながら、しかも従容として心を動揺せしめないこの下坐行の修練によってのみ得られるものだと思います。

かように下坐行というものは、非常に深刻なものであって、諸君等のような学生時代においては、特殊の人以外には、あまり経験しにくいものでありますが、しかし諸君等が他日世の中へ出ると、こうした場合に遭遇することが、少なからず起こって来ることでしょう。そしてその人の真の値打というものは、そういう時になって初めて分かるものであります。実際諸君らも、今後二十年もたちますと、うっかりすると現在同室の下級生で、諸君が色々と教えたり指図したりしている人々の中から、先方が視学（現在では指導主事）とか校長となって、諸君らの上へ来ないとは決して言えないのです。そういう時に、ちゃんと校長は校長として、視学は視学としての格式において、十分その人に礼を尽くして、昔の関係などはおくびにも出すべきではないのです。かりに向こうから、そういう調子で話しかけられたとしても、並みいる周囲の人々の手前、先方のために手際よく話を外へそらしてしまうのです。そして相手の現在の身分を立てて、相手に傷のつかないように遇するのです。こういう心遣いというものは、単にその人の才知才覚などによってできることではありません。否、なまじい才知は、かような場合かえって変な態度となって、醜いものとなりやすいのです。そこでかような態度は、どうしてもその人が、その人生コースのどこかにおいて、一度は下坐の行に服して、人間が真に鍛えられているんでなければ、とうていできがたいことと言ってよいでしょう。今朝も校長先生から、下級生の礼に対して、答礼ができないようではいけないという御注意がありましたが、私は生徒時代に、下級生の礼に対して答礼しないような人間は、やがて教師となっては生徒の礼に対しても答礼をしない人になると思うのです。ですから、かような人は、ひとり教育者として資格がないのみならず、そもそも人間としても、心の感受性を欠いた人だと思うのです。そういう石ころのような頑な心を持っている人に、どうして人間の魂の教育などできようはずはないでしょう。

そこで現在の諸君としては先ほども申したように、K君とかS君とかいうような特殊な経路をたどってきた人以外には、真の下坐行というものは、ちょっとできない境遇にあると言ってもよいでしょう。すなわち大方の諸君は、恵まれすぎているからです。しかし正式の下坐行にはならなくとも、つねにこの点に心を用いて、たとえば普通なら当然下級生のすべき仕事の一つ二つを、人知れず継続するというようなことなどは、一つの工夫ではないかと思うのです。とうぜん下級生のすべき仕事を、時には上級生たる諸君がしてみて、初めてそこに深い味わいも出てくるわけです。あるいはさらに便所などで、人の粗相のあった場合など、人知れずこれを浄めておくとか、あるいは廊下の鼻紙を拾うとか、また教室の机の中の鼻紙を、人知れず捨てるなどということを、自分の下坐行としてするのです。実際自分が下坐行としてやろうという決心をしますと、あの鼻汁でじくじくぬれているような鼻紙でも、かえってそこにしみじみと身にしみるものがあるものです。

このように人間というものは、平生、事のない場合においても、下坐行として何か一つ二つは、持続的に心がけてすることがなければ、自分を真に鍛えていくことはできにくいものです。たとえば掃除当番の場合などでも、友人たちが皆いい加減にして帰ってしまった後を、ただ一人居残って、その後始末をするというようなところに、人は初めて真に自己を鍛えることができるのです。それが他から課せられたのではなく、自ら進んでこれをやる時、そこには言い知れぬ力が内に湧いてくるものです。そこでこうした心がけというものは、だれ一人見るものはなくても、それが五年、十年とつづけられていくと、やがてその人の中に、まごうことなき人間的な光が身につき出すのです。世間の人々の多くは、世の中というものは当てにならないものだと申します。しかし私は、世の中ほど正直なものはないと考えているのです。ほんとうの真実というものは、必ずいつかは輝き出すものだと思うのです。ただそれがいつ現れ出すか、三年、五年にして現れるか、それとも十年、二十年たって初めて輝き出すか、それとも生前において輝くか、ないしは死後に至って初めて輝くかの相違があるだけです。人間も自分の肉体が白骨と化し去った後、せめて多少でも生前の真実の余光の輝き出すことを念じるくらいでなければ、現在眼前の一言一行についても、真に自己を磨こうという気持ちにはなりにくいものかと思うのです。

第23講——卒業後の指導

先生、おもむろに出席簿を記されながら、

「これで将来諸君が先生になったら、どんな先生になりますかナァ。楽しみでもあり、また不安でもあります。教え子の成育を楽しむ、これがわれわれ教師にとっては、唯一の楽しみです。教え子がどういうふうに育っていくかという所に、物質では求められない深い楽しみがあるわけです。この味わいの分かり始めたものにして、初めて真に教育の門に入ったと言えましょう」

教師というものは、ただ今も申すように、自分の教え子たちが、どのように伸びていくかというところに、その最大の楽しみを見出すものでなくてはならぬと思うのです。それはちょうど庭師が、自分の手入れしている植木が、しだいに育っていくのを眺めて、毎日楽しんでいるようなものです。ところが庭師が植木を育てるのは、ただほうっておいて眺めているだけではないのです。水もやれば肥料もやる。また時どきは植え替えもするんです。そして不用の枝はこれを切り払う。かように常に手入れをして行かないことには、立派な植木はできないのです。同様に教育の世界においても、真の教育というものは、常にそれぞれ手入れをして行かねばならぬのです。とくに大切なことは、卒業後の指導ということでしょう。ところが現在では、これがほとんど行われていないようです。行われないのではなく、やろうとしないのです。さらにはやれないのです。ではなぜやれないかと言うと、結局は、教師自身に卒業生を導くだけの力と親切心とが足りないからです。小学校の教師で卒業生を導くには、その人の識見が少なくとも中等学校（旧制）の教師以上の実力がなければ、本当のことはできないでしょう。また中等学校（旧制）の生徒を教えていて、真にその卒業生を導いて心服せられるには、ほんとうは専門学校（旧制）の教師程度の見識と実力とを持っていなければ、できないことでしょう。一口に卒業生を導くと言えば、言葉ははなはだ簡単ですが、こうなって来ると、実際にはその容易でないことが分かりましょう。また現に卒業生の心服を受けつつ、真にその指導をしているという教師が、世上いかに乏しいかということによっても分かるわけです。

ところが、教育というものは、実際は、たんに学校教育だけでは、本当のことはできるものではないのです。学校教育というものは、これを柔剣道で言えば、ちょうど型みたいなもので、単に型だけ教わっただけでは、とうてい乱取りや試合のできるものではないのです。かようなことは、柔剣道の場合には、何人にも明らかなことですが、さて一たび教育上のこととなりますと、一般にはこの辺の道理がさっぱり分からなくなるようです。世間では、一般に学校という型さえすませば、それでもはや教育の必要はないかに考えるのです。それも生徒たちがそう考えるならまだしも、うっかりすると教師自身すら、卒業後の指導がいかに重大な意味を持つかということに気付かないのです。これ現在の学校教育が、真の人間をつくり得ない根本原因の一つでしょう。そもそも生徒時代というものは、ほんとうの欲はないものです。というのもそれは、その生活態度が受身の状態にあって、真の責任の地位に置かれていないからです。そこで、どんなに考えてみても、学生時代の勉強というものは、畢竟するに半円にすぎないと言えましょう。ところが卒業後の勉強となると、現実生活をふまえた上での勉強ですから、たとえその量は少なくても、その実になり方が違うわけです。そもそも学校教育というものは、これを植物にたとえますと、いわば温室育ちというところがある。しかるに卒業後の忙しい現実生活において、仕事のさ中に勉強するということは、いわば風雪に鍛えられていく樹木のようなもので、そこには何とも言えない一種の趣を持ってくるわけです。

そこで教育というものは、今までのべてきたように、決して学校教育だけで終わるべきではないのです、否、学校教育というようなものは、たんに序の口にすぎないと言ってよいでしょう。ところが先程も申したように、卒業生を導いていくということになると、どうしても教師自身が常に勉強して行かねばならぬわけです。すなわち教師自身に、常に求めてやまない心がなくてはならぬわけです。ついでですが、私もやむをえずして、時々諸君らに修養というような言葉をつかいますが、元来を申せば、私の性分としては修養というような言葉は、あまり好きではないのです。それというのも、真の修養というものは、人間が自己の生命に徹して生きようとする態度であり、したがってそれは、これを内面からいえば、限りなく求めてやまない心の外にはないからです。それ故私には、修養などという言葉よりも、「この求めてやまない心」という言葉のほうが、はるかにぴったりと響くのです。そこで諸君たちも、修身の時間だなどと言って、変てこな形式的なことを考えてはいけないのです。自分の生命を真に徹して生き抜いていこうとする、限りなくたくましい心を打ち立てるのでなくてはならぬのです。すなわちまた、限りなく求めてやまない謙虚なこころに立ち返らなくてはならぬのです。

東洋美術の権威の金原省吾さんが、いつか私に言われたことですが「教師というものにも大体三段階がある。在校中からすでに生徒の信頼のない教師、これは下の教師である。次は学校にいる間は生徒の信用する教師、これは中の教師である。上の教師というのは、もちろん在校中も、生徒につまらないなどとは見えないが、しかしその真価は、在学中の生徒には十分には分からぬもので、卒業後自分たちが現実の人生にぶつかるようになって、初めてその真価が分かり出し、しかも年と共に、しだいにその値打が分かってくるという人である。かかる教師にして、初めて真の教育者と言うべきである。もし学校へ入る前からつまらないという評判を耳にするような教師にいたっては、まさに下の下であって、もちろん論外である」というような意味でしたが、これは流石に金原さんのお話だけあって、なかなかうがったお言葉だと思うのです。少なくとも諸君は、将来卒業生の相談相手になり、時にはその指導もできるような教育者になって戴きたいものです。

ところが卒業生の相談に乗れ、時には指導もできるということになると、現在諸君がこの学校で習っている程度の知識では、まったく手も足も出ないと言ってよいでしょう。それにはどうしても、年と共に、限りなく求めて行かなければならぬでしょう。実際人間というものは、よほど気をつけないと、とかく停滞しがちなものです。ですから、お互い常に新しい現実の動きに応じて進まねばならぬわけです。私は詩歌俳句のうちでは、短歌を少しかじってみただけです。そのために詩や俳句のことは、ついあまり立入ってみようという気にはならなかったのです。ところがこの二三年前から、中勘助という人の詩集や、山村暮鳥という人の詩集をのぞき始めたのです。それまでは、日本人の詩としては、結局歌と俳句の外ないのであって、西洋風の自由詩というものは、わが国にはついに育たぬものとばかり考えていたのです。俳句のほうも芭蕉とか一茶というような古典的大家は別として、明治以後の俳人では、ほんの一ヵ月ばかり前に亡くなられた高崎の村上鬼城さん以外には、ほとんど読んでみたことがなかったのです。ところが最近になって、どうしたはずみからか、山口誓子とか日野草城というような、つまり現代の俳人たちの句集を見るに及んで、いろいろな事柄を教えられつつあるのです。今にして思えば、これらの人々の世界を、今少し早くから知っていたら、その収穫も多かったろうにと思うのですが、しかしまた考えようによっては、この年になってから、遅蒔ながらも、そうした新しい世界に接する縁の恵まれたことを、ひそかに喜んでいるしだいです。先ほども申したように、真の修業とは、つねに限りなく求めることの外ないのです。すなわち自己に与えられた生命の限りを、どこまでも生かそうとすることです。卒業生の指導などということも、とくに指導してやろうなどというのではなくて、このような求めてやまない心のおのずからにして描く波紋のようなものでしょう。ですから諸君らも、将来小さな子どもを教えるのが仕事だからといって、この限りなく求める心を失うことのないよう、特に注意して戴きたいものです。

第24講――出処進退

先生一礼の後、出席簿を開いて出欠をつけられ、別紙の小片に題目を記されながら「諸君らの組は、近頃出席状態がよいようですね。三年生は、近年とかく身体に故障が起こりやすかったんですが」と言われて、おもむろに題目を板書せられる。

私達は平素よく「人生」とかあるいはまた「世の中」などという言葉を使いますが、しかしわれわれが、人生と言い、あるいは世の中という場合には、大体二つの中心、あるいは土台があると言ってよかろうと思うのです。さてその二つの立場というのは、一つは家庭であり、今一つは勤めです。私などの場合では、つまり家と学校とがそれなんです。したがって私が人生と言ってみた所で、その中心となり、あるいは土台となるのは、結局、この家庭と教職の外ないわけです。そこで世の中のさまざまな人情のことなども、私としては、結局家族や親戚との関係、また学校においては、同僚の先生方とのおつきあいの上において学ぶ外ないわけです。

そこで今日はかような公私二つの立場のうち、少しく心に感ずるところがありますので、公の方面、とくに公生涯において最も大切な、出処進退の問題について申してみたいと思います。この出処進退ということは、つまりお互い公職を奉じているものが、公職についたり、または一つのポストから他のポストに転じる場合を言うのであり、さらに最も大切なのは、職を退く場合などを言うわけです。この職を退くということは、いわば公生涯の臨終とも言うべきものであって、公職を奉じるものとしては、最も大切な場合です。もしこの最後の退きようがきれいでなかったら、その人の公生涯の全部を汚すことにもなりましょう。諸君は「百日の説法屁一つ」という諺を知っているでしょうが、人生のことみなしかりです。いかにその人がよく勤めたとしても、最後の退き際がまずかったとしたら、畢竟その人の全教師生活は傷つくことになります。烏賊の料理をどんなに手際よくやっても、最後のところで墨袋を破ってしまったんでは、全体が台なしというのと同じです。公職の退き際、さらには人生そのものの退き際、すなわち臨終というものは、時間的にはきわめて短い瞬間ですが、それがある意味では、その人の一生を左右すると言ってよいでしょう。

さて以上は、出処進退の中で、一番大切な退職の場合を申したわけですが、しかし普通に出処進退という場合は、一つのポストから他のポストに転じる場合、これを諸君の将来について申せば、諸君らが現在勤めている学校から、他の学校へ転勤するかどうかというような場合が、一番起こりやすい場合でしょう。さてこの場合においても、出処進退のいかんは、ある意味ではその一事でもって、その人の全人格を判定せられる意味を持つのです。すなわちその退き方が悪かったり、かわり方がまずいと、その人のその学校における幾年かの勤めぶりや功績も、傷つくことにもなるのです。平生はかなり評判のよかった人でも、転任の仕方が悪いと、その一事だけで烏賊の墨汁を流すようなことにもなるわけです。

では転じ方が悪いとは、一体どういうことをいうかと申しますと、一口に言えば無理をするということでしょう。総じて世の中のことというものは、無理のできないものでありまして、無理をすると必ずどこかにその影響が現れるものです。これは、とくに人事の場合においてそうです。就中《なかんずく》転任の無理はよくないのです。では、どういうことから無理が起こるかと申しますと、結局は自分の欲から起きるようです。わが身の利欲に目が眩みますと、つい義理を忘れて、無理をしようとするようにもなるわけです。たとえて申せば、諸君に一番起きやすい場合は、郡部に奉職していた人が、途中で市内にかわろうとする際、あいにくと卒業組でも持っているのに、学年の中途で市内へ転任したらという話を受けるような場合です。はなはだしい場合には、卒業学年を持ちながら、二学期もすでに終わるころになって、校長先生の切なる引き止めにもかかわらず、何とかして市内へ替ろうとするというような話も、時に耳にしないでもありません。あるいはもう一つよくある例を申せば、新しく卒業して、一年経つかたたないのに、もうどこかへかわりたいと言い出す人も時々あるようですが、こういうことは、出処進退というものの道理が、しっかりとつかまれていないことから起きることです。人間の真の値打は、おそらくはかような重大な場面に出食わした際に、最もよく現れるものです。突然他の学校から来てほしいと言われたような場合、それに対する応対の態度とか、またその返事の一言一句にも、そこに、その人の人間としての真価が、まごうことなく現れるものです。

始めにも申したように、すべて物事は、平生無事の際には、ホンモノとニセモノも、偉いのも偉くないのも、さほど際立っては分からぬものです。ちょうどそれは、安普請の借家も本づくりの居宅も、平生はそれほど違うとも見えませんが、ひとたび地震が揺れるとか、あるいは大風でも吹いたが最後、そこに歴然として、よきはよく悪しきはあしく、それぞれの正味が現れるのです。同様にわれわれ人間も、平生それほど違うとも思われなくても、いざ出処進退の問題となると、平生見えなかったその人の真価が、まったくむき出しになってくるのです。先に私は、出処進退における醜さは、その人の平素の勤めぶりまで汚すことになると申しましたが、実は、出処進退が正しく見事であるということは、その人の平生の態度が、清く正しくなければできないことなのです。したがってまた、出処進退の一事が、平素の勤めぶりまでも汚すことになるから、おおいに慎まねばならぬと申しましたが、事実はむしろ逆であって、その人の平素の心掛けというものが、出処進退に際して、その人の態度や行動を決定するわけです。そしてその点最も大切な点だと思うのです。人間も死に際が悪いと、その人の一生を台なしにしますが、しかし死に際のいかんは、その人の生涯を貫く心の修養の結晶であり、その結実と言ってよいでしょう。それ故お互い人間は、平素から常に最後の場合の覚悟を固めて置かなければならぬと思うのです。では今日はこれまでに致しましょう。

今日の話は、現在の諸君にはあまり関係はなさそうですが、また必ずしもそうとばかりも言えないでしょう。それというのも、果物の類でも、冬の間によく寒肥をしておかねば、果物のなり出したその場にのぞんで、今さらどうなるわけのものでもないのですからネ。

下学雑話（16）

▼何事にてもあれ、大切なるは根本の態度なり。弓道の学習は的中よりも姿勢を尚ぶ。態度すでに確立する上は、「仏とは何ぞや」との問に対して「乾《かん》屎《し》橛《けつ》」（糞かきべら）と答うるもまた可なり。如実に内容を知れるものは、如何なる定義をも下し得、また如何な定義にても領会するものなり。されば学において最も大切なるは、その根本態度なり。
▼ソクラテスの産婆術は、相手の態度の確立を目指す。
▼真人の生活は、謂わばお多福飴の如し。何処を切るとも、そこにその人が全露呈す。

第25講――最善観

先生は、ほほ笑まれながら次のように言われる。

「実は私は諸君等の組の授業を、一番楽しみにしているのです。というのもこの講義は、諸君らと私との、いわば合作みたいなものだからです。つまり、こうして諸君らの顔を見ていないことには、一向話が出て来ないのです、諸君らがいないと、何一つできないのです。そこでまァ諸君たちのお陰で、この講義も生まれてくるというわけです。これ私が諸君らに対して、ひそかに感謝しているゆえんです。おそらくこの点は諸君よりも私の方が、感謝の度は深いだろうと思うんですが、いかがでしょう」

今日の題名は、諸君らにとっておそらく初耳でしょう。またひとり題名のみでなく、話の内容も諸君らには、ある意味では、むずかしい事柄かとも思うのです。しかしながら、また考えようによっては、諸君らもすでに相当の年配になっているのですから、こういう種類の事柄についても、多少は話しておく必要もあろうかと思うのです。

ところでこれから私のお話する内容は、こう申すと変ですが、実は私自身の人生に対する根本信念の一面と言ってよいのです。もちろんこれは、私如きものが、初めて見出したというようなことではなくて、すべて古来の偉大な人々は、そこに趣の相違こそあれ、いずれも皆この点をしっかりとつかまれた人々であって、私の如きは、ほんのその一端にふれたにすぎないのです。あるいはもっと適切に申せば、わずかにその匂いを嗅いだという程度にすぎないのです。しかしその程度でありながら、私のような愚かな人間にとっては、ここまで来るのに、多少の苦しみをなめたあげくに、どうにかその所在が分かり出したというようなしだいです。

さて、それでは、それは一体いかなることかと申しますと、口で申せば、はなはだ簡単なことだとも言えましょう。そもそもこの最善観という言葉は訳語でありまして、西洋の言葉では、オプティミズムという言葉がこれに相当しましょう。通例は、これを「楽天観」とか「楽天主義」と訳するのが普通ですが、哲学のほうでは、これを「最善観」というのが普通になっています。

元来この言葉は、ライプニッツという哲学者のとなえた説であって、つまり神はこの世界を最善につくり給うたというのです。すなわち神はその考え得るあらゆる世界のうちで、最上のプランによって作られたのがこの世界だというわけです。したがってこの世における色々のよからぬこと、また思わしからざることも、畢竟するに神の全知の眼から見れば、それぞれそこに意味があると言えるわけです。

簡単に申しますと、大体以上のようなことになるわけです。そしてライプニッツは、かような見解を説明するために、哲学者としての立場から、色々と説いているわけですが、今私はこの真理を、自分自身の上に受け取って、もしこの世が最善にできているとしたら、それを構成している一員であるわれわれ自身の運命もまた、その人にとっては、最善という意味を有しなければならぬと信ずるわけです。

このようなライプニッツの所説も、大学の学生時代には、一向現実感を持って受け取ることのできなかった私も、卒業後、多少人生の現実に触れることによって、しだいにその訳が分かりかけてきたわけであります。

そこで今この信念に立ちますと、現在の自分にとって、一見いかにためにならないように見える事柄が起こっても、それは必ずや神が私にとって、それを絶対に必要と思召されるが故に、かくは与え給うたのであると信ずるのであります。

ところが、「神が思召されて――」などと言うと、まだ宗教心を持たれない諸君らには、あるいはぴったりしないかも知れません。それなら次のように考えたらよいでしょう。すなわち神とは、この大宇宙をその内容とするその根本的な統一力であり、宇宙に内在している根本的な生命力である。そしてそのような宇宙の根本的な統一力を、人格的に考えた時、これを神と呼ぶわけです。

かく考えたならば、わが身にふりかかる一切の出来事は、実はこの大宇宙の秩序が、そのように運行するが故に、ここにそのようにわれわれに対して起きるのである。かくしてわが身にふりかかる一切の出来事は、その一つひとつが、神の思召であるという宗教的な言い現し方をしても、何ら差し支えないわけです。すなわちこれは、道理の上からもはっきりと説けるわけです。

そこで、今私がここで諸君に申そうとしているこの根本信念は、道理そのものとしては、きわめて簡単な事柄であります。すなわち、いやしくもわが身の上に起こる事柄は、そのすべてが、この私にとって絶対必然であると共に、またこの私にとっては、最善なはずだというわけです。それ故われわれは、それに対して一切これを拒まず、一切これを却けず、素直にその一切を受け入れて、そこに隠されている神の意志を読み取らねばならぬわけです。したがってそれはまた、自己に与えられた全運命を感謝して受け取って、天を恨まず人を咎めず、否、恨んだり咎めないばかりか、楽天知命、すなわち天命を信ずるが故に、天命を楽しむという境涯です。

現に私が本日ここにこの題目を掲げるに当たっても、最初「楽天知命」としようかとも思ったのですが、しかしそれではこの言葉が、余りに馴れっこになりすぎているために、かえって諸君らが、「フンそんなことなんか」といった調子になるといけないと思って、わざと諸君らには親しみの少ない、この最善観というような題目を掲げたしだいですが、しかしその内容にいたっては、まったく同じことなんです。

私には、人間の真の生活態度は、どうしてもこの外にはないように思われるのです。しかし実際にこの真理をわが身に受け入れ、自分の生活の一切を、この根本的信念によって処していくということになると、それは決して容易なことではないのです。そしてその第一の難関としては、まず最初は道理そのものとしても、これを成る程とうなずくということ自身が、すでに一個の難問と言ってよく、それは決して容易なことではないと思うのです。

さらにまた、道理としては一応分かったつもりでも、いざ事がわが身に降りかかったとなると、やはりじたばたしなければならぬ所に、われわれ人間の愚かさがあると言えましょう。しかしながら、とにかく一応道理が分かれば、後は努力修養の問題ですから、まずさし当たっての難関としては、やはり道理として納得がいくということでしょうが、しかし実際にはこれすら、容易にはうなずきがたいことだと言えましょう。

　おそらく諸君らにしてからが、大部分の人はそうだろうと思います。では何故この道理は、そのように容易にうなずきにくいかというと、それは物事にはすべて裏と表があるのです。言い換えれば、日向と日陰とがあるわけです。ところが人間というものは、とかく自分の好きな方、欲する方に執着して、他の半面は忘れやすいのです。諸君たちは、今は日向がよいと思うでしょうが、夏になると日向はごめんと言うに相違ない。

　そこで不幸というものは、なるほど自分も不幸と感じ、人もまたそれを気の毒、哀れと同情する以上、一応たしかに不幸であり、損失であるには違いないでしょう。しかしながら、同時にまたよく考えてみれば、かつては自分が不幸と考えた事柄の中にも、そこには、この人の世の深い教訓のこもっていたことが次第に分かってくるという場合も、少なくないでしょう。

　ところがわれわれ人間は、自分が順調に日を送っている間は、とかく調子に乗って、人の情とか他人の苦しみなどというようなことには、気付きにくいものです。そこで人間は、順調ということは、表面上からはいかにも結構なようですが、実はそれだけ人間が、お目出たくなりつつあるわけです。すると表面のプラスに対して、裏面にはちゃんとマイナスがくっついているという始末です。同時にまた表面がマイナスであれば、裏面には必ずプラスがついているはずです。ただ悲しいことにわれわれは、自分でそうとはなかなか気付かないで、表面のマイナスばかりに、気をとられがちなものであります。そして裏面に秘められているプラスの意味が分からないのです。そこでいよいよ歎き悲しんで、ついには自暴自棄にもなるわけです。

ですから、要は人生の事すべてプラスがあれば必ず裏にはマイナスがあり、表にマイナスが出れば、裏はプラスがあるというわけです。実際神は公平そのものですが、ただわれわれ人間がそうと気付かないために、表面、事なきものは得意になって、自ら失いつつあることに気付かず、表面不幸なものは、その底に深き真実を与えられつつあることに気付かないで、いたずらに歎き悲しみ、果ては自暴自棄にもなるのです。

いつも大勢の前で引き合いに出して、まことに相すまぬわけですが、私はK君やS君のように、ある意味で回り道された人は、なるほど一応はお気の毒と思いますが、しかしもし両君にして、そのことの背後には、いかに書物を読んでも、またどんなに沢山の金を積んでも、その他いかなることによっても得られず、ただその道を自ら身をもって通過した者のみが知ることのできる、人生の深い教訓のあることに気付かれたとしたら、両君の通られた回り道も、決して無駄でないばかりか、一、二年早く卒業するかつての日の、中学時代の同級生の何人も持ち得ない、人生の最も貴重な収穫を得られることを確信してやまないのです。

私がここにかようなことを申すのは、実は事柄こそ違え私自身も、両君とまったく同じような損な回り道を、過去十数年の生活においてたどることによって、今やようやくにして、ここに、この人生至上の真理に目覚めることができたわけです。

しかし両君以外にも、一々私が知らないだけで、おそらくすべての人が、それぞれの角度と程度において、それぞれに悩みや苦しみを持っていられることでしょう。ただ両君の場合は、外側からもよく分かることですので、まことに相済まぬことながら、例に引いたしだいです。したがって他の諸君は、決してこれを他人事と考えてはいけないのです。実際両君だけのことではないのですから。

第26講——二種の苦労人

人間は苦労しなければならぬということは、昔から誰でも言うことで、私も、確かにそれに相違ないと思います。それというのも、その素質としては、かなりに生まれついた人でも、苦労しないと、どこか人間が甘くて、本当の味が出にくいようです。

しかし、ここで気をつけなければならぬことは、なるほど苦労というものは、その人から甘さをとって、一応しっかりさせることとは言えましょう。つまり、その人からお目出たさを除くことは確かですが、しかし同時に、お目出たくないと言っても、そこには二種の違ったタイプの苦労人が出来上がるようです。

つまりお目出たさがなくなって、甘さが消えたという点では同じですが、しかし苦労したために、人の苦しみに対してもよく察しができて、同情心を持つようになる場合と、反対に苦労したために、かえって人間がえぐくなる場合とがあるようです。

つまり苦労したために、表面的なお目出たさや甘さがなくなると共に、そこに、何とも言えない柔かな思いやりのある人柄になる人と、反対に苦労したことによって人間がえぐくなって、他人に対する思いやりが、さっぱりなくなる人とがあるようです。つまり私が見るに、同じく苦労しながらも、このように人間が、二種のタイプに分かれると思うのです。

たとえて申せば、諸君らとしては、かつて一、二年生の頃に、三、四年生の人たちから、色々と小言を言われたり、悲しい思いをさせられたりして、それが非常に辛かったことでしょう。ところが今や自分たちがその位置に就いてみると、かつての日、自分たちがされたようなことは、今の一、二年生に対してはしないようにしてやろう。つまり自分たちと同じようなつらい思いを、再びさせるには忍びない。もしまたそれが、この学校における伝統的な弊風であるなら、自分らのクラスの力によって、こうした悪伝統の鎖を断ち切ってやろうということになれば、それは苦労というものが、よく生かされた場合でしょう。しかるにこれに反して、「なんだ。これくらいのことは、自分らだってやられて来たことなんだ。だから今の一、二年生が、それをやらされるのは当然さ」と言い、さらにひどいのになると「僕等だってかつてやらされてきたんだから、今やる位置になった以上、やらなきゃ損だ」と、――かように考えるに至っては、まったく言語道断だというもので、ここに、同じく苦しみをなめながらも、それによって得るところは、まったく天地の差を生ずるわけです。

ではこのような相違は、そもそも何によって生ずるのでしょうか。これを一口に申せば、結局はその人が自己を反省するか否かによることでしょうが、しかしそこには一つの問題があると思うのです。それは何かというと、つまり反省するかしないかの別だと言ってしまえばそれまでですが、しかしそう片付けてしまったんでは、どんな修養上の問題でも、その一言でみな片がついてしまうわけです。つまり言葉の上では、ただの一言で片はついても、実際問題としては、少しも片がついたわけではないのです。

では何故片がつかぬかといえば、その反省するしないの別は、一体何によって生じるか。すなわち、何故一人は反省するのに、他の一人は反省しないかという問題です。この根本の所へさかのぼることを忘れて、ただ反省するかしないかの問題だと言っただけでは、なるほど言葉の上での一応の解決はつくかもしれませんが、事実としては何ら解決とはならないわけです。

そこで一歩をすすめて、ではそのような反省をするとしないとの別は、一体何によって決まるかというに、根本的には、その人の生れつきの素質という点もありましょう。生れつき頑《かたくな》で、あくの強い人間は、なかなか自分を反省するに至りがたいものです。

これに反して生まれつき順正な人は、しぜんとわが身を省みるようになりがちです。しかしかような生まれつきのことは、いわば先天的な事柄であって、なるほど基礎とはなりますが、しかし修養とか努力とかいう上からは、あまり表面に持ち出すべき事柄ではないと言えましょう。

また実際にも、今さらそれを持ち出してみたとて、仕様のない問題でありましょう。つまり素質の問題は、それがよいにせよ悪いにせよ、人間今さら生まれ直すわけにいかない以上、良否ともに、現在の自分を土台にして、どうして多少でもこれを改めていくか、という外ないでしょう。

このように今素質という問題を、一応切り離して考えることにしますと、人が自分を内省して、少しでも自分の真実の姿を求めるようになるには、まず道を知るということと、次には苦労するという、この二つのことが大切だと思うのです。

すなわち人間は、道すなわち教えというものに出合わないことには、容易に自分を反省するようにはならないものです。しかしながら、人間が深く自己の姿を顧みるには、どうしても人生の現実に突き当たらねばならぬわけです。

言い換えれば、人生の苦労をなめることが必要でしょう。すなわち、単に道を聞いたり本を読んだりしているだけでは、教えはなお向こう側に掲げられた図式にとどまって、未だ真に自分の姿を照らして、その心の悩みを消し去るほどの力を持つに至らないわけです。

かくして人間は、その人の生まれつき、すなわち先天的な素質と、道または教えと、もう一つ人生の苦労というこの三つは、人間のでき上がるうえに、欠くべからざる三大要素と言えましょう。

そこでこの苦労ということについて、気をつけねばならぬのは、なるほど人間は、苦労によってその甘さとお目出たさとはとれましょうが、しかしうっかりすると、人間がひねくれたり冷たくなる危険があるわけです。そこで苦労の結果、かような点に陥ることなく、しみじみとした心のうるおいと、暖みとが出るようになるためには、平素から人間の道というものについて深く考え、かつ教えを受けておかねばならぬと思うわけです。

ところがここで一つの大事な点は、それは苦労に出合ってからでは、すでに手遅れだということです。つまり以前に道を求めたことのない人が、苦労に出合ったからといって、にわかに教えを聞くということは、まずはあり得ぬことと言ってもよいでしょう。なるほど世間を見ますと、苦労してから真剣に道を求め出すという人も、時にないでもないでしょうが、しかしそういう場合でも、実際には、以前にちゃんとその種子まきができていたからです。

つまり、そうした平素の種子まきがなければ、人は逆境に出合ったからとて、にわかに真剣に道を求めるなどというようなことは、まずはあり得ぬことと言ってよいでしょう。そこで結局は、平生の種子まきが根本になるわけです。

そこで、結局こういうことになりましょう。つまり同じく苦労しながらも、その人の平生の心がけのいかんによって、そこにはまったく相反する結果が現れるということです。すなわち一方には、苦労したために人間の甘さとお目出たさはなくなったが、同時にそのために冷たい人間となり、えぐい人間となる場合と、今一つは、苦労したために、かえって他人の不幸に対しても、心から同情のできるような心の柔かさや、うるおいの出る場合とです。そしてそれは結局、平素真の教えを聞いているか否かによって、分かれると言えましょう。

すなわち同じく苦労しても、教えの有無によって、まったく正反対の人間ができ上がることになるわけです。教えの力というものが、いかに偉大なものかということを、改めて考えざるを得ないしだいです。

さて講義は一応これまでとして、今日は一つ書物のご紹介をしましょう。実はこのたび吉田松陰先生の非常に手ごろな「全集」が出ることになりました。先生の「全集」は、この前にも一度岩波書店で出ましたが、その時のは、全部原文のままで大部分が漢文でした。ところが今度のは、旧版の漢文を全部仮名混り文にして、かつ難解なところには一々註をつけて、だれにも読めるようにしたものです。

そこで諸君にはやや高価なものではありますが、これだけは何とか工面して求めるようにされるがよいと思います。そして私の考えではこれをもって、諸君の卒業記念とされるがよいと思うのです。

実際、国民教育者は、ある意味では、この本だけを読んでいても十分と言えるほどで、あらゆる人生の教訓は、このうちにこもっているとも言えます。

もし諸君が、この本を求めて三年間読んでも、その真価が分からなかったら、私が引き取らしてもらってもよいです。古本屋へ持っていっても、おそらく原価に近い値段でとってくれましょう。

マァ諸君!! 一つ私にだまされたと思って、求めてごらんなさい。三年もたてば、必ずうなずける時が来ましょう。私は以前の版を持っていますが、今度の分も買おうと思っているのです。これによっても私が、諸君にお奨めするわけが分かりましょう。

次に今学期の試験のことについて申しましょう。今学期の試験は、諸君が三年生になってから、今日までの心の歩みについて書いて貰いたいのです。それは諸君の読んだ書物、友人関係、講義、国家的な出来事などからして、自分の心の歩みを如実に書いてほしいのです。つまり諸君の精神的な自叙伝とでもいうようなものを書いて貰いたいわけです。

こういうものですと、これを読むにも、その人の個性及び心の移り行きなどがよく分かって興味もあり、第一私自身も色々と教えられる所があるわけです。ですから、ありのままを書くということが、第一です。もし諸君らのうち、人生に対して迷っている人があったら、それをそのまま書いて下さい。(この時K君起って)「でもありのままを書いて、学校が危ないようなことがあったら、どうすればよいですか」と尋ねる。(すると先生は凛然として)私はそのために、諸君を危ないようには絶対にしません。ですから、諸君が私を信じられたらお書きなさい。要するに、私を信ずる程度に書いたらよいわけです。では来々週迄に提出して下さい。

第27講——世の中は正直

「今年は、本科では諸君らの組と、二部一年生の授業を持っているわけですが、このように系統の違った生徒を、二種類受け持つということは、私としてもなかなか興味深いことです。つまり同じ種子を、地味の違った畑にまいて、それが将来果たしてどういう風に生えてくるかということが、私の興味の中心です」と言ってニコニコしていられた。

この「世の中は正直」ということは、この間お話した「最善観」の立場、すなわち「わが身に降りかかってくる一切の出来事は、自分にとっては絶対必然であると共に、また実に絶対最善である」という信念と共に、実は私が人生に対して、ひそかに抱いている二つの根本信念であると申してもよいのです。

では私が今、「世の中は正直」という言葉によって現そうとしているものは、一体いかなることかと申しますと、それは成程ちょっと考えますと、この世の中は、いわゆる「目開き千人、盲目千人」であって、なかなか正しい評価というものは得にくいものだとも言えましょう。

またそこからして、世の中というものは、随分不公平にできているものだとも言えましょう。たとえて申せば、一方にはくだらない人間が、人に取り入ることがうまかったりして案外な評判を得、真価以上の高い位置についている例も、けっして少なくないことでしょう。またこれに反して、ずいぶん立派な人でありながら、容易にその真価が認められないで埋もれており、世人もまた多くはその真価を知らず、したがって不遇のままに置かれているという場合も、けっして少なくないことでしょう。

このことは、手近なところで申しては、当たりさわりもあろうかと思いますが、たとえば諸君ら自身の間においても、生徒として先生方から見られる評価は、諸君ら同士の間で考えている評価とは、必ずしも常に一致するとは言えない場合もありましょう。

実際教師というものは、現在の制度では、教室以外において生徒諸君と接するということは、ほとんどありませんから、したがって生徒諸君らの真の値打を知るということは、なかなかむずかしいのです。そこで先生方に対して巧く振るまう生徒は、ともすればよく思われ、これに反して意気とか気概とかを持った生徒は、ともすれば教師の側からは、面白く思われなかったりしがちです。

またそれとは反対に、いつも黙々として自己を養って努力しているような人が、ともすれば教師の視野から逸せられやすいということも、たしかに一面の事実だろうと思うのです。

このように、社会そのものが不公平であるばかりか、手近には、かく申す私自身も、その責任の一部に連なっている学校自身でさえ、真に実情を申せば、ただ今申したような点が、必ずしもないとは言えない現状でありながら、なおかつ私が「世の中は正直である」、否、「世の中は正直そのものである」ということを、自分の根本信念としているのは、果たしていかなる根拠において成立しているのでしょうか。

この点については、一つ諸君にとっくりと聞いて戴かねばならぬと思うのです。もちろんかく申せばとて、私とても、かような人生の根本的真理が、まだ人生の経験の浅い諸君にとって、うなずきやすいものとは思いません。いわんやそれが深い信念となって、ただちに諸君らの血肉になろうなどとは思いません。

しかしとにかくに、こういう人生の根本問題についてお話しておくということは、諸君らの将来のために、必ずしも無意味ではあるまいと思うのです。

さて、このように幾多の矛盾や不合理がありながら、しかも何故私は「世の中は正直そのものである」と信じているのでしょうか。ついでですが、これは私自身としては、自分の生涯の歩みの上にも、確信している信念ですが、しかしさればといって、一度や二度話を聞いた程度で、人にも信ぜられるほどに、たやすいものとは思いません。

いわんや何人もこれを信じるようにと、強要しようなどとは思わないのです。もちろん私としては、かく信じた方が、その人のためとは思いますが、しかしただ今のところでは、他人をそうさせるというよりも、私自身が、その根本信念において、あくまで揺るぎなく生きていきたいと思うわけです。

さてそれでは、何故私は、この世の中を正直そのものと見るのでしょうか。私は世の中が不公平であるというのは、その人の見方が社会の表面だけで判断したり、あるいは短い期間だけ見て、判断したりするせいだと思うのです。

つまり自分の我欲を基準として判断するからであって、もし裏を見、表を見て、ずっと永い年月を通して、その人の歩みを見、また自分の欲を離れて見たならば、案外この世の中は公平であって、結局はその人の真価通りのものかと思うのです。

たとえて申しますと、仮にここに、その人の真価以上、実力以上の地位についている人があったとして、このように真価以上、実力以上の地位にいるんだと判断せられることとそのことが、すでに世の中の公平なことを示しているものと言えましょう。つまりあの男は、実力以上に遇せられているぞと、陰口を言われることによって、ちゃんとマイナスされているわけです。「あれは実力はないんだが、情実によって、あんな柄にもない地位について、得意になっているんだ」などと陰口を言われているとしたら、そのこと自身が、すでにマイナスされている証拠であって、世の中が正直で公平なことの、何よりの証拠と言ってよいでしょう。

あるいは先ほど申した諸君らの場合にしても、仮に教師に取り入ることの巧い生徒がいて、実際以上に先生の見込みはよかったとしても、クラスの連中から「彼奴、巧いこと先生に取り入ってるんだよ」と陰口を言われているとしたら、これすでに、それだけマイナスであって、畢竟正直そのものではないですか。

これに反して、なかなか気概があって、先生の方からそれだけその人物を認められていない生徒があったとしても、クラスの人々から「あれはああいう性質なんだから、先生の見込みはそれほどではないが、しかしいざとなると、なかなか頼み甲斐のある人間だよ」と言われ、あるいはさらに「ああいうことであの男が、先生に誤解されているのは、実際気の毒だ」などとクラスの人々の間で思われているとしたら、それ自身がすでに大きなプラスであって、やはり世の中は正直そのものではないですか。あるいは黙々として独り修めているような人でも、その努力と人柄とは、他日いつかはその真価が認められ、さらには人を動かす力を貯えつつあるのではないでしょうか。

かように考えて来ますと、結局「世の中は正直そのもの」と言わざるを得ないでしょう。少なくとも私自身は、自分の身の上について、かく確信しているしだいです。もちろん私とても、始めからかような信念を持っていたわけではなく、否、そういう点については、ずいぶん人一倍、迷いもし歎きもしたのですが、しかしここ五、六年くらい前からは、年と共にしだいにかような信念が深まりつつあるのです。

そもそも世の中が不公平であるというのは、物事の上っつらだけを見て、ことに短い期間のみを見ているためであって、少しく長い眼で見るならば、結局世の中は、普通の人々の考えているよりも、はるかに公平なものでしょう。否、私自身の信念から申せば、世の中ほど公平なものはないと思うのです。

神は至公至平であって、神の天秤は、何人においても例外なく平衡ですが、ただそうと気付かない人には、水平でありながら、それが水平と分からないのです。水平と分からないのは、もともと水平と信じないからです。そうしてこのような神の天秤の公平さが、形の上に現れたものが、すなわち世の中は正直ということになるわけです。

ところが神を公平だと思う人は、必ずしも少なくはないでしょう。何らかの宗教を信じている人なら、仮に神という言葉は使わないとしても、結局は皆そう思うていると言ってよいでしょう。ところが、私がここに申しているのは、少しくその趣が違うのです。というのも私には、この世の中の正直さが、実は神の至公至平の顕れだと考えるわけです。しかるにふつうの宗教家は、神の至公至平なことは認めながら、この世の中は不公平とする人が多いようです。そして、死んで天国極楽へ行って、初めてその正当な報いを受けると説くようです。

ところが私は、世の中そのものが、そのまま神の公平さの顕れであって、神の公平と世の中の正直とは、実は別物ではないと思うのです。それ故、別に死んでから浄土や天国へ行って報いを求めなくても、すでにこの世において、十分に神の公平さは顕れていると考えているわけです。どうも私には、これでなくては、真の安心立命にはならないように思われるのです。

ところが偉大な人になりますと、世の中は正直ということが、その人の生きている間だけでなくて、その人の死後になっていよいよはっきりしてくるようであります。たとえば藤樹先生や松陰先生のお偉さなどは、その方々が亡くなられてから、初めて十分に現れて来たと言ってよいでしょう。が、そこまではいかなくても、世の中が正直だということは、この一生を真実に生きてみたら、おのずと分かることだと思います。それが正直と思えないというのは、結局そこに自分の自惚れ根性がひそんでいるせいです。同時にこの点がほんとうに分かると、人間も迷いがなくなりましょう。

それ故諸君も、在校中に、仮に先生方から、十分にその真価を認められないからといって、少しも悲観するには及ばないのです。真実というものは、必ずやいつかは現れずにおかぬものだからです。

それにしても、諸君らのほんとうの値打は、ある意味ではわれわれ教師よりも、同級生の方がよく知っているわけです。実際われわれ教師というものは、案外お目出たいものですからネ。しかし諸君は、われわれ教師に、諸君らの真価がよく分からぬからといって、それで世の中を不公平なものと速断してはいけないのです。

その点に関して、このあいだ豊橋で面白い話を聞いて来ましたから、ちょっとお裾わけしましょう。それは豊橋のある小学校に、子どもの調査を熱心にやっている先生があって、これをその学校の校長先生が発見して、ある時その先生の母校の岡崎師範へ行って、師範学校の校長先生に話したところ、師範の校長先生が、またその話を専攻科の生徒に話したというのです。すると生徒の一人が起って「それは多分○○君のことでしょ。そういうことは、彼以外にやる者はないはずです」と答えたというので、師範の校長先生も驚かれたということです。

人間もここまで来んといけないですね。実際世の中というものは、案外正直なものでしょう。ですから、諸君たちもこれを信じて、どうぞしっかり生き抜いて下さい。

第28講――平常心是道

先生教室へ入られるや、「回転窓を開けなさい」と言われる。そこで北側の列の者が、起って窓を開く。「どうも出席簿が見えないんですが、午前の終わりの時間は何でしたか」と尋ねられる。それから万年筆を出されて、本の間の紙片に何か（多分題目を）書かれたのち、その紙片を畳まれて、チョーク箱の蓋を開けかけられたが、手を置いて内ポケットから時計を出されて「何か質問はありませんか」と言われながら、窓のほうへ行って窓を開けられた。

ちょっと申しておきますが、これからしだいに冬に入りますが、諸君はなるべく「寒い」という言葉を使わないように――。われわれ人間も、この「暑い」「寒い」ということを言わなくなったら、おそらくそれだけでも、まず同じ職域内では、一流の人間になれると言ってよいでしょう。つまり諸君らの場合も、もしこの「暑い」「寒い」という言葉を、徹底的に言わなくなったとしたら、もうそれだけでも、小学校の教師としては、その点で、まず一流の人物と言えましょう。私の申すことが、うそかほんとうか、もしほんとうらしいと信じられたら、マア一つやってごらんなさい。

信じられない人は致し方ないですが、信じられる人は、生涯をかけてやってみることです。もっとも諸君らにこの真理が本当に分かる頃には、私は多分生きていない方が多いでしょうが――。とにかくマァ信じられる人は、生涯をかけてやってみることですね。

ところで、この「暑い」「寒い」ということを、徹底的に言わないという場合、一番困るのは、人と出会った際先方から、「今日はお寒いですな」と言われた時でしょう。諸君だったらそういう場合どうしますか。そういう場合には「なかなかきびしいですナ」と言ったらよいわけです。人間も「暑い」「寒い」という言葉の出る間は、えらいと言っても、まだどこかに隙間があると言ってよいでしょう。

ところで人間は、この「暑い」「寒い」と言わなくなったら、そしてそれを貫いて行ったとしたら、やがては順逆を越える境地にも至ると言ってよいでしょう。ここに私が順逆というのは、ていねいに言えば「順境逆境」ということです。

ですから順逆を越えるとは、順逆にあってもへこたれないということです。この境地にまで至らないで、ただ「暑い」「寒い」と言わないだけでは、実はまだ痩我慢の域を脱しないとも言えましょう。

もっとも人間というものは、最初は痩我慢から出発する外ないでしょうが、しかしいつまでも痩我慢の段階にとどまってはいけないのです。人間が真に順逆を越えるようになると、何ら痩我慢でなくて、「暑い」「寒い」などという言葉を言わなくなるものです。われわれもそこまで行かないといけないのです。

総じて精神的な鍛錬というものは、肉体的なものを足場にしてでないと、本当には入りにくいもんなのです。たとえば精神的な忍耐力は、肉体上の忍耐力を足場として、初めて真に身につくものです。さればこそ、寒暑を気にしないということが、やがては順境逆境が問題とならなくなるわけです。

この点は実に味わいの深いところです。ですから肉体的に寒暑を打ち越えていくことが、やがては人生における順逆の波に溺れないようになる秘訣です。

諸君も来年は増科ができるわけですね。諸君らのうち、増科で武道や体操など、身体的な方面のことを選ぶ人は、とくに心して、身体の欲を慎むことが大切です。それにはまず、この「暑い」「寒い」ということを言わないことから始めるんですね。

武道や体操を得意とする人が、冬になると「寒い、寒い」と震えているようでは、実際だらしなくて見ていられませんからね。ところが実際には、武道や体操をやる人に案外そういう人が多いようです。竹刀を持った場合には、選手だの有段者だのと言われながら、一たん道具を解いて道場を出れば、普通の人以上に「寒い、寒い」と言っているようでは、実際何のための武道か分かりません。

武道や体操を得意とする人は、むしろ道場や運動場以外のところで、より精神的な緊張を持しているようでないといけないと思うのです。それができないようでは、いかに技はうまくても、要するに一個の軽業師にすぎないでしょう。

すなわち人々は、その人の技には一目置いても、その人の人間そのものには頭が下がらないというわけです。諸君らもこの点に深く気をつけない限り、真の一流の人にはなれないでしょう。そこでまた武道や体育などをやる人は、たいへん偉くなるか、でなければつまらなくなるかのいずれかとも言えましょう。とにかく道場で竹刀を持ってからにわかに緊張してみたり、また柔道着を着けてから、急に真面目になるだけではいけないのです。その程度の心がけでは、とうてい技を通して人間を磨くという所へはいけないでしょう。

そこで武道や体操をやる人は、つねに肉体の欲に打ち克つ心がけが大切です。そしてこの点に気付き出すようになって、初めて真の武道に入るわけです。それというのも真の武道家は、ご飯を食べていても、風呂に入っていても、つねに油断があってはならないのです。

ですから、いまだこの点に気付かない限り、たとえかれこれ言ってみても、畢竟するに一種の高等芸人の域を出ないと言ってよいでしょう。しかし現在わが国の武道界に、このような人が、果たしてどれほどあると言えるでしょうか。が同時にもしこの点が真に分かって来たら、人間もたいしたものです。

つまり高僧と凡僧との別は、坐禅を解いてからの言動の上で分かるとも言えましょう。というのも、坐禅を組んでいる間は高僧も凡僧も格別の差はないとも言えるわけですが、ひとたび坐禅をやめたとき、凡僧は「アア」などとあくびをして、坐禅はもうすんだものと思うでしょう。ところがえらい坊さんは、坐を解いても坐禅がすんだとは思わない。それどころか、真の坐禅はむしろこれから始まると思って、一層その心を引き締めることでしょう。同時にそこに人間の優劣の岐れ目があるわけです。

この点に着眼しない間は、何年坐禅しても、結局は何の役にも立たないのです。否、自分は何十年どこそこの道場で坐禅の修業をしたなどと、なまじいの自慢の種になるだけ、かえって悪いとも言えましょう。坐禅の後で「アア」とあくびなんかして、「ヤレヤレ今日もこれですんだわい」などと考えている程度では、何十年坐禅をしたとて、結局、しないのと、同じことなんです。

要するに平生が大事なのです。このことを昔の人は、「平生心是道」と申しています。つまり、剣を持ったり、坐禅をしている間だけが修業ではなくて、むしろ真の修業は、竹刀を捨て坐禅を解いてから始まるというわけです。人間もこの辺の趣が分かり出して初めて、道に入るのです。

昔は剣術とか柔術と言いながら、武の道を体していましたが、現在では、剣道とか柔道とか言いながら、かえって技の末節にかかわって、道を忘れる傾向があるようです。思うにそれは、昔の人は真に道を貴んだが故に、みだりに剣道だの柔道だのとは言わないで、剣術・柔術と言ったのでしょう。ところが今の人は、道の貴さと厳しさとが分からなくなったのです。それゆえ平気で剣道だの柔道だのと言うのでしょう。そのために、かえって道を逸する結果ともなるわけです。

ところで、以上申したことを、今われわれ教師について申してみれば、教室ではいかにも先生ぶって、しかつめらしい顔をしていても、それだけでは駄目だというわけです。つまり教師は教室よりも、むしろ廊下や、さらには学校への往復の道に気をつけねばならないのです。

それを忘れて、ただ教室だけでヤイヤイ言ってみた所で、どうなるものでもありません。最後には自分の家で、教育者らしい生活ができるようになるのが本当でしょう。つまり両親に対し妻子に対して、常に人間としての態度を失わぬということが大切でしょう。

そこまで行かない限り、教室でどんなに大声で生徒を叱ってみても、結局は蛙の頭に水みたいなものです。同時にこの境地までたどりつけば、格別大声など出して叱らなくても、生徒はちゃんと教師の言うことを、よく聞くようになるものです。

ですからこの「平常心是道」ということが分かりかけて来ないと、武道もマア五段まではいけても、それ以上にはなれないでしょう。それというのも五段までは、大体技だけでもいけるようですが、五段以上となると、多少は技以上のことも分かって来ないとなれないようです。

人間いつまでも、ああいうふうに歩いているようでは駄目ですね（この時、授業時間中にもかかわらず、廊下をペタペタと、スリッパを引きずってゆく生徒の足音が、騒々しく聞えてくる）。内でこう言われているとも知らないで、ご本人は平気でいるんです。ああいう調子で、いくら剣道をやるといっても、たいした者にはなれないでしょう。いわんや教師となって、一かどの人物になるはずがありません。あれらの人々には、自分の周囲というものが見えないのです。その点からは気の毒とも言えます。

同じく走るのでも、場合によっては音をたてないように走らないといけません。人間もそういうふうに、心が冴えて来ないといけません。しかし十八、九や二十くらいの頃は、まだあれでもよいですが、人間も三十、四十になって、なお、パタパタと廊下を音立てて歩いていたんではもうお終いです。いい年をしながら、そんなことでは、実際何のために人間に生まれて来たか分からぬことになります。

いつも申すことですが、人生は二度ないのです。諸君、修養々々と言って去勢されてはいけません。今日のお昼に、卒業生の講習会がありましたが、あれに列席の人々で、かような心がけを持っている人が、果たしてどれ程いたことでしょう。

実際人間も、三十、四十になってから、泣いたりわめいたりしてみたところで、今更どうなるものでもありません。ですから、諸君も今のうちによく考えて、全力を挙げて生きて戴きたいものです。

第29講——人生は妙味津々

学校というものは、同僚の人達の捨てた白墨だけを使っていても、一人や二人の授業はできるものです。諸君らの中からも他日そういうことに気付くような人が出てもよいでしょう。こうした所にも、われわれ教師として一種の下坐行があるのです。

それから、これも余談ですが、人間というものは表情の変化の多いほど、その人の人生内容が豊富だとも言えましょう。西晋一郎先生は、あまりお笑いになりませんが、一たびお笑いになると、実に純粋無垢なご表情をなさいます。人間は「笑い」一つによっても、その人の人柄は分かるものです。

人生というものは、実に妙味津々たるものです。何が面白いといっても、人生ほど面白いものはないでしょう。どの小説が面白いといっても、人生そのものの面白さからいえば、結局はその一断面にすぎないわけです。

ところがです。世の中には、この人生を一向面白がらぬ人もあるようです。否、面白がらぬどころか、この世は憂苦に満ちた世界だと言う人もあります。諸君らはまだ若いので、それほど深刻な厭世観を抱いている人は少ないでしょう。つまり大して面白くもないが、さりとて、男泣きにないても泣き切れない。幾夜もそのために寝られぬというようなこともまずはないでしょう。

ところが諸君らも、そのうちに——そうですなア、今後二十年くらいたつ間には、必ず一度や二度は、そういう場合がやって来ましょう。つまり諸君らは、そういう暴風圏内へ向かって、徐々に進みつつある舟のようなものです。そこで一たび暴風圏内へ入ったとなると、諸君という舟は、くるくると回り出す。単に回るだけならまだよろしいが、怒濤が逆捲いて、舳先《へさき》からでも水をかぶるようになる。否、うっかりすると沈没してしまうのです。

つまり人間で言うと、下手をすると自殺というところまで行きかねないのです。マア教師というような職業は、生ぬるい人間の集まりですから、自殺というところまで行く人は少ないが、それでもないとは言えないのです。

では、一歩をすすめて、同じく人生でありながら、一方にはこれを妙味津々として見る人もあるかと思えば、他方には、これを苦しみの連続と見る人もあるのは何故でしょうか。これはマア色々と考え方もありましょうが、一面から申せば、この人生が苦の世界と見えるのは、畢竟はまだ自分の「我」に引掛っているからでしょう。

ところで「我」に引掛っているとは、言い換えれば、常に自分の利害を中心にして、人のために尽くすということの分からない人間ということでしょう。つまり自分の利害はよく分かるが、他人の利害については、とんと気がつかぬというわけです。

ところが世の中というものは、ある意味では、そういう人間の集まりですから、そうそう一人の人間の好いたようには、周囲がさせてくれないのです。そこで、どちらを向いてもしかめ面、どこへ行っても、つまらぬと思うようにもなるのです。

　ところが人間も、多少とも人の気持ちが分かり出しますと、しぜんと人のために尽くそうという気にもなって来るのです。ところがそういう人は、どちらかと言えば、世の中には少ないのですから、しぜんと周囲の人々からは歓迎されるわけです。つまり、あちらへ行っても、こちらへ行っても引張凧となるのです。

　試みに一例を挙げてみれば、一室、八、九人の寄宿者で、バナナを一人当たり二本ずつ貰ったという場合、仮に人の分まで横取りしようという人間があったとしたら、これはまさに袋だたき物でしょう。ところが、ここに一人「僕の分は諸君らで勝手に食べてくれ給え」という人間があったとしたら、そういう人は、少なくともバナナの時だけは、大もてでしょう。

　そこで人間は、この世の中を愉快に過ごそうと思ったら、なるべく人に喜ばれるように、さらには人を喜ばすように努力することです。つまり自分の欲を多少切り縮めて、少しでも人のためになるように努力するということです。一つの林檎を弟と半分分けにして、二人が半分ずつ食べるのもむろんよいことでしょうが、時には「今日はお前みんなおあがり。近頃お利口になったごほうびさ」とでも言ってみたら、どんなものでしょう。

　半分ずつ分けて食べたら、それはただの林檎の味――ところが弟にみんなやって、弟がにこにこしながら食べるのを見て喜ぶのは、まさに天国の林檎の味と言うべきでしょう。人生の妙味津々たるを知るには、まずこの関所を突破してからのことです。

さてこのように、私利私欲の一関を突破するということは、口で言えばただそれだけのことですが、しかしいざわが身のこととなると、決して容易なことではありません。しかし人間も、一たび私欲の一関を越えますと、一切の対人関係が明らかに見えて来ます。その明らかな筋道に従って行えば、みな道にかなうというわけです。

そこでですね、もし諸君らにして、真に意義ある人生を送ろうとするなら、人並みの生き方をしているだけではいけないでしょう。それには、少なくとも人の一倍半は働いて、しかも報酬は、普通の人の二割減くらいでも満足しようという基準を打ち立てることです。そして行くゆくは、その働きを二人前、三人前と伸ばしていって、報酬の方は、いよいよ少なくても我慢できるような人間に自分を鍛え上げていく人です。

実際人間の偉さというものは、ある意味では働くこと多くして、しかもその受けるところが少ない所から生まれてくるとも言えましょう。ですから諸君らも、まず人の一倍半の働きをして、報酬は二割減をもって満足するという辺に、心の腰をすえてかかるんですね。それには、差し当たっては、まず掃除当番などで一つ試みられるがよいでしょう。するとこの人生が、たちまちにして面白くなり出しますから――。

先生、最後に「目上の人に突かかるものは気宇の狭小なものだ」と板書され、「これは岡田式静座法の創始者たる岡田虎二郎先生の『語録』の中にある言葉ですが、少なくとも諸君らが四十くらいまでは役にたつ教えでしょう」と、言われ、さらに「人間は一生の間に、少なくとも一度は、その人の〝桜町時代〟がなくてはだめです。〝桜町時代〟を過ごさぬ人間は、いかにその素質がよくても、結局その素質が生かせません」と言って、卒業生の転校などの例をひいて、懇々と注意せられた。

下学雑話（17）

▼自らの教科書を編集し得るの力あるにあらざれば、授業は真に徹底せず。借り物で相手を鍛えようとは虫のよき話なり。かくして教科書を持ちながら、如何にしてこれをわが編集の書とするかが、教師に課せられた最大の公案というべし。

▼一人で全教科を担当する小学校にあっては、各教科間の障壁を除去し得る教師ほど、真の実力ある教師なり。教科間の障壁を除き得るは、その人が現実を把握しているの証なり。

第30講——試験について

先生、教室に入られるや、出席簿を違えて持ってこられたので、週番に換えに行ってもらわれた。この間、廊下の外側の窓を開けさせられる。「今日の風はどこか春めいていますね」と言われていると、そこへ週番が帰る。そして出席簿を見て「今日は朝二時間とも自習でしたか」と尋ねられる。誰か前の方で「そうです」と答える。

人間というものは、現在自分の当面している仕事をまず片付けて、しかるのち、余力があったら、自分の根底を養うような修養をすべきでしょう。もしこれに反して、自分のなすべき当面の仕事をなおざりにしておいて、他の方面に力をそそぎますと、仮にそうして力をそそいだ方面は、根本的な事柄であり、またその努力がいかに大きなものであっても、こういう人は、いつかは世間からその足場を失って、あたら才能を抱きながら、それを発揮する機会を得ないで、空しく朽ち果てるのが世の常です。

これは道理としては何ら珍しいことではありませんが、しかし最近私は、この道理の持つ真理性を痛感せしめられているのです。それはわれわれ人間が、一つの道理をほんとうにつかむということは、単に書物を読んでこれを知ったとか、あるいは頭の中で考えて会得したとかいう程度のことでは、真実には得られないのであって、そのためには、どうしても深刻な現実の実事に当面することによってのみ、初めて真にわが物となるのです。

そこで先に申した事柄も、たんに道理として、さらには一片の理屈としてなら、私もかなり前から知っていたと言えましょう。ところが、最近諸君たちの様子を眺めていて、この道理の持つ真理性が急に身にしみて感ぜられるようになって来たのです。

それ故、私が今のべようとしている事柄は、その表現の形式としては、一般的な形で申すのですが、しかしこの一般的真理を、最近とくに深刻に感ぜしめられたのは、実は現在私が、この学校で教えている百人あまりの生徒のうち、数人の人々に関してです。

というのもその人々は、少なくとも私の眼から観れば、素質としては相当優秀であって、どんなにしても中位を下らず、あるいはその組において、上位にくらいする素質かとも思うのです。しかるに、それらの人々の試験の結果として表れているものは、共通してあまり芳しくないのです。

では何故かと申しますと、もちろん、一々それらの人の気持ちを聴いたわけではありませんが、察するところそれらの人々は、試験というものに対して、どうも全力を尽くしていないように思われるのです。では、せっかく持っている才能なのに、何故それを出し切ろうとしないかというに、どうもそれらの人々は「試験なんていうものは、それほどたいした意味のあるものではない。

だからマア落第しない範囲でやっておけばよい」というくらいにしか、考えていないらしいのです。そして先ほども申すように、もともと素質は悪くないのですから、もし標準を「落第しない範囲」におくつもりなら、かつかつ落第しない程度の成績は、何をしていたって得られるわけです。

私の察するところ、それらの人々の気持ちは、まずはかようなものではないかと思うのです。そして、そうした気持ちは、私とても、一応分からぬわけではありません。しかし現実の人生というものは、そうした甘い考えで通れるような生やさしいものではないのです。

なるほど試験というものは、その真実においては、あるいはその人たちの考えているように、必ずしも絶対的なものではないかも知れません。それについては、実は私自身も学生時代から考えていることです。たしかに学校の成績というようなものは、その人の実力を、そのまま示すものではないとも言えましょう。しかしその人の忠実さ、その人の努力、さらに申せば、その人がいかほどまで、自分のなすべき当面の仕事をなし得る人間か否かということは、かなりな程度まで、これを示すと言ってよいようです。

ですから私は、学校の成績というものは世間でふつうに考えているように、必ずしもその人の素質を確実に窺い得るものとは思いません。それよりもむしろ、その人の素質と努力との相乗積を示すと考えた方がよかろうと思うのです。同時に私のこの考えは、学生時代から二十数年後の今日に至るまで、少しも変わらないのです。

そこでこのことからして、素質としてはかなり優秀でありながら、試験を軽蔑しているために悪い成績をとる人が少なくないわけです。つまりそういう人は、試験は人間の才能をそのまま示すものでない、という一面のみにこだわって、試験がその人の努力と誠実さを示すものだという、他のより大事な一面を看過しているわけです。これすなわち、なまじいなる才知がかえって自らつまずくというものです。たしかに成績は余り芳しくない人でも、その人の素質は、必ずしもその点数に現れたところと同一ではないとも言えましょう。

しかし世の中というものは、現実の結果として現れた所をもって、その人を見るものであって、決してその人の素質にまで立ち入って、理解と同情を持ってくれるものではないのです。少なくとも、そういう場合は、きわめて少ないと言えましょう。

そこで、世の中がそういうものだということに気付かないのは、実は人間がお目出たいというわけです。それというのも、なまじいな才知によって、心の明がおおわれているからです。ですから、かような現実のきびしさに気付かないで、あたら才能を抱きながら、それを自分が現在当面している仕事に向かって発揮し得ないのは、実に惜しみてもなお余りあることだと思うのです。

世の中というものは、先ほども申すように、現実に結果したところをもって、その人を計るものだといえば、諸君らのうちには、あるいはこれを不合理だと思う人があるかも知れません。しかしよく考えてみれば、すべて事実として実現したものでなければ、ほんとうの事実とは言われないのです。

つまり単なる素質というものは、畢竟するにまだ単なる可能性にすぎないのであって、たとえば刀の材料としての砂鉄としての性質はいかに優秀だったとしても、それでもって敵を斬るわけにはいかないのでしょう。つまり敵を斬るには、これを鍛えて刀とし、さらにはこれを研ぎ、さらに鍔をつけ鞘に入れなければ、真にこれをもって敵を斬り、刀としての威力を発揮するわけにはいかないでしょう。

人間も同様であって、単に自分の素質をたのんで、全力を挙げて自分が現在当面している仕事に没頭することのできない人は、仮にその素質はいかに優秀であろうとも、ついに世間から見捨てられてついには朽ち果てるの外ないでしょう。

かくして人が真に自分を鍛え上げるには、現在自分の当面している仕事に対して、その仕事の価値いかんを問わず、とにかく全力を挙げてこれにあたり、一気にこれを仕上げるという態度が大切です。そしてこの際肝要なことは、仕事のいかんは問題ではなくて、これに対する自分の態度いかんという点です。

否、ある意味では、さほどの価値のないことでも、もしそれが自分の当然なすべき仕事であるならば、それに向かって全力を傾け切るということは、ある意味では価値のある仕事以上に、意義があるとも言えましょう。この辺の消息が分からなくて、単に自分勝手のひとりよがりな態度で試験を軽んじ、そのために、せっかく優秀な素質を持ちながら、芳しくない成績でうろついているということは、その人のために、実に惜しんでもなお余りあることと思うのです。

以上は特にはなはだしい若干の人を惜しむのあまりに申したことですが、しかし私が只今申した真理は、それぞれの程度で、諸君らのどの人にもあてはまると思うのです。ですから希わくば諸君それぞれの立場から、この上とも深くこの真理について考えられんことを。

以上の事柄に関連して、もう一つ平生私の痛感していることがあります。それは私が現在、学生時代を顧みるに、学生時代に自分の素質をたのんで試験をおろそかにした人は、その後の歩みを見るにいずれもあまり芳しくないようです。

つまり素質としてはよくても、結局世間に出てから、大したこともせずに終わろうとしています。その頃はお互いに書生ですから、大して感じもしませんでしたが、こうして諸君たちを教えるという責任のある地位について見ますと、このことはとくに痛切に感じられるのです。

今専攻科にいる一人の人で、名前はちょっと差し控えますが、これとは別の例もあります。というのもその人は、一年生から三年生頃までは、五十人中三十番前後にいた人です。ところが四年の三学期に、ふとしたことから、「学校というところは、試験の成績で生徒の価値を判定するところである」と悟って、それから俄然として目を覚まし、それ以来試験に対しては全力を挙げてあたるようになったのです。そこで成績もめきめきと上がって、今では専攻科生八十人中の二番になっています。そこで先生方のその君に対する見方も一変して来ているのです。学校でさえすでにこのようです。いわんや社会においてをやです。

獅子はいかに小さな兎を殺す場合でも、常に全力を挙げてこれを打つと言われています。ですから諸君たちも一つこの三学期には、クラスの全体を挙げて成績を高めるがよいでしょう。これ一つできないようでは、平素何を言ってみたとて駄目なことです。

先生、今日も黒板をキレイに拭いて、一礼の後、静かに出ていかれた。

第31講——真面目

礼がすむと先生、「諸君はもう『松陰全集』の申し込みをしましたか、実はこの間女子師範でちょっと専攻科生九人にすすめて、同時に本科の人たちにも伝えてくれるようにと話しておいたのです。ところが今日向こうへいって聞きますと、何でも一週間のうちに九十人も申込者があったとのことです。これは出入りの本屋がそう言っているのですから間違いのないことです。してみると、本校の三十余人の申込みも、あまり大したことではなくなりました。というのも女子師範では、生徒の数が本校の六割くらいしかないのですから——。女子にしてすでにかくの如しです。諸君も一つ負けないように、しっかりやってもらいたいものです」

さて「真面目」というような題を掲げますと、諸君は「何のことだ、珍しくもない」と思うことでしょう。なるほど、人によって多少の差はあるとしても、まず大部分の人が、一応そのように感じるのではないかと思います。もし間違っていたら、これは私のひがみですから、どうぞご勘弁を願います。

しかしながら、もし私の以上の感じが、単なるひがみでなくて、大体当たっているとしても、それは自然でもありまた当然だとも思うのです。というのも、すべて人生において最も大事な事柄というものは、常に繰り返されるものです。ところが、そのように常に繰り返されることからして、しだいに馴れっこになり、ついには言葉だけになって、事実と言葉とが離ればなれになるのです。そうなると、いかに重大な事柄に対しても、一向驚かなくなるのです。

いま真面目というような言葉もその一つであって、お互いにこの言葉に対しては、もう馴れっこになってしまったのです。それ故この言葉を聞かされても、一向ピリッとエレキがかからなくなっているのです。そして「ナンダ珍しくない」と思うんです。否、うっかりすると「なんだ」とさえ感じなくなったとも言えましょう。

ところが今この真面目という字を、真という字の次に、「の」の字を一つ加えてみたらどんなものでしょう。そうしますと、言うまでもなく「真の面目」と読まねばならぬことになります。ところがこうなると、一つの新たなる展開となりましょう。すなわち真面目ということの真の意味は、自分の「真の面目」を発揮するということなんです。

こうなると、言い古された、最も平凡と思われていたこの言葉が、ここに一つの新たなる力を持って臨んでくるのです。すなわちわれわれは、今や新たなる心構えをもって、改めてこの言葉と取り組まねばならなくなるのであって、実際そこには、一種の情熱をさえ感じるほどです。

そもそもわれわれは、自分の真の面目を発揮しようとしたら、何よりもまず全力的な生活に入らなければなりません。けだし力を離れて、自己の真の面目のしようはないからです。

かように考えてきますと、いわゆる「真面目」という言葉の真意は、普通に「まじめ」という言葉のリズムによって、ともすれば誤り考えるような、単に無力なお目出たさでないことが分かるでしょう。真面目において最も本質的なことは、何よりもそれが全力的な生活でなければならぬということです。すなわち、力の全充実でなくてはならぬということです。

また実にそうあるべきであって、真面目という言葉の反対は色々ありましょうが、まずふざけているということでしょう。ところがこのふざけているということは、言い換えれば体当たり的に、自己の全力を挙げてそのことにぶつからないで、あるいはそのことを回避し、あるいは小手先で操っている態度を言うのでしょう。

かように真面目ということは、その反対語の「ふざけている」という言葉の内容から推してみても、それが力の全充実であり、全力的生活でなければならぬということが明らかです。

かくして真面目ということは、いわゆる無力な人間のお目出たさではなくて、最も男性的本格的な全力生活だということが分かりましょう。したがってこれを実行上の工夫から申せば、八つのことをするにも、常に十の力をもってこれに当たるということです。また十のことをやらねばならぬ場合には、まさに十二の力をもってこれに当たるということです。

人間はいつも「マアこれでもすむ」という程度の生温い生き方をしていたんでは、その人の真の面目の現れようはないでしょう。「これでもすむ」というのは、いわば努力の最低限の標準で、物事を処理しているということです。たとえて申せば、この学校では卒業期が近くなると「マア欠点さえとらねばよい」、という考えで、勉強の手加減をする生徒もあるということですが、そういうのは、真の面目発揮とは、まさに天地の相違です。

真面目な態度とは、これを試験について言えば、まさに百二十点を目標として、先生方が百点の人と区別をつけるのに、困るくらいの意気込みでやることです。それでなくては、無限な生命力の発現としての真面目の発揮とはならないからです。人間もこの呼吸を身につけて、こうした態度の爽快さと痛快さを会得しない間は、未だ真に人生の男性的な快味を会得したものとは言えないでしょう。

たとえて申せば、卒業後普通の人は、たいした努力もしないでいて、俸給が上がらないと言っては、陰でぶつぶつと不平を言っているようですが、これに反して真実の態度とは、全力を挙げて、努力また努力、そして嶄然《ざんぜん》頭角を抜いてはいるが、しかし法規のために、規定の年限内には昇給させることができず、どうも気の毒だと心ある人々をして感ぜしめるほどの全力的生活をするんでなくてはならぬのです。

すなわち常に自己の力のありったけを出して、もうひと伸《の》し、もうひと伸しと努力を積み上げていくんです。そこで真面目とは、その努力において、常に「百二十点主義」に立つということです。

もしこの態度を確立したならば、人生の面目はすっかり変わって来るでしょう。それはたとえて言えば、いま諸君が同じく物を人にあげる場合にも、先方から「くれ」と言われてあげるのは、大して面白くないでしょう。ところが、こちらから積極的に「おい、やるぜ」と出したら愉快でしょう。われわれの仕事も同様であって、いつも先方の要求や予想より、二、三割方余分の努力をするつもりでいると、第一気持ちが清々しくなるのです。ちょうど人から借金しているのと、人に金を融通しているくらいの相違が、その生活の上に現れてくるのです。

もちろんお互い人間の力には、一面には限りがあると言えますが、同時にまた他面、限りのないものだとも言えましょう。もちろん理屈の上からは、限りのあるはずですが、しかし実際には、力は後からあとからと出てくるものです。したがってわれわれが、真の全力的生活に入り得ないのは、力がつづかないからではなくて、真にその気にならないからです。

力というものは、一たんその気になり、決心と覚悟さえ立ったら、後からあとからと無限に湧いて来るものです。それはちょうど、井戸に水の湧くようなもので、もう汲み出してしまったと思っても、いつの間にやらまた溜っているようなものです。そこで、真面目な生活に入るに当たって大事なことは、力の多少が問題ではなくて、根本の決心覚悟が問題です。

その上に、今一つ大事なことをつけ加えれば、時間をうまく使って、時間の無駄をしないということです。私の考えでは、力の方は、一たん決心さえすればいくらでも湧いてくるもので、さほどに気にしなくてよいのです。ですから実際に当たって困るのは、むしろ時間に限りがあるということでしょう。すなわち力というものは、限度がありそうでいて、実際には案外出るものですが、時間の方は明確に限度があるということです。

そこでほんとうの真面目な生活、すなわち全力的な生活に入るには、どうしても時間の無駄をしないということが、何よりも大切な事柄となるわけです。しかしこの時間の問題も、結局はその人の根本の覚悟いかんによって決まると言ってよいでしょう。すなわち人間は、人生に対する根本の覚悟さえ決まっていれば、わずかな時間も利用できるようになるものです。

してみれば人生のことは、すべては根本の決心覚悟の外ないわけです。実際「真面目々々々」と口先ばかりでいくら言うてみたとて、それでどうなるものでもないのです。それというのもその根本に、右に申したような決心覚悟を欠くからです。

どうです諸君、真面目ということ一つでも、いろいろと考え方があるものでしょう。馴れっこになって、埃っぽくなれば、時々表皮をはがしてみるんですね。そうすると、そこからまた新たな慈味が出てくるものです。真の修養とは、何よりもまず人間が、内面的に強くなることです。他の一切のことは、すべてそれからのことです。

第32講——教育と礼

先生、出席簿を記入されて、そのまま数分間じっと見つめておられたが、突如「一同起立!!」と凛乎たる号令。それから腕の上伸運動をさせられること、まさに七、八十回に及ぶ。もちろん先生もやられる。ついで深呼吸。「深呼吸には、始め空気を吸って、それから吐き出すやり方と、もう一つは最初胸の中に溜まっている空気を吐き出し、それから空気を吸うやり方とがありますが、今日は後のやり方でしましょう。この方が、よいかと思うのです」と言って、一同に向かってやって見せられる。

私は教育において、一番大事なものとなるものは、礼ではないかと考えているものです。つまり私の考えでは、礼というものは、ちょうど伏さっている器を、仰向けに直すようなものかと思うのです。

器が伏さったままですと、幾ら上から水を注いでも、少しも内に溜まらないのです。ところが一たん器が仰向きにされると、注いだだけの水は、一滴もあまさず全部がそこに溜まるのです。これはまさに天地の差とも言うべきでしょう。実際人間は、敬う心を起こさなければ、いかに優れた人に接しても、またいかに立派な教えを聞いたにしても、心に溜まるということはないのです。私がよく申す、批評的態度がよくないというのも、結局、批評的態度というものは、ちょうどお皿を縦に立てておいて、そこへ水を注ぐようなもので、なるほど一応湿りはしますが、しかし水はすぐに流れて、少しも溜まりっこないのです。そして結局は、濡れただけというのがおちというものです。

ところが、この喩えによっても分かるように、この敬というものは、まさに自分の態度の根本的な転換だと言ってよいでしょう。世間ではよく「百八十度的転回」などと言いますが、要するにそれは、根本的には敬う心を現す以外にないわけです。ところがこの敬うというには、敬うところの対象がなければならぬ。しかしこれは、最初から誰にでも見付かるとは言えないのです。否、うっかりすると、生涯ついに敬うべき真の対象を見付け得ないでしまう人も、少なくないでしょう。そういう人は、つまり生涯器が伏さったままで終わる人です。

しかしこの敬う心を起こすということは、実際にはそう容易なことではないのです。そこでその手がかりとして、ここに形の上から敬う心の起きるような、地ならしをする必要があるわけです。そうしてそれが、広い意味での「礼」というものの意味でしょう。

それ故礼の行われないところに、真の教育の行われようはずがないのです。そこでまた今日大抵の学校では、実は真の教育は行われていないとも言えるわけです。と申すのも、真に礼の行われている学校というものは、きわめて少ないからです。たとえばこの学校などでも、なるほど下級生は上級生に対して礼をしますが、しかし上級生は下級生に対して、礼を返さない人が少なくないようです。

してみると、下級生の上級生に対する礼は、単に形式的な強制的なものと言わねばならぬでしょう。このことはたとえば諸君らのうちで、毎朝校門のところで、門衛の人に対して会釈して通る人が、果たして幾人あるかを考えてみても明らかなことでしょう。

松陰先生は、人間にして、爵の尊さを知って徳の尊さを知らないものは、その愚かなこと言うまでもないが、しかし徳の尊さを知って齢の尊ぶべきを知らないものは、未だ真の人物とは言いがたいということを、その『講孟余話』の中で申しておられます。

門衛の人々は、諸君らにとっては、いずれも遙かなる年長者であります。とくに門衛というのは、一校の出入口たる校門の取締役であって、その責めの重かつ大なること、いわば昔の関所の固めにも似ているのです。その前を若い諸君らのような人が何らの会釈もしないで通るということは、その一事だけでも、この学園に真の教育的精神が充実していない何よりの証拠と言うべきでしょう。

少なくとも私には、そう思われるのです。しかしこれは、必ずしも諸君らだけの責任とは思いませんん。というよりも、これを教えなかったわれわれ教官の責任でしょう。私は以前から実行していますが、しかし生徒諸君の中からは、何年たっても一人もやる人が出て来ません。そこで先日も専攻科の人たちにちょっと申しましたら、近頃はぽつぽつ出かけて来たようであります。

かように学園の空気そのものが、全体として礼の精神が充実していませんから、そこで用務員や見習い用務員などでも、礼にははなはだ遺憾な点が少なくないのです。現にこの間も、諸君らは気付かれたかどうか知りませんが、森本少将の講演会の席上へ、男女二人の見習い用務員が電話の取次か何かで来ましたが、そのいずれもがつん立ちぼうで、正しい礼をしていないのです。外来の方で、そのうえ相当身分のある人に対して、しかもああした晴れの場所であの無作法では、実際私は、たまらない思いがしたのです。

しかしこれも、見習い用務員ばかりの罪ではないでしょう。否、結局は教えざるの罪です。現にあの二人の見習い用務員は、いずれも近来にないよい見習い用務員です。あれほど真面目で、しっかり者の見習い用務員というものは、今どき少ないのです。それ故もしあの二人がやめたとしたら、ちょっと代わりはないでしょう。それ程でありながら、「習わぬ経は読めぬ」の喩えのように、教えられなければ気がつかないのです。実際お互いによく考えねばならぬことだと思うのです。

すべて人間というものは、目下のものの欠点や足りなさというものについては、これを咎めるに先立って、果たしてよく教えてあるかどうか否かを省みてみなくてはならぬのです。したがって目下の者の罪を咎め得るのは、教え教えて、なおかつ相手がどうしてもそれを守らなかった場合のことです。

私はこの学校は、まだ真に教育の道場という域には達していないと考えられるのですが、その責任は諸君らよりも、諸君らを真に自覚せしめ得ない私共の責任と言うべきでしょう。同時にほんとうの教育が行われ出したとしたら、本校の校風は、おそらく三年にして根本から改まるに相違ないと思うのです。

同時にそれがもし実現しなかったとしたら、その時始めて諸君らの責任は、断々乎として問われるべきだと思うのです。精神を興そうとするものは、何よりもまず自らの精神を興さなくてはならぬのです。したがってまた礼を正すということも、現実には結局一人の人間から始まる外ないのです。

その意味からして私は、諸君らの一人びとりが、真に自らその一人となって、この学校の空気を、真に教育の「場」たるに相応しからしめるよう、努力せられんことを希望して已まないのです。

では少し時間がありますが何か質問はありませんか。

K　先生が、近日建国大学へかわられるというのは本当ですか。相当確かな筋から聞いたのですが。

先生　近頃そういう噂があるそうですね(先生微笑されながら)。君は確かな筋から聞いたんですか。さアそれは本当かどうか。本人の私がこう言っているのですから、その確かさも疑わしいですね。お互い人間というものは、一寸先も分からないのです。もし今日帰りに私が自動車と衝突したら、明日はもう白骨です。自動車に衝突しないまでも、次の時間に倒れないとも言えないのです。それ故人間は、その時その時に言うことが、いつも最後の言葉です。たとえば今日の話は、はなはだ不十分でしたが、しかしあれでやはり礼という角度における私の考えなんです。そこでもし私が今晩死にでもしたら、やはりこれが最後の授業となるわけです。そう考えることは悲しいけれど、しかし事実としては、どこまでもそうなんです。それにはお互いに、日々そのつもりで過ごさねばならぬわけです。たとえば門衛の方に対しても、会釈くらいは忘れないようにするのです。先ほども申したことですが、人間も齢を尊ぶことの分からぬ間は、まだ真の人間とは言えません。ですから諸君らもこの辺で、ボツボツそういう修行を始めるんですね。そうすると一学級から一校へと、しだいに諸君の精神の行われる時が来るものです。それには何と言っても、まず自分を養うことです。下級生の礼には、必ずていねいに答礼をする。決してひけをとらぬように礼を返すのです。下級生の方が、一本まいったというくらいの礼をして戴きたいものです。現実界のことは、結局一人の力がすべてを興す基となり、そのスタートとなるもののようです。

第33講——敬について

前の時間には、礼というものが教育の土台になるということについて話しましたから、今日は一歩をすすめて、一つ、礼の本質としての「敬」という問題についてお話しましょう。

ところで普通には、礼儀を正しくすると言えば、何か意気地のない人間になることでもあるかのように、考えている人もあるようですが、そうではなくて、礼はその内面の敬のこころの現れです。

では敬とはどういうことかと申しますと、それは自分を空うして、相手のすべてを受け入れようとする態度とも言えましょう。ところが相手のすべてを受け入れるとは、これを積極的に申せば、相手のすべてを吸収しようということです。

ところが、相手のすべてを吸収しようとすることは、これをさらに積極的に申せば、相手の一切を奪わずんば已まぬということだとも言えましょう。ですから真に徹底した敬というものは、生命の最も強い働きに外ならぬわけです。

ですから、すべて尊敬するとか敬うということは、自分より優れたものを対象として発するこころの働きです。自分よりつまらないもの、自分より劣弱なものに対して、敬意を払うということはかつてないことです。ですから敬うとは、自分より優れたものの一切を受け入れてこれを吸収し、その一切を奪いとって、ついにはこれを打ち越えようとする強力な魂の、必然な現れと言ってもよいでしょう。

しかるに世間では、人を敬うということは、つまらないことで、それは意気地のない人間のすることででもあるかのように、考えられているようですが、これは大間違いです。それというのも、自分の貧寒なことに気付かないで、自己より優れたものに対しても、相手の持っているすべてを受け入れて、自分の内容を豊富にしようとしないのは、その人の生命が強いからではなくて、逆にその生命が、すでに動脈硬化症に陥って、その弾力性と飛躍性とを失っている何よりの証拠です。

そもそも人間というものは、単なる理論だけで立派な人間になれるものではありません。理論が真に生きてくるのは、それが一個の生きた人格において、その具体的統一を得るに至って、初めて真の力となるのです。したがって諸君らも、単に理論の本を読んでいるだけでは、決して真の力は湧いてこないのです。

真に自分を鍛えるのは、単に理論をふり回しているのではなくて、すべての理論を人格的に統一しているような、一人の優れた人格を尊敬するに至って、初めて現実の力を持ち始めるのです。同時にこのように一人の生きた人格を尊敬して、自己を磨いていこうとし始めた時、その態度を「敬」と言うのです。

それ故敬とか尊敬とかいうのは、優れた人格を対象として、その人に自分の一切をささげる所に、おのずから湧いてくる感情です。そこで仮に神仏を対象とした場合でも、これを単に冷ややかな哲学的思索の対象としている間は、まだ真に畏敬の心を発するには至りません。すなわち、それはまだ眺めている態度にすぎないのです。

しかるに今それを神仏、すなわち絶大な人格として仰ぐとなると、そこに初めて宇宙的生命は、有限なるわれわれ自身の内へ流れ込んでくるのです。バケツに汚い水を入れたままでは、決して新しい水は入らない。古い水を捨て去って、初めてそこに新たな水を満たすことができるのです。

尊敬の念を持たないという人は、小さな貧弱な自分を、現状のままに化石化する人間です。したがってわれわれ人間も敬の一念を起こすに至って、初めてその生命は進展の一歩を踏み出すと言ってよいでしょう。

そこで諸君らが、将来教師となって最も大事な事柄は、まず生徒たちが、尊敬心を起こすようになることでしょう。ところがこれは、それが教育の根本問題であるだけに、なかなかむずかしいことです。それには、一応内外二つの道が考えられましょう。そのうち外側から入る道としては、先にものべたように、まず教師自身が、礼を正しくするということです。次には内面的な道としては、教師自身が、生徒から敬われるだけの人間になるということでしょう。

しかしこの後の方は、実に容易ならぬ問題です。というのも、生徒たちに対して自分を敬えとは、言えたことではないでしょう。仮に万一左様なことを言ったとしたら、これほど滑稽なことはないでしょう。そして何らの効果もないどころか、あるのはただ逆効果のみです。ではどうしたら生徒が教師を敬うようになるでしょうか。それには結局教師自身が、尊敬する人格を持つということでしょう。実際人々から尊敬されるような人は、必ず自分より優れた人を尊敬しているものです。

そこで教育の根本問題は、どうしたら生徒たちが、自分を尊敬するようになるだろうかなどと、あくせくすることではなくて、まず教師自身が、自分の尊敬する人を求めて、生徒と共にその方の教えを受けるというような、謙虚な態度から出発すべきでしょう。

今日は諸君らも寒稽古がすんで疲れているようですから、時間はまだちょっとありますが、マア骨休めという意味でこれだけにしておきましょう。

まだ時間が十分ほどありますから、何か質問があったら。諸君は近頃えろう質問がなくなりましたね。始めの頃は大変な質問でしたが。つまり私という人間が、もう珍しくなくなったからでしょう。新鮮さというものがなくなって、こんなことを聞けば、こんなふうに答えるだろうと考えるようになったんでしょうが、しかし同じ鐘でも叩きようでは、また違った音を立てるかも知れませんからね(笑)。マア叩いてごらんなさい。誰か一つ一番槍を承ってはいかがです。時間が惜しいんですから——。

M 先生が最も尊敬せられる人は誰ですか——。

森 そうですね。私としてはやはり西先生ですね。もっともこう言うと、「では先生は、西先生を釈迦や孔子よりも偉いと考えるんですか——」とつめ寄られれば困るんですが、しかし私には、孔子の偉大さも西先生を通じて初めて分かったわけです。つまり私には、東西古今の優れた人々の偉さも、多くは西先生を通じて初めて知ることができたのです。すべて現存の人の真の偉さというものは、なかなか分からないものです。西先生のほんとうのお偉さが、一般的に知られるようになるには、今後なお、相当の歳月を要することでしょう。ではこのくらいにして、次は誰か指名して譲ったらどうです。　それから、話はちょっと前へもどりますが、尊敬するということは、ただ懐手で眺めているということではなくて、自分の全力を挙げて相手の人に迫っていくことです。地べたをはってにじり寄っていくように——です。つまり息もつけないような精神の内面的緊張です。薄紙一重もその間に入れないところまで迫っていく態度です。

K　先生、今私は迫ろうにも迫れませんのですが——。

森　そのようなことはありません。そのように思っているのは、君がまだ真に迫ろうとしていないからです。人間としてのほんとうの力が、また動き出していないからです。つまり生命の要求が弱いのです。しかしさればと言って無理はできません。現に私も、高師在学中のまる四ヵ年というものは、一度も西先生のお宅へ伺ったことはありませんでした。そうして大学を出て数年してからボツボツ先生の教えを受けるようになったのです。実際人間というものは、自分の生命力の弱い間は、生命力の強い人にはなかなか近付けないものです。そこでそれまでは、内に力の湧いてくるまで、じっとしていることです。ここに力の湧いてくるというのは、優れた人の真のお偉さが分かり出すまでということです。自分が偉くなったと思うことではなくて、先生のお偉さが分かりかけるということです。

ついでですが、人間が嘘をつくというのは、生命力が弱いからでしょう。勤勉でないというのも、生命力の弱さからです。また人を愛することができないというのも、結局は生命力の弱さからです。怒るというのは、もちろん自己を制することのできない弱さからです。沢庵石は重いからこそよいので、軽くては沢庵石にはなりません。自己を制することができないというのも、畢竟するに生命力の弱さからです。そこで古来人類の歴史上、最も生命力の強かった人を聖人というわけです。そして次を賢人と言い、その次を英雄と言い、豪傑というのはも一つ下です。それから下はただの人間です。では今日はそこまで。

下学雑話（18）

▼自分の位置を人と比較せぬがよし。一切の悩みは比較より生ず。比較を絶したる世界へ躍入する時、人は初めて卓立して、所謂、天上天下唯我独尊の極致となる。

▼人間は、ある意味では自己の衷心満足し得る道を進むがよし。但しそこには、「それより生ずる一切の責任を負うの覚悟を忘る不可」との但書を要せむ。然らざれば、これ人を誤るの語ともなるが故なり。否この但書を附け加えてさえ、尚人を誤るの恐れなしとせず。いわんやこれなきにおいておや。

第34講——ねばり

ねばりということは、これを他の言葉で申せば根気とか、あるいは意志とかいう言葉に当たりましょう。しかし言葉というものは実に微妙なもので、それぞれその生命を持っていると同時に、またその個性を持っているのです。そこでねばりというのと、根気とか意志力というのでは、大体の上では、同じ方向を示す言葉ですが、しかし今その一つひとつについて吟味してみると、それぞれその趣が違うのです。

そこで今日お話したいと思うことは、やはりねばりという言葉が、一番ピッタリすると思うのです。すなわち根気とか、あるいはさらに意志力などと言ってしまったんでは、どこかそぐわないところがあるのです。これが一般の理論的な考察ですと、言葉の吟味は、それほどやかましく言わなくてもすむと言えましょう。

しかしここでのお話のように、単なる一般的理論ではなくて、むしろかような一般的な道理を、自分独特の角度から、実地の上に行っていこうということになりますと、大体の方向さえ違わねば、どの言葉でも差し支えないというわけにはいかないのです。それどころか、詰めに詰めて、息もつけないところまで詰め寄せるのでないと、実行の工夫というものは得られないわけです。

そこで最初はねばりなどという、あまり上品でもない言葉は差し控えようかとも思ったのですが、しかし今日私が諸君にお話したいと思う事柄は、やはりこのねばりという言葉でないと、どうしてもピッタリしないのです。

さて先にも申したように、このねばりという言葉は、意志とか根気とかという言葉と、非常に深い関係があります。意志力を養成せねばならぬというと、上品ですっきりしていますが、同時にそれだけやや裃《かみしも》をつけて、自分の実際の気持ちからは離れたことになりやすいでしょう。ところが、「人間というものは根気が大事なんだ。いくら頭がよくったって、またいかに人間がすっきりと上品にできていても、根気のつづかないような人間は、ついに事を成就する人間ではない」とかように申しますと、意志などというよりも、多少手近な感じがしてくるでしょう。

では、根気というのと、ねばりというのでは、どう違うかと申しますと、もともと大体は同じ意味の言葉ですから、根気という言葉のうちに、ねばりという意味も含まれており、またねばりという言葉の中にも、根気という意味がありはしますが、しかしその相違を強いて明らかにしてみますと、根気という方は、しかけた仕事を途中で投げ出さないで、どこまでも持ちこたえていくという意味で、つまり持続ということが主になるのです。

ところがねばりということになると、もちろん持続という意味のあることは申すまでもありませんが、しかしこのねばりという言葉には、いわば根気を生み出す呼吸とも言うべき趣があるようです。そこでいま諸君らの実行上の工夫としては、根気というよりも、むしろねばりという方が、より適切ではないかと思うのです。

そもそもわれわれが一つの仕事に着手して、これを一気に仕上げるという場合、どうしてもこれを仕上げるぞと決意する気持ちは、意志という言葉がもっともふさわしいと言えましょう。ところがそうして決意した事柄を、実際に中断しないで持ち続けていくには、もちろん意志と言っても何ら差し支えないわけですが、しかしある意味では根気と言う方が、よりふさわしいかと思うのです。

ところが人間が一つの仕事を始めてから、それを仕上げるまでには、大体三度くらい危険な時があるもののようです。もちろん事柄にもより、また人にもよることですが、しかしまず全体の三割か三割五分くらいやったところで、飽き性の人とか、あるいはそれほど進んでやる気でなかった場合には、ちょっと飽きの来るものです。この第一の関所を突破するには、意志という言葉が一番ふさわしいでしょう。ところがこの三割か三割五分辺の第一関門をすぎると、当分のうちは、その元気で仕事がすすみましょう。

ところが六割か六割五分辺のところへ来ると、へたってくるのです。そして今度のへたりは、前よりも大分ひどいのが常です。第一の関所で落伍するような人間では問題になりませんが、この第二の関門となると、身心ともにかなり疲れてきますから、まず七、八割の人は、ちょっとへたりこむのです。そこでその際起ち上がるのは、もちろん意志と言ってもよいわけですが、しかし私は、根気という方がもう少し実感に近いかと思うのです。そこで根気を出して、この第二の関門もついに打ち越えたが、しかしその頃には、相当疲れていますから、持ちこたえるという程度の力しか出にくいのが普通です。

つまり第一の関所のように、立上がり出したら、ある意味では、これまで以上の勢力で突破していくということは、容易にできにくいのです。そこで、とにかくへたり込まないで、何とかがんばりを維持していく。それにはどうしても根気という言葉が、最もふさわしいかと思うのです。ところが八割前後になりますと、いかにも疲れがひどくなって、どうにも飽きがきて、何とか一息つきたくなるものです。しかしそこで一息ついてしまったんでは、もちろん仕事は成就しません。仮に後から補ってみたところで、どうしても木に竹をついだようなものになってしまいます。同時にねばりという言葉が、独特の意味を持ってその特色を発揮し出すのは、まさにこの第三の関所においてです。

これは富士登山で言えば、まさに「胸突き八丁」というところで、最後の目標たる山頂は、眼前すれすれの所に近付いていながら、しかも身心ともに疲れはてて、いたずらに気ばかりあせっても、仕事の進みはすこぶるのろいのです。つまり油はほとんど出し切って、もはやエネルギーの一滴さえも残っていないという中から、この時金輪際の大勇猛心を奮い起こして、一滴また一滴と、全身に残っているエネルギーをしぼり出して、たとえば、もはや足のきかなくなった人間が、手だけで這うようにして、目の前に見える最後の目標に向かって、にじりにじって近寄っていくのです。これがねばりというものの持つ独特の特色でしょう。

そこで私は、このねばりというものこそ、仕事を完成させるための最後の秘訣であり、同時にまたある意味では、人間としての価値も、最後の土壇場において、このねばりが出るか否かによって、決まると言ってもよいと思うほどです。すなわち百人中九十七、八人までが投げ出すとき、ただ一人粘りにねばりぬく力こそ、ついに最後の勝利を占める、最も男性的な精神力と言うてもよいでしょう。

同時にこうしたねばりのこつは、運動をやっている人たちは、むろん分かっていることと思いますが、しかしそれが単に運動だけにとどまって、現実の人生そのものの上に発揮できないようでは、まだ十分とは言いがたいのです。この点諸君の深く工夫あらんことを切望してやまないしだいです。

先生、教卓の上を片付けて一礼の後、静かに教室を出ていかれた。

第35講——批評的態度というもの

いわゆる批評的態度というものは、とかく無責任な、傍観的な態度になりやすいことについては、すでに多少は申したことがありますが、しかしでは「何故に批評的態度は気をつけなければならぬか」ということになると、あるいはまだ十分に納得のいっていない人も、少なくないかと思われますので、今日はその点について少し詳しくお話してみましょう。

ところで批評的態度というものには、どこに問題があるかという点について、仮に諸君らがはっきりしていないとしても、それは必ずしも無理ではないと思うのです。なるほど諸君たちも、批評的態度には問題があると言われれば、理由は別として、どこかうなずける点があろうかと思います。が同時にまた批評というものは、真と偽、善と悪、正と邪、美と醜というような、色々な大事な事柄に対して、その別を明らかにする大事な働きであって、これを否定してしまったんでは、いわゆる味噌も糞も一しょくたになってしまうという一面もあるわけで、そこからして、教育の上でも批評眼を養うことは、教育上大いに必要だという主張もかなり行われているようです。

こういうわけで問題はなかなかデリケートだと思うんです。ではそういうことと、いわゆる批評的態度がよくないということとは、一体どういう関係があるのでしょうか。その辺の消息を明らかにしてかからねば、諸君らとしても真の納得はいくまいと思うのです。と申すのも、すべて人間の確信というものは、自己に矛盾があっては、とうてい得られないものだからです。

すなわち自分の持っている知識相互の間に矛盾や衝突があっては、全体を統一的に提げる力はとうてい出ようがないのです。ここに人間の学問修養上、哲学というような全一的な学問が必要とせられるわけです。つまり哲学という学問は、自分の持っている一切の知識なり経験なりの間に、相互の連絡をつけて、一つもバラバラなものとか、矛盾し孤立するもののないように、全体的に統一する学問と言ってよいのです。

そこで今批評ということをもって、物の善悪、正邪、美醜の別を明らかにすることとすれば、もとよりそれは人生における大切な事柄です。否、最も大事な働きと言ってもよいでしょう。ところが、この批評的態度というものが、人を対象とする場合になりますと、実際問題としては、よい方面はこれを学び、悪い方面は捨てて問わないというふうにはなかなかなりがたくって、むしろ逆に、主として悪い方面をとりあげて、長所美点については、とかく目を閉じがちになるのです。

かりに文章などについて言っても、単に褒めるだけでは、批評とはみない傾きがあるようです。元来から言えば、長所と短所とを、それぞれ公平に明らかにしてこそ、正当な批評というものでしょうが、実際には短所だけを指摘しても、立派に批評として通用するが、単に褒めるだけでは、どうも批評とみられないのが普通のようです。もちろんこれは正しいことではないのですが、しかしそこに批評というものの、ともすれば陥りやすい欠点と共に、またその本質の一面が窺われるわけです。

そもそもわれわれが人を対象とする場合、大別して私には、三つの態度があると思うのです。その一つは、相手の欠点だけを鋭く見る立場であって、これはいわゆる悪口であり、あら探しというものでしょう。次は長所と短所とを公平に並べてみるという立場であって、これがいわゆる正しい意味での批評というものでしょう。ところがもう一つ、それはなるべく相手の短所の方は見ないで、その長所や美点、すなわちその優れた方面を主として見るという立場です。

ところで、これら三種の態度について考えてみるに、短所のみを指摘するという態度は、そのままでは、ほとんど何ものも自分に益する所はないと言えましょう。否、益しないばかりか、自分の身のほども忘れて、ただ相手の欠点のみを指摘してもって快とする態度は、ひとり相手を傷つけるにとどまらず、実はそれ以上に、自己を害うものと言えましょう。ですからこのような態度のよくないことは、今さら申すまでもないでしょう。

そこで次には、正しい意味での批評的という立場ですが、これは前も申すように、相手の長所と短所とを、公平に見ようとするものであって、つまり長所を長所とし、短所を短所とするものですから、ちょっと考えてみますと、これが一番よさそうにも思えます。すなわち相手の長所のみを見て、短所を見ないというよりも、長所と短所とを合わせて見るほうがよさそうにも思われます。そして現在の教育は、大体こういう考え方のもとに行われている傾きがあります。

ですから諸君らとしても、この立場が、なぜいけないかというようなことは、よく分からないかも知れません。ところでこの立場は、それが単なる物に関する知識の場合には、いかにも正当であると言ってよいでしょう。しかるにそれが対人関係における態度となりますと、一見いかにももっともらしく見えながら、よく考えてみますと、そうでないことが分かってくるのです。というのも、そもそも人間の長所と短所とを並べますと、これは共に相殺《そうさい》してしまって、つまりお互いに帳消しになって、結局プラスマイナスゼロになるわけです。そしてその場合、もし欠点の方が強ければ、マイナスが残るのはもちろんのこと、仮に長所の方が強い場合でも、結局は相殺となって、残ったプラスは微々たるものにすぎないでしょう。

ですからわれわれが、相手から自分の心の養分を真に吸収しようとする場合には、かような傍観的では、ほとんど何も得られるものではないのです。すべて真に自分の身につけるには、一時は相手の長所に没入して、全力を挙げてこれを吸収するのでなければ、できないことです。

このように申しますと諸君らの中には、「しかし没入ということになると、盲目的になる危険はないか」と言われる人があるかも知れません。しかし長所を吸収するからには、一時《いっとき》は、いかに没入しても、何ら差し支えないはずです。

かようなわけで、批評ということは、ともすると悪口や非難に陥りやすいものですが、仮にそうならずに、正当な意味で行われた場合でも、それはとかく傍観的な態度にとどまって、真に自己に吸収して、自分を太らすという態度には、なりにくいものです。

食物でも、たんに品定めをしている間は、決して腹のふくれるものではありません。ですから単に傍観的に眺めていないで、自分の欲するものは、全力を挙げてこれを取り入れるようにしてこそ、初めて自己は太るのです。

そこでまた言い換えますと、人間は批評的態度にとどまっている間は、その人がまだ真に人生の苦労をしていない何よりの証拠だとも言えましょう。もちろんその人の性質にもよることですが、とにかく自分は懐手をしていながら、人の長短をとやかく言うているのは、まだその心に余裕があって、真の真剣さには至っていないと言ってよいでしょう。

それはちょうど食物などでも、かれこれと好き嫌いを並べていられる間は、まだ真に飢えの迫っている人ではないわけです。人間が真にせっぱ詰まったならば、そういうぜいたくなことは言うていられないはずです。

そこでまた、諸君が将来人を教育するに当たっても、いわゆる批評的な人間というものは、これを単に理屈だけで直すことはできません。実際人間というものは、せっぱ詰まって、どん底へ陥ってみないことには、その高慢な独りよがりの考え方は、直りにくいものだからです。

ちょうど食物の偏食をなおすには、かれこれ理屈を言うよりも、いわゆる実物教訓で、ただひもじゅうさせる一手あるのみ、というのと同じです。この点ある意味では、教育上の一つの秘訣と言ってよいかも知れません。

念のために、ついでにちょっと申しておきますが、人の話を聞くときは、後の方で聞くと、どうしても批評的になりやすいものです。もちろんこれは、席が自由にとれる場合のことで、諸君らのように席の決まっている人に申すのはお気の毒ですが、とにかく人間は後の方で聞くと、とかく高見の見物になりやすいものです。

これに反して、一番前の席で聞くのは信受の態度です。そこで諸君らも、講演などを聞かれる際には、なるべく前の方の席で聞かれるがよいでしょう。

それから先日諸君に、『二宮翁夜話』の読後感を出して貰いましたが、中にちょいちょい批評的な人もあったようです。批評的態度というものは、ちょっと考えますといかにも鋭そうですが、実際はその人が大して欲のない証拠です。ちょうど聖人に対するのに、その容貌を見ないで、臀部を見ているのと同じです。

聖人にも肛門はあります。しかしそういう見方は、相手を傷つけるというよりも、むしろ自己そのものを傷つける態度です。仮に諸君が、いかに尊徳翁を批評してみたところで、尊徳翁の真価は、一師範生によってどうなるものでもありません。

批評ということは必ずしも悪いことではありません。否、批評知には、一種独特の鋭さがあって、なかなか馬鹿にならぬものですが、ただいつまでもその段階にとどまっていい気になっていますと、大馬鹿に陥る危険が多いのです。

つまり批評知そのものが悪いというわけではありませんが、同時にそのままいい気になっていたんでは、人間も真の成長はしないわけです。

ところで、このような批評的、傍観的な態度を脱するには、人は何らかの意味で、苦労をする必要があるようです。そこでまた、真に人を教えるというには、自ら自己の欠点を除き得た人、あるいはむしろ常にわが欠点を除去しようと努力しつつある人にして、初めてできることでしょう。

お互いに人間である以上、始めから欠点のないという人は、第一ありもしませんが、仮にあったとしてみたところで、そういう人は、真に人を導くことはできないでしょう。というのも自分自身に、自己の欠点を克服した経験を持たないからです。

付記 今にして考えると、戦後の教育界では、批判ということが、やや強調されすぎたきらいがないでもない。それは一方では無理からぬものがあると言えるのは、戦前の封建的なものが敗戦によって一挙に陥没した空虚に対する、いわば一種のリアクションとして流入したからである。

しかしながら、真に批判力を養成するには、まず相手の立場を正しく察する豊かな情操の啓培が先行しなければならないが、戦後の教育では、このような土台づくりを閑却して、一挙に批判力の養成が可能であると考えたところに、一つの重大な手落ちがあったと言えるであろう。正しい批判力が、社会の進歩のためにいかに重要かは、改めて言うを要しないが、それだけにわれわれは、今後改めて、根本の土台づくりとしての情操の啓培からやり直さねばなるまい。（信記）

第36講——一日の意味

先生教室へ入られるや、「教師というものは、とくに冬向きになったら、教室の空気がどの程度濁っているかということが、点数でピシリと言えるようでなければいけないのです。この教室の空気は、今日はまず六十点くらいのものです。教師として教室の空気の濁りに気付かぬというのは、その精神が緊張を欠いている何よりの証拠です。つまり真に生徒のことを思っていないからです。ところが空気の濁りかげんは、教室にふみ入る最初の第一歩で判断しなければ分かるものではありません。教卓などの前に立ってから『さてこの教室の空気は…』などと考えているようでは、とても分かりっこありません。

次に諸君らの中で、武道の一級以上の人は、この冬は断じて風邪をひかないように。いやしくも一級ともあろう者が、ゴホンゴホンと咳をしているようでは、何のための武道か分かりません。まして有段者においてをやです。犬ではあるまいし、有段者ともあろう者が、首のまわりに白い布なんかグルグル巻いているなど、実にみっともない限りです。Y君、君は何級ですか」「二級です」「ホー柔道ですか。案外やるんですね。とにかく武道や運動をやっている人は、単に技を磨いただけではいけないのです。一つの技で磨いた精神が、その人の生活のあらゆる方面に発揮されなくちゃいけないです。

二級にもなった人が、内地の寒さで手袋などはめているようではいけないです。真の武道というものはこういうもので、諸君らは、こういう点に気付かなくてはいけないのです。こういう点に気付き出して、初めて真の武道であり修養です」

初めにちょっと申すんですが、諸君は階段を昇るとき、まるで廊下でも歩くように、さらさらと登る工夫をしてごらんなさい。というのも人間の生命力の強さは、ある意味ではそうしたことによっても、養われると言えるからです。

階段の途中に差しかかって、急に速度がにぶるようでは、それはその人が、心身ともにまだ生命力の弱い証拠と言ってもよいでしょう。と申すのも、この場合階段というものが、やがてまた人生の逆境にも通ずると言えるからです。

この辺の趣が分からなくては、その人の人生もまだ本格的に軌道に乗ったとは言えないでしょう。そこでまたお互い人間は、逆境の時でも、はたの人から見て、苦しそうに過ごすものではないとも言えましょう。つまり階段の途中まできても、平地を歩くと同じような調子で登るのと同じように、人生の逆境も、さりげなく越えていくようにありたいものです。

しかしそのためには、非常な精神力を必要とするわけです。階段をさらさらと登るには、二倍の力ではなお足りないでしょう。少なくとも三倍以上の、心身の緊張力を持たねばできない芸当です。

同時にここに人生の秘訣もあるわけです。つまり人間というものは、ある意味では常に逆境に処する心の準備をしていなくてはいけないのです。もう一つ突込んで言えば、人間は毎日逆境に処する際の心構えをしていなくてはいけないとも言えましょう。それが先ほど申したように、階段を昇る際の呼吸ともなるわけです。

ところが、このような逆境に処する心構えというものを、もう一つ突きつめますと、結局は、死の問題となるわけです。そこで私達は、日々死に対する心構えを新たにしていかねばならぬ、ということにもなるわけです。

試みに一例を申せば、夜寝ることの意味です。一日の予定を完了しないで、明日に残して寝るということは、畢竟人生の最後においても、多くの思いを残して死ぬということです。つまりそういうことを一生続けていたんでは、真の大往生はできないわけです。

いつも申すように諸君たちも、もう人生の三分の一近く過ごしているのです。ですから、いつまでもボンヤリしてはいられないわけです。真の大往生を遂げようとすれば、まず今日一日の大安眠を得なければならぬでしょう。ところが、今日一日の大安眠を得る途は外にはなくて、ただ今日一日の予定の仕事を仕上げて、絶対に明日に残さぬということです。

では今日一日の仕事を、予定通りに仕上げるには、一体どうしたらよいでしょうか。それにはまず、短い時間をむだにしないということでしょう。それについて私の感心したのは、昨日、専攻科のある生徒が電話で友人を呼んで、友人の来るまで控室で待つことを打ち合わせたというのです。ところが、私がフト入ってみると、すでに五時をすぎた火の気のない控室で、盛んにせっせとものを書いているんです。――ついでですが、その生徒というのは、病気のために一学期間休学していた人なんです。

私はそれを見て「この寒い部屋で、今頃何をしているんです」と尋ねますと、「十五日に提出する国語の課題をやっています」という返事でした。十五日なら、まだ五日も間があるのに、それをその寒い部屋で、しかも病後の身で、おまけに今にも来るか知れない友人を待ち合わせながら、夕闇のしのび寄っている中で、せっせとやっているのを見て私は、「もしこの人がこの心がけを一生忘れなかったら、必ずや一かどの人物になるに違いない」と思ったことでした。

実際これは若い人には、ちょっとできない芸当です。今にも来るか知れない友人を待ちつつ、いよいよ来るまでの時間を、しかも暗くて寒い部屋の中で、おまけに病後の身をもって、そのわずかの時間を生かしているということは、相当年輩の人でも、ひと修業した人でないと容易にできないことだと思ったのです。

今さら事新しく申すまでもありませんが、今日という日は、一日に限られているのです。人間の一生もまた同様です。そこでよほど早くからその覚悟をして、少しの時間もこれを生かす工夫をしていないと、最後になって慌て出すことになります。

ですから諸君らにも、もしその日の予定がその日のうちに果たせなかったら、「自分の一生もまたかくの如し」と考えられるがよいでしょう。そこでまたわれわれは、死というものを、一生にただ一度だけのものと考えていてはいけないと思うのです。それというのも実は死は小刻みに、日々刻々と、われわれに迫りつつあるからです。

ですからまた、われわれが夜寝るということは、つまり、日々人生の終わりを経験しつつあるわけです。一日に終わりがあるということは、実は日々「これでもか、これでもか」と、死の覚悟が促されているわけです。しかるに凡人の悲しさには、お互いにそうとも気付かないで、一生をうかうかと過ごしておいて、さて人生の晩年に至って、いかに歎き悲しんでみたところで、今さらどうしようもないのです。

人間も五十をすぎてから、自分の余生の送り方について迷っているようでは、悲惨と言うてもまだ足りません。そこで一生を真に充実して生きる道は、結局今日という一日を、真に充実して生きる外ないでしょう。実際一日が一生の縮図です。われわれに一日という日が与えられ、そこに昼夜があるということは、二度と繰り返すことのないこの人生の流れの中にある私達を憐んで、神がその縮図を、誰にもよく分かるように、示されつつあるものとも言えましょう。

そこで、では一日を真に充実して生きるには、一体どうしたらよいかが問題でしょう。その秘訣としては私は、その日になすべきことは、決してこれを明日に延さぬことだと思うのです。そしてそれには、論語にある「行って余力あらば以て文を学ぶべし」というのが、一つのよい工夫かと思うのです。

すなわち何よりもまず自分の仕事を果たす。そしてその上でなおゆとりがあったら、そこで初めて本を読む。これ実に人生の至楽というものでしょう。ここに「行って余力あらば」と言ってあるのは、自分のなすべき仕事をほったらかしておいて、ただ本さえ読んでいれば、それで勉強や学問かのように誤解している人が、世間には少なくないようですから、そこで実行ということを力説するために「行って余力あらば」と申されたわけで、実際には仕事をなるべく早く仕上げて、そして十分の余力を生み出して、大いに読書に努むべきでしょう。

ではなぜ読書の必要があるかと申しますと、人間は読書によって物事の道理を知らないと、真の力は出にくいものだからです。そもそも道理というものは、ひとりその事のみでなく、外の事柄にも通じるものです。たとえば始めに申したように、階段を登るときは、さらさらと最後まで軽やかに登るということのうちに、やがてまた人生の逆境に処する道も含まれている、というようなことをいうわけです。

そこで、かような道理を心得ている場合と、ただ階段というものは、なるべくさらさらと登るものだ、と言われただけとでは、同じくそれを実行するにも、その力の入れ方に、大きなひらきが出てくるわけです。さらにまた、道理を知った上での実行というものは、その実行によって会得した趣を、他の人々に分け伝えることもできるわけです。ところが道理知らずの実行は、その収穫はただ自分一身の上にとどまるのです。

かように道理を知るということは、非常に大事なことであります。またその方法の一つとしての読書も、なかなか重大な意味を持つわけですが、しかしそれは実行を予想して初めて意味のあることです。すなわち実行という土台の上に立って、初めて読書もその効果を生ずるわけです。ですからやはり実行が本であって、学問というものは、ただ実行という土の上に立って、初めてその意義を持つわけで、これ孔子が「行って余力あらば以て文を学ぶ」と言われたゆえんでしょう。

学問に対する態度として、私には、古今を通じてこれほど痛切な教えはないと思います。そこで諸君らも学年末が迫っていろいろと忙しいようですが、しかしそのために仕事の予定を狂わして、先生方への提出物の期限などの遅れないよう、くれぐれも注意されるように――。

実際今日という一日を、真に充実して生きるところに、やがてまた一生そのものを充実して生きる秘訣があるからです。一生などというと、諸君らはいかにも長いように思われるでしょうが、実際には人間の一生と言っても、結局は一日一日の移りゆきの外ないわけです。

下学雑話（19）

▼書を読むに当たっては、体系化されたる骨骼を手がかりとしつつ、その書を産み出した著者の体験の源泉に承当すべし。著者の人間に触れ、その鼓動を聞くに非ずんば、真に書を読むものとは言い難からむ。

▼一巻の書を真に読了したりとは、同一テーマにて、自己もまた一巻の書を書き得べきをいうと知るべし。著者の体認の源泉に溯れば、その源頭に達した時、そのまま自己に返照し来たって、わが独自の表現に至るべきなり。されど源泉に承当せざる限り、いつまでも本にぺたりとくっついて、脱却の機を得ざるなり。

第37講――ペスタロッチー

先生少しく遅れてこられて、ただちに出席をとられる。U君起立して「僕この時間から出席します」先生「アアそうでしたか、それはどうも失礼しました。どうしたのですか」「のどです」「それは多分疲れからでしょう。のどにはうがいが一番よいようです」と注意されながら、題目を板書される。

ペスタロッチーの名は、諸君もすでに、しばしば耳にしていられることと思いますが、その伝記にいたっては、まだ読んだことのない人が多かろうと思います。しかし今、短い時間でそれをのべるということは、もとよりできることではありません。

しかし今日、すなわち二月の十七日は、ちょうどペスタロッチーの命日に当たりますので、今日は四時半から私共同志のものが南田辺小学校に集まって、一夕この「人類教育の父」とも言うべき偉人について偲ぶこととなっています。その席では、四時半きっかりに始めて、その時刻までに来合せたもので、今回渾沌社で出た福島先生の『ペスタロッチー小伝』の輪読を始めることになっています。

時刻に遅れてきた人は、順にその中へ加わって、全部を読み終わったところで食事にして、それから『渾沌』の編集者である柳川重行君と寺田文市先生、それに私もちょっとお話をすることになっています。そこで諸君らのうちの志のある人は、どうぞ福島先生の「小伝」を持って参加して下さい。

なお今晩の夕食についても、一言申し添えておきますが、今晩は「汁会」ということになっています。つまりご飯の他には、ただ味噌汁を出すだけです。もっとも香の物くらいはつきましょうが。これは実は私の発案なんですが、私がこの「汁会」というものを思いついたのは、水戸光圀卿が晩年藩士の集まりには、節約の精神その他から、すべて「汁会」とせられたのにちなんだわけです。

さてペスタロッチーについては、詳しいことは、先ほど申した福島先生の『ペスタロッチー小伝』なり、さらに詳しくは、玖村敏雄教授（『吉田松陰』の著者）の『ペスタロッチーの生涯』などを読まれればよく分かることですから、その一々を申すことは控えます。またその暇もありません。

そこでここには、諸君が今後ペスタロッチーという人を研究する上で、多少でも参考になるかと思われる事柄の二、三を申してみたいと思います。

まず第一には、今日のような時代に、果たしてペスタロッチー研究などということの必要があるかどうかということです。すなわち今日のように、アジアの再興が叫ばれつつある時、なるほど偉いには違いないとしても、学者ならまだしも、諸君らのように一生教育の実際に携わるべき人が、かような西洋の人物について研究する必要が、果たしてあるかどうかということです。

この点については私は、今日のような時代といえども、いやしくも身を国民教育界におこうとするものは、深くペスタロッチーの精神を研究する必要があると信じるものです。否、ある意味では、民族として重大な問題を担おうとしつつあるが故に、これまで以上にわれわれは、ペスタロッチーに学ぶ必要があると思うのです。と申すのもわが国や、あるいは一般に東洋古来の聖賢は、なるほどその深さと高さにおいては、容易に西洋人の追随を許さないものがあると言えましょう。

同時にまたそれらの人々の教えたお弟子たちも、多くはこれ選ばれた俊秀であって、言い換えれば、かの天下の秀才を得てこれを教育したわけであります。しかるに今日わが国の義務教育は、言うまでもなく国民全般の教育であって、そこには貧富の差はもとより、素質の良否なども一切問わないのであります。したがって現在の義務教育には、古の聖賢たちのかつて相手にしなかったような貧しいもの、愚かなものも交っているわけです。否、古の聖賢の門人などと比べたら、ほとんど大部分がそうだと言ってよいでしょう。

ここにおいてか私達は、なるほど先哲の偉大な精神は、あくまでこれを継承しなければならぬこと申すまでもありませんが、同時に教育の実際に関しては、それらの人々の偉大な精神を、小さな、幼いものたちに伝えるに当たっては、先哲も未だかつて経験せられなかったような種類の経験を、しなければならぬとも言えるわけです。すなわちわが国の教育は、明治維新以後、義務教育が布かれたことによって、そこには徳川時代の終わりまで行われて来た、いわば英才教育に対して、まったく新たな様式が始まったと言ってもよいわけです。

かくしてここに、かような貧しい子ら、愚かな子どもらの教育のために生涯を捧げた偉人を求めれば、古今東西を通じて、どうしてもまずペスタロッチーに指を屈せざるを得ないのでありま す。すなわちそこには、孤児貧児のために、その全生涯をささげた、この西方の「教聖」に学ぶべきものが少なくないと思うわけです。

次に、ペスタロッチー研究に当たって大事なことは、何よりもまずその伝記から入るということでしょう。これは他の人々の場合にも、もちろん当てはまることではありますが、しかしペスタロッチーの場合には、とくにそうだと思うのです。

ですから、もし伝記を読まないで、ただその思想のみを詮索しようとしたら、これは誤れるもまたはなはだしきものと言うべきでしょう。ところが、ペスタロッチーの伝記を読むに当たっても、またそこに注意すべき二、三の点があると思います。そうして最初にまず注意すべき点は、ペスタロッチーが小さい時から、非常に純情な人であったということであり、またある意味では非常な熱情家、さらには激情家とさえ言える面があったということです。

ところが人間というものは情熱なくして偉大な仕事のできるものではありません。真に力のある生きた思想というものは、偉大なる情熱が、しだいに澄みゆくところに生まれるものであって、情熱を伴わない理性というようなものは、真の理性ではなくて、単にこざかしい理屈にすぎないのです。

実際ペスタロッチーほど生涯その情熱を失わなかった人も珍しいと思うのです。私の頭に浮かぶ人で、西洋でこれに並ぶのはまずゲーテくらいのものでしょう。実際、ペスタロッチーという人は、ある面から言ったら、生涯その情熱の消えなかった人とも言えましょう。これ彼れの事業がその形の上からは、常に失敗につぐに失敗をもってした、主な原因と言うべきでしょう。すべて偉大な人物は、その巨大な情熱が生涯たぎりつづけた人と言ってもよいでしょう。

ペスタロッチーにおいて私達が心を打たれるのは、彼が初めて公立学校の教師になったのは、まさに五十三歳の年であって、しかもまったくの無給だったということです。人間も五十三と言えば、人生もすでにその晩年に入った年頃です。これをわが国の教師について見るならば、多くの人が、ほとんどその情熱を失って、職を退く直前の年齢と言ってもよいでしょう。

しかるに、このような人生の晩年に当たって、初めて公立学校の教壇に立った彼の心中には、子供らに対して実に青年のような情熱がたぎっていたのです。否、それのみでなく、八十三を超えた老齢になっても、彼がその倒れる日まで、日夜努力してやまなかったのは、実に貧しい子らの教育に外ならなかったのです。

まさに倒れようとした前日、彼は小屋をつくって、その土間に敷くために、小石を拾い集めていたというのです。おりから雪の降り出した中を、両方のポケットを石でふくらませながら、それを一つ一つ窓から投げ込んでいたという状景は、これを回想するごとに、私達をしてひそかに暗涙に咽《むせ》ばしめるものがあります。けだしそこには、ある意味で彼の八十三年の生涯そのものが象徴せられているからです。

かくして彼は寒さのために倒れて、ついにまた起つ能わざるに至ったのであります。諸君!! 国家建立の真の基盤を形成する国民教育に従事する諸君は、その若き日において、まずペスタロッチーの偉大な情熱に触れることによって、教育者としての魂の洗礼を受けられることが大切だと思うのです。

同時に私が今日、故人に対して多少とも尊敬の情を抱き得るのは、ちょうど諸君らの同じ年頃に、縁あってこの偉人の偉大な情熱に触れることができたからであります。それというのも、私が教育を受けた愛知県の第一師範学校では、校長、三浦渡世平先生のご精神によって、毎年二月十七日には、全校を挙げてペスタロッチー祭が催されて、私なども、その際話をしたこともあるのです。それを思うと私は、そのかみのわが姿にも似ている諸君らに対して、今日教聖の命日に当たるを幸い、あえて一言せざるを得なかったゆえんであります。

第38講——置土産

先生教室へ入って来られると、すぐ講義の筆記帳が見えなくなった旨を告げられる。
「どうも諸君に筆記して貰っている帳面が見えなくなったんですがね。実際あれは私にとっては宝物と言ってもよいのですが、どうしたんですかなア。私の一年間の心の歩みはあの一冊の中に籠っていると言ってもよいんですから——。しかしマア諸君たちに控えがとって貰ってありますから、それを思えば安心という所もあります。それ故もしどうしてもないと決まったら、ご面倒でも、もう一度手分けをして書いて戴くことにしましょう。実際私には、大金を落としたよりも困ったことです」

さて「置土産」という言葉は、普通にはどちらかと言えば、余りよい意味には使われない方が多いようです。つまり「厄介な物を置土産にしていった」とか、あるいは「大へんな置土産をおいていかれて迷惑だ」とかいうふうに、概して芳しくない場合が多いようであります。

しかしこの言葉は、必ずしもそのような悪い意味にのみ限る必要はなかろうと思うのです。そこで、私がここで今「置土産」というのは、そういう悪い意味ではなくて、人間は一つの場所を去る場合には、後に残った人たちに多少でもお役に立つような、何らかの置土産をしていくという心がけが、平素から必要ではないかと思うのです。

ところで、普通の品物としての置土産ですと、いざ去ろうとするに当たって、何か買い求めてそれを贈ればすむわけです。すなわち品物の場合には、一応その場に臨んでからの用意でも、事が足りるわけであります。しかるに今「心の置土産」ということになりますと、いざその場を去ることになったからとて、急の間には合わないでしょう。

もちろんこれも形の上からは、別れの言葉とか挨拶とかいうものによって、一応できないわけでもないでしょう。

しかし人間の言葉が真に力を持つのは、必ずしもその言葉自身が立派だからというのではなくて、その言葉を支えている背後の生活によるのであります。してみると、人間は今やその位置を去らねばならなくなったからとて、その場の急ごしらえの言葉が、果たしてどの程度、置土産としての真価を持ち得るかということになりますと、はなはだ疑わしいと申さねばならぬでしょう。

そこで私思うのですが、人が真にその心の置土産となし得るものには、その人がその場所、その地位に置かれていた間、その全生活を貫いて歩んだその心の歩みこそ、否、それのみが、真に正真正銘の置土産となるのではないかと思うのです。

実際世の中というものは、たびたび申してきたように、正直そのものですから、平生いい加減なことをしておいては、いざとなったからとて、今さらどうなるものでもないのです。実際その人の歩んだだけが歩んだのであり、積んだだけが積まれたのである。そこでわれわれ人間は、お互いにその日頃の生活において、一面からは、それが自分としては、常に置土産を用意しつつあるんだという気持ちを、忘れてはならないと思うのです。

生まれたものには必ず死ぬ時があり、来た者には必ず去るべき時があります。また会うた者は必ず別るべき時のあるのは、この地上では、どうしても免れることのできない運命と言ってよいでしょう。同時にもしそうだとしたら私達も自分が去った後の置土産というものについても、常に心を用いる所がなくてはならぬでしょう。

さて一口に置土産と言っても、そこには色々な種類がありましょう。たとえば諸君らのように生徒の身分としては、その真実な歩みは、必ずや何らかの意味において、後に来る人々に伝わるものであります。実際生徒というものは、諸君らも知ってのように、ある意味では、教師以上に先輩の影響を多く受けるものです。

してみれば今諸君らの生活が、真に深く、かつ内面的に大きかったならば、諸君らの精神は、必ずや後に来る人々のために、一種の置土産となることでしょう。さらにまた、私共のように教職にある者としては、その精神は、仮にその学校を去る時がありましても、もしその生活が真実であったならば、必ずや後に多少の余韻が残るようでなくてはなりますまい。

しかしながら、われわれ人間として最大の置土産は、何と言っても、この世を去った後に残る置土産だということを忘れてはならぬでしょう。実際私の考えでは、人間というものは、この点に対して心の眼が開けてこない限り、真実の生活は始まらぬと思うのです。

われわれが生涯をかけて、真に道を求めようとする態度は、実にこの一点に対して、心の眼が開けかけて来てからのことだと言ってもよいでしょう。と申すのも、われわれ人間の生活は、生きている間は、厳密には真の献身とは言いかねるとも言えましょう。それというのも、われわれは、少なくともこの肉体のある間は、これを養うために、多くの方々のお世話にならなければなりません。

私共のこの世の中というものは、お互いに持ちつもたれつの相対的な世界であります。それ故この肉体の存する間は、純粋に人様のお役に立つということは、できがたいとも言えましょう。そこでこの世を去った後の置土産になって、初めて純粋に人々のご用に立つと言い得るかと思うのであります。すなわち、もはや一切の人から何物も受ける必要がなくなった時、初めて真の献身というか、ご奉公と言い得るでありましょう。

さてわれわれは、死というものは、これを他の事柄のように、たびたび経験するというわけに参りません。死の経験はいかなる人といえども、ただ一回限りのものであります。かようにいうと屁理屈屋は、「でも自殺をしそこなって甦った場合は――」などと言う人があるかも知れません。しかしそれは「死にそこない」の経験ではあっても、決して「死そのものの経験」ではないでしょう。

そこで私達は、よほど気をつけないと、死に対する心の用意ができにくいのであります。同時にここに人々の多くが、その肉体とともに空しく朽ち果てるゆえんがあるわけです。しかしながら私達は、少しく心を用いるならば、ある程度死の趣を経験し得ると言えるかとも思うのです。たとえば今一人の人が、一つの位置を去って他に移るという場合、それは前の生活の一応の終結として、これを一種の死と見ることも、できないわけではないでしょう。そこで私達は、平素の心がけしだいでは、人間がこの世を去る際の消息にも、ある意味では与《あずか》ることができるとも言えましょう。たとえばこの学校を卒業するということは、諸君らにとっては、師範生活というものの終結であり、その結末です。そしてそれが終結であり結末たる点においては、人生の終結、結末としての「死」と、そこには一脈相通じるものがあるとも言えましょう。

　ですから、われわれ人間は、ほんとうは唯一度しかない死にたいする心構えを、生涯における幾つかの段階において、ある程度会得しようとする工夫がなくてはなりますまい。もしこの工夫を怠るならば、その人は、この世の生活を真に充実して送ることはできないでしょう。

　私が、ある意味では、諸君らには重々気の毒と承知しながらも、なおかつこのような講義の仕方をして来たのも、実は私自身のひそかな思いにおいては、これが諸君に対する私の、せめてもの置土産になろうかと期していたからであります。

　人間というものは、会えば必ず別れる時があり、来たものは必ず去る時があります。私達の生活は、常にこの根本のところを忘れてはなるまいと思うのです。では今日はそこまでに致しましょう。

第39講——わかれの言葉

まだはっきりとは申されないのですが、しかし多分この時間が、私の諸君らに対する最後の授業となるかと思われます。そこで一言お別れのあいさつを申したいと思います。今年はご縁があって一年間、諸君らの組の修身の授業を受け持って来たのでありますが、しかしこれは始めにも申したかと思いますが、本年は一部三年生を受け持つことは多分できまいと思っていたので、私にとっては、まったく思いがけない喜びであったのです。

と申しますのも、私は、時間の都合でズッと長い間、本科では一部三年だけを持って来たのですが、今年は学校の都合で多分だめだろうと考えていたのです。それ故急にそれを離れたら、きっと寂しいだろうと思っていたのですが、幸にして諸君らと、この一年間を共に過ごすことができたわけです。

さてこの時間は、私にとっては、諸君の組とお別れすると共に、さらに私が過去十三年間住み馴れた、大阪の地とも近くお別れするという意味において、ほんとうのお訣れとなるわけであります。すなわち来る新学年には、諸君たちの組を受け持たないばかりか、この四月からは、たぶん諸君らの顔を見ることさえできなくなることでしょう。

すなわち、ひとり学課の受持ちとしてのお別れのみでなく、この学校そのものにおけるこれが最後の授業となるかと思うのであります。と申しますのも、私は、たぶんこの四月から、満州の建国大学の方へ参ることになるかと思うのです。このことは、私としても、まったく思い設けなかったことでありますが、しかし人生のことはすべて因縁として自己に与えられたものが、とりもなおさず天の命でありましょうから、謹んでお受けしたしだいであります。元来私は非常な寒がりでありまして、これまでは寒さを恐れる人間でありましたが、それがかように酷寒の地へ参って、人生の後半生を、その地に過ごす運命になったということは、皮肉と言えば実に皮肉とも言えましょう。しかし私自身は、今はそうとは思わないのであります。

すなわち従来最も寒さを恐れてきた私が、今回酷寒の地に行くことになったというのは、この私にとっては最もよい修養でありまして、これはおそらくは、これまで甘えていた私の一面を、今や最も厳粛に鍛錬せられる天の妙配剤かと思うのであります。

そしてこの覚悟ができたせいか、過ぎ去った今年の冬は、何とはなしに自信もできて、無鉄砲にも「私はこの冬は風邪をひかないつもりです」などと、大それたことを諸君に申したようなしだいです。しかしお陰でついに、風邪一つひかずに過ごすことができました。私はこれをもって、かの地へ渡るもっとも大事な準備の一つとなし得たかと思うのであります。

さて別れに臨んで思い出すことは色々ありますが、しかしその第一は、何と申しても諸君たちの前途のことです。こちらにおれば、たとえ諸君らの組は受け持たなくても、接する機会はありますし、また諸君らの方で必要とあれば、いつでも訪ねてもらうこともできるわけです。ところが満州まで行くとなりますと、そう簡単には参りません。

しかし一方から考えれば、人間というものは、その肉体が空間的に離れれば離れるほど、心はかえって深く接近するものでないかとも思うのです。少なくとも、私のこれまでの経験としてはそうでした。ですから、私にとっては、この大阪という大都会の一隅に身を置く現在よりも、むしろあの満州の広野に身をおいた場合の方が、かえって大阪の地と、そこに住むゆかりの人々の上を思うことが、強かろうかと思うのです。

私はこの大阪という大都会に住むようになってから、しみじみと夜空を仰ぐということは、ほとんどなくなりました。しかし満州の地へ行ったならば、定めし広野の夜空を仰ぐことも、少なくあるまいと思うのです。

人は夜空を仰ぐ時、初めて深く永遠を思うものです。同時に永遠を思うとき、人は翻ってゆかり深き人々の上を思うものであります。してみれば、満州の地で大陸の夜空を仰ぐ時、私が遠く想いを馳せるのは、おそらくは大阪の地と、そこに住むゆかりの人々の上でありましょう。

もちろん私が、この大阪の地において相知った人は、諸君らだけではありません。しかし諸君らに対する思いは、他の知人友人という関係の人々とは、少しく違ったものがあります。というのも、友人とか知人という関係の人々は、いずれもすでに出来上がった人々であります。

その意味において、それぞれ親しさの情はあっても、相手の前途に対する不安の念というものはありません。しかるに今諸君らに対しては、はなはだ失礼ですが、諸君たちの前途を案ずる思いを、衷心から禁じ得ないものがあるのであります。もちろんこれは当然のことであって、一度師弟の縁によってつながった以上、相手の前途が気にかかるのは、教育者として自然の情であります。それ故今、諸君らの前途が案じられると言っても、決して諸君たちを見下して、かように申すのではありません。

実際私自身が、諸君らくらいの年配から、今日四十を超えるまでの自分の歩みを回想してみますと、たびたびの危いところを、よくもマア大過なく通って来られたものだと思うほどです。人間の一生は、決して容易ではありません。しかもそれは、一歩々々のたゆまざる歩みによって、しだいに開けていくものであって、いかに優れた英俊の資といえども、弱年にして人生を通観するということは不可能と言ってよいでしょう。

ある宗教家の方が「自分はこれまで通ってきたような道を、もう一度通らねばならぬとしたら、もう一度人間に生まれ変わりたいとは思わない。実際自分の過去八十年の生涯は、谷川にかかった危い一本橋を渡るようなものであった」と言われたとのことですが、私も今自身の年若い頃のことを回想する時、諸君らの前途に対して、うたた想いを寄せざるを得ないのであります。

しかしながら私は、愚かにして諸君らの頃には、人間の一生というものについては、ほとんど研究したことはありませんでした。なるほど多少は考えてみたことはあったとしても、それは今日顧みて、それほど真剣なものではありませんでした。それと比べると諸君らは、今日とにもかくにも尊徳翁の偉大さを知り、松陰先生の卓越した人生の道に触れているわけです。ですから諸君らにして、真実にこれらの偉人にぶつかって行くならば、諸君らの前途は、決して憂うるに足りないとも言えましょう。

私は自分の素質が劣っていたために、人生に対して、多少とも心の眼が開けかけたのは、きわめて遅かったのでありまして、きびしく言ったら、ほんのここ五、六年ほど以前からだと言ってもよいでしょう。ですから、もし諸君らにして現在の若さで、真に人生を大観して進まれたならば、私くらいの年齢に達するころには、諸君たちは今日私の立っている地点を、遙かに越えて進まれることでしょう。また実にそうなくてはならぬのです。

けだし師に対する最高の報恩は、まさに師を越える一路の外にないからです。その意味において私は、喜んで諸君らのために身を一個の踏石として横たえることを辞する者ではありません。

人生はしばしば申すように、二度と再び繰り返し得ないものであります。したがってまた死・生の悟りと言っても、結局はこの許された地上の生活を、真に徹して生きるということの外ないでしょう。いかなる宗教、またいかなる哲学も、その最終の帰結は、ついにこの一点の外ないでありましょう。

私の諸君らに対して申すべきことは、四月以来今日までの間に、一応その時その時の最善を尽くして、申して参ったつもりであります。したがって今この期に及んで、別に新たなる何物の付加すべきものもないわけです。ですから、もし諸君たちが、私がこの学校を去った後、私の微志の存するところを知ろうと思う人があったら、どうぞこの修身の筆記を、最初から読み直して戴きたいと思います。そこには必ずや一貫して、諸君らに対して要求しているものがあるはずです。

今これを一言に約するとしたら、諸君はすべからくこの人生の二度ないことを知って、わが身がいかに微々たる者といえども、真の国民教育者たらんとの「志」を打ち立てることの外ないでしょう。そしてその着手点としては、限りなき読書と日々の実行とが大切だということに帰するわけです。

しかしかくは言いつつも、私は諸君らの前途の目標に対して、最後の眼睛目を点ずることを忘れていました。なるほど二十年後という言葉はしばしば申しましたが、しかし二十年後に、諸君らが全体として到達すべき目標の真の眼睛目を点ずることを忘れていました。

しかし今こそそれをなすべき時となりました。今や別れに臨んで私ははっきりとそれを申しましょう。それは将来二十年後に、この大阪の地に、諸君らを中心として真の国民教育者の大道が開かれるようにということです。そしてそれによってこの大阪の地が、わが国の国民教育における一中心地となることです。

すでに諸君もご承知のようにこの大阪の地は、物の側からはわが国の心臓であり、その大中心であります。しかし未だもって精神の中心とは申されません。したがってもし諸君らにしてこの大阪の地を、日本教育の真の中心たらしめるために、自らを一個の捨石としようと決心されるならば、この大阪こそは、まさに物心を合わせて日本の中心となるわけであります。

今や別れに臨んで私は、諸君らがこのような大業の成就のために、一個の捨石となろうとの一大決心を打ち立てられんことを、衷心より切望してやみません。ではこれをもって、この一年間の講義を終えることに致します。

これが先生のわれわれに対する最後のご講義かと思うと、咳一つする者もなかった。先生一礼の後、無言のまま静かに教室を出ていかれた。生徒一同しばしの間立ち上がる者もなかった。

下学雑話（20）

▼自己の道は、自己においては唯一必至かつ絶対なれど、他人より見れば、one of themたるに過ぎず。而してこれを知るを真の自覚とはいうなり。

▼自己の欠点を知悉し得ぬところに、一切の悩みと悲しみとは生ず。故にまた一切の苦悩の超克と解脱は、自己の如是相の徹見の一事あるのみ。

▼大小無量の円において、その半径は異なれども、円心は、その円心たるにおいて皆一なり。人もまた自我を消尽し去る時、互いに相通ずるの趣に至るを得む。

解題

このたび森信三先生の古典的名著とも言える『修身教授録』が致知出版社によって復刊せらることは、たいへん画期的なことで無上の慶びと申せます。昨年同じく致知出版社から『現代の覚者たち』と題し、各界の達人高士のインタビューがまとめられ、そこに森信三先生の登場があり、識者の注目を得ましたが、森先生の「人と思想」の源流を溯りますと、必ずやこの『修身教授録』に辿りつかざるを得ないのです。それほどに本書は、今なお不滅の光芒を放つものがあります。

『修身教授録』誕生の由来

そこでまず本書が生まれるに至った経過について述べますと、昭和十二年、かつての大阪天王寺師範（現・大阪教育大）専攻科の倫理・哲学の講師であった先生は、本科一部生の「修身科」の授業も担当されることになりました。ところが当時の検定教科書は徳目的に偏する嫌いがあり、内容的にもみたされぬものがあって、先生はその教科書を使用せられず、自ら独自の口述で、全身心を挙げてこれにあたられたのです。これは当時としては異例中の異例であり、確かに勇気のいる事であったと思われます。そして生徒諸君に筆録を願い、その講義を記録に留めたわけです。その内容は、師範生の当面する切実な具体的問題を通して、深く人生の真義並びに生き方の本筋に言及せられたもので、その記録の精要が、本書の誕生となりました。口述せられるにあたり、やや筆の遅い生徒の速度に合わせつつ、凜々と口述せられた哲人的風格は、各章の前後にある添え書きによって十分窺われるものがあります。この寸描がまたすばらしい臨場感を醸し、本講義録の魅力の一つでもあります。

先生としても、生徒自身の立場を思う時、口述筆記の困難さについて十二分に熟知しながらも、あえてこれを要請したのは、一には、自己独特の見解に基づく授業ゆえ、全責任の証ともなるということ、その上、多少とも生徒諸君の後日を慮り、再読の機縁ともなればとの考えによるものでした。

ところがその後、そうした筆記の一部が、国語教育の第一人者、芦田恵之助先生のご炯眼に触れることになったのです。芦田先生は多年にわたり全国的な教壇行脚をつづけられ、国語教壇で一道を究められた歴史的業績のお方であります。その芦田先生が『修身教授録』の一部を読まれ、いたく感動せられただけでなく、同志の所依経にしたいと言われ、当時発行の『同志同行』誌に連載を所望し、やがて全五巻として出版を発願せられるに至りました。こうして昭和十五年『修身教授録』が一般に公開せられるに至ったのです。その当時はすでに用紙事情の悪い時代でしたが、再版を重ね、今で言うベストセラーとして弘布され多くの方々の愛読を得ました。この『修身教授録』の出現によって、森先生の信望は、今まで大阪府下近郊に限られていましたが、その後は全国的に広く敬慕せらるようになり、森先生を師と仰ぐ道縁の全国的継承と展開を、今日なお見出し得ますのも、源流を辿りますと当初において本書の果たした感化力の偉大さを忘れることはできません。現に本書の機縁によって、国民教育者の使命を自覚し、その一道を貫き得たという先輩諸兄を挙げれば、数え切れないほどです。

森信三先生の「人と思想」

ところでどうして本書が、かくも感動的に受け入れられたかと申しますと、それは限られた時間内に発せられた言言句々には、厳壁に刻むがごとき情熱と気迫が込められているためであり、明解平易な言葉に込もる底知れぬ叡智の光によるものです。まことに魂の奥深く肉迫するものがあり、いのちの灯に点火せしめずにはおかぬものがあるからです。

今その魅力の源泉とも言える先生の「人と思想」についてあえて卑見を述べますと、森信三先生はまず第一に、独自の日本的哲学とも言うべき「全一学」の創唱者であり、あくなき不尽探究者（自らは一学徒と仰せです）であります。広島高師で西晋一郎先生に学び、京都大学哲学科で西田幾多郎先生の講筵につらなり、かつ広く在野の思想家を敬仰し、自らの道標を日本の生んだ徳川時代の先哲に求め、深く心酔せられました。その求道の果て、歳四十歳を越えて処女作として『恩の形而上学』をまとめられたのですが、この一書に一代の哲学体系の萌芽のすべてが包含されている感がします（その後の著述のすべてが『全集』二十五巻と『続全集』八巻にまとめられています）。

本書を読まれてお気付きのことと思いますが、一見平易な講義の底に流れる清澄な調べは、かかる透徹した学問の光が背景にあるためであります。言うなれば『恩の形而上学』は学問上の処女作であり、それと表裏一体をなす啓蒙的な処女作が、この『修身教授録』であるわけです。申すまでもなく、そこに至る以前また以後においても、幾多の山又山の迂余曲折の難関を通過しておられ、世の学者としては珍しく現実的に数多くの辛酸をなめ尽くしておられます。したがって、平たく申しますと「人生二度なし」教の祖師とも言える一面があります。

「人生二度なし」は、「全一学」の提唱と共に、森先生の一枚看板であり、学問も信仰も実践もこの根本信念より発しており、自己実現の根源力と申してよいかと思います。与えられたこの人生、縁あって結ばれたこの仕事に、全力的に取り組む生き方のシンボルであります。同時にまた、自他・時処・事物を最大限にいかに活かしきるか――これが「人生二度なし」の根本精神でもあろうか、と先生の日々の実践を仰ぎつつ、私自身大いに内省する次第です。

つぎに全生涯をかけて尽くされた教育界での業績に焦点を合わせますと、国民教育者の父とし、「人間教育」の師父として尊称申しあげても決して過褒ではないと思います。過去幾十年に及ぶ全国行脚の旅を通して導かれた、学校経営や教師自身の生き方のご教導は、比類なく献身的であり、「教育」に関する著述も、まことに厖大なもので、教育学の根本原理の解明のみならず、機微にわたる適切な具体的方法論の明示等、そこには「秘鍵開示」の趣さえ感ぜられます。それは、自ら五体をもって感得せられた実践的真理なるがゆえでありましょう。それ故、ただ単に学校や教師や生徒の世界のみならず、広く人間教育のすべてに通ずる普遍的真理であり、家庭を始めあらゆる企業・会社・集団に通ずるものがあります。現在、進むべき道標を見失い混迷しがちな時代において、森先生の提唱する「再建の着手点」「しつけの三ヵ条」「立腰教育」等、数多くの識者の共鳴共感を得られるのも必然の理と言えましょう。

現代に生きる「人間学」の要諦

ところで本講義録は、いかに優れたものとは言え、昭和十二、十三年のものであり、また授業の対象が、教師養成機関の「師範学校」の生徒諸君であれば、そこに時・所において限定せられたものがあるのではないかとの疑問が残るわけです。そうした懸念も確に読者の内には感じられる向きもおありだろうと思いますが、次第に読み進むにつれ、並び居る生徒諸君の将来に遠く思いを馳せ、切々と訴える溢れるごとき至情と、全緊張裏の静かな迫力、加うるに明晰な根本洞察の大悲願に自ずから魅せられ、時代を超え、年齢をこえて深き魂の共感をおぼえるに至るでありましょう。あえて申しあげますなれば、昨今、物質的豊かさや快適さに慣れて、精神的弛緩を余儀なくされている現代人にとって、第一に読まれるべき人間学の要諦ではなかろうかと思うのです。なお本書の随所に「下学雑話」(一―二十)と題し分載しておりますが、これは本書と同時代頃、筆録せられた森先生の名語録でありよす。論語の「下学而上達」から引用された名称で「下学」とは何人も守るべき日常規範という意味です。一語よく味得すれば爽然自失の感がいたします。

以上、読者諸兄のご賢察を仰ぎたく、駄辯を弄しましたが、希わくば教育界の方のみならず、広く有為な青年学徒を始め、現代に生きるビジネスマンにもお読み戴ければと念ずる次第です。

寺田清一

本書は、大阪天王寺師範学校（現・大阪教育大学）での森信三先生の講義をまとめた『修身教授録』（全五巻、昭和15年刊）の中から、本科一部生に対して行われた昭和12年4月～昭和14年3月までの二年間の講義を改めて編集したものです。

なお、編集に当たっては、文字表記は原則として新字体・新仮名遣いとし、現代の時代感覚に合わない個所についての改訂は、本講義に流れる先生の息遣いを損なわない範囲にとどめました。

〈著者紹介〉
森　信三

明治29年愛知県生まれ。大正12年京都大学哲学科に入学し、主任教授・西田幾多郎の教えを受ける。卒業後、同大学大学院に籍をおきつつ、天王寺師範学校の専攻科講師となる。

昭和14年、旧満州の建国大学に赴任。敗戦により新京脱出。同21年6月無事生還。同28年、神戸大学教育学部教授に就任。同35年、神戸大学退官。同40年、神戸海星女子学院大学教授に就任。同50年、「実践人の家」建設。平成4年11月逝去。「国民教育の師父」と謳われ、現在も多くの人々に感化を与え続けている。

著書は、『続・修身教授録』『真理は現実のただ中にあり』『人生二度なし』『修身教授録一日一言』『森信三 教師のための一日一語』『家庭教育の心得21』『女性のための「修身教授録」』『森信三一日一語』『人生論としての読書論』『10代のための人間学』『父親のための人間学』『森信三訓言集』『理想の小学教師像』『若き友への人生論』『森信三 運命を創る100の金言』（いずれも致知出版社）など多数。

修身教授録

平成元年三月三十一日第一刷発行
令和六年二月十五日第五十六刷発行

著者　森　信三
発行者　藤尾　秀昭
発行所　致知出版社
〒150-0001東京都渋谷区神宮前四の二十四の九
TEL（〇三）三七九六—二一一一
印刷・製本　中央精版印刷
落丁・乱丁はお取替え致します。　（検印廃止）

ISBN978-4-88474-172-3 C0037
ホームページ https://www.chichi.co.jp
Eメール books@chichi.co.jp